O Regime Jurídico da Expulsão de Estrangeiros no País

O Regime Jurídico da Expulsão de Estrangeiros no País

À LUZ DA CONSTITUIÇÃO FEDERAL
E DOS TRATADOS DE DIREITOS HUMANOS

2015

Luis Vanderlei Pardi

O REGIME JURÍDICO DA EXPULSÃO
DE ESTRANGEIROS NO PAÍS
À LUZ DA CONSTITUIÇÃO FEDERAL
E DOS TRATADOS DE DIREITOS HUMANOS
© Almedina, 2015

AUTOR: Luis Vanderlei Pardi
DIAGRAMAÇÃO: Almedina
DESIGN DE CAPA: FBA
ISBN: 978-858-49-3009-8

Dados Internacionais de Catalogação na Publicação (CIP)
(Câmara Brasileira do Livro, SP, Brasil)

	Pardi, Luis Vanderlei O regime jurídico da expulsão de estrangeiros no Brasil : uma análise à luz da Constituição Federal e dos tratados de direitos humanos / Luis Vanderlei Pardi. – São Paulo : Almedina, 2015. Bibliografia. ISBN 978-85-8493-009-8 1. Brasil – Constituição (1988) 2. Direitos humanos 3. Estrangeiros 4. Estrangeiros – Jurisprudência – Brasil 5. Estrangeiros – Leis e legislação – Brasil I. Título.	
15-01239	CDU-347.176.2(81)

Índices para catálogo sistemático:
1. Brasil : Direito dos estrangeiros : Direito
civil 347.176.2(81)

Este livro segue as regras do novo Acordo Ortográfico da Língua Portuguesa (1990).

Todos os direitos reservados. Nenhuma parte deste livro, protegido por copyright, pode ser reproduzida, armazenada ou transmitida de alguma forma ou por algum meio, seja eletrônico ou mecânico, inclusive fotocópia, gravação ou qualquer sistema de armazenagem de informações, sem a permissão expressa e por escrito da editora.

Março, 2015

EDITORA: Almedina Brasil
Rua José Maria Lisboa, 860, Conj. 131 e 132, Jardim Paulista | 01423-001 São Paulo | Brasil
editora@almedina.com.br
www.almedina.com.br

"*A avidez em punir é sempre perigosa à liberdade. Ela leva o homem a alongar, a interpretar mal, e a aplicar mal ainda a melhor das leis. Ele, que deve fazer sua própria liberdade segura, deve proteger mesmo o seu inimigo da opressão; pois se violar este dever, ele estabelece um precedente que chegará a ele mesmo*"[1]

Thomas Paine (tradução nossa).

---

[1] "*An avidity to punish is always dangerous to liberty. It leads men to stretch, to misinterpret, and to misapply even the best of laws. He that would make his own liberty secure, must guard even his enemy from oppression; for if he violates this duty, he establishes a precedent that will reach to himself*". Paine, Thomas. *Dissertation on First Principles of Government* (1795), in Phillip, Mark. (Coord.) *Rights of Man, Common Sense, and other Political Writings*. Londres: Ed. Oxford University Press 1995, p. 385.

AGRADECIMENTOS

Ao Professor Associado Dr. André de Carvalho Ramos, que nestes anos de pesquisa muito colaborou para meu conhecimento científico e intelectual, orientando cada passo, com muita paciência, como um sábio timoneiro que desvia a Nau das tormentas, rumo a um destino pacífico.

Aos professores que me avaliaram na Banca de Qualificação, Dra. Deisy Ventura e Dr. Pedro Bohomoletz de Abreu Dallari, que com muito discernimento apontaram o caminho a trilhar, motivando e apostando no resultado final.

Aos professores das disciplinas cursadas na pós-graduação, que ainda em tema diverso do objeto do presente trabalho, trouxeram alguma contribuição valiosa, a exemplo, a disciplina do professor Calixto Salomão Filho, Direitos Humanos e Desenvolvimento Econômico e Social, que de certa forma semeou ideias sobre a formação histórica do Brasil que renderam frutos no presente trabalho.

Ao meu amigo e colega de profissão Dr. Diógenes Perez de Souza, que em nossas visitas à Penitenciária de Itaí/SP, durante diligências nos procedimentos de expulsão de estrangeiros aceitou as provocações acerca da natureza jurídica da expulsão, oferecendo argumentos aparentemente irrefutáveis, que foram enfim derrubados após a longa pesquisa no presente trabalho.

Aos ilustres amigos que conheci durante as aulas da pós-graduação que não mediram esforços em orientar, ajudar, e que se fizeram presentes em todos os momentos deste longo caminho, rumo ao trabalho final: Daniela Bucci Okumura, Luiz Renato Vedovato, Rafael Moraes, dentre outros.

Aos meus pais de coração, que já aos meus primeiros passos apontaram o caminho a seguir, e com muita disciplina me dotaram de caráter, determinação, compromisso e respeito ao próximo.

A minha companheira Ana Armond, que sempre doce e prestativa trouxe palavras animadoras, mesmo quando tudo parecia impossível.

Ao meu filho Luis Felipe Pardi, razão de todo o meu esforço ao longo dessa caminhada.

Enfim, a todos aqueles que de alguma forma tornaram possível a produção deste trabalho.

PREFÁCIO

Esta obra é o brilhante resultado da dissertação de Mestrado em Direitos Humanos, defendida por Luís Vanderlei Pardi, na Faculdade de Direito da Universidade de São Paulo, em 2013, de quem tive a honra de ser Professor Orientador. Trata-se de um livro dedicado à análise do regime jurídico da expulsão de estrangeiros no Brasil sob a luz da Constituição Federal e dos tratados de direitos humanos.

O pano de fundo da presente obra é circulação de pessoas pelo mundo, matéria de grande complexidade para o Direito. Da elite mundial hipermóvel e cosmopolita aos trabalhadores que cruzam oceanos e desertos em busca de melhores condições de vida, o movimento é, nos dias de hoje, a regra e não mais a exceção. Inversamente, há uma crescente onda de xenofobia assolando, principalmente, os países desenvolvidos, o que revela um dos grandes paradoxos da contemporaneidade.

A percepção do estrangeiro como um elemento estranho a ser tratado com desconfiança ensejou a elaboração de legislações de caráter hostil no século XX, que não coadunam com a realidade da mobilidade humana, cada vez mais presente no século XXI. Por sua vez, a comunidade internacional detém um *corpus* próprio de normas que protegem os direitos humanos, independentemente de raça, cor, sexo e nacionalidade. Em consonância, estão as constituições contemporâneas, como a Constituição Federal de 1988.

No Brasil, a legislação que regula a entrada, saída e permanência do estrangeiro em território nacional é a Lei 6.815, de 19 de agosto de 1980, conhecida como Estatuto do Estrangeiro. Elaborada no contexto da ditadura militar, esse diploma normativo colide com a nova ordem instaurada pela CF de 1988 e enriquecida com os tratados de direitos humanos ratificados pelo Brasil.

A presente obra é, consequentemente, um indispensável estudo sobre esse descompasso. O instituto da expulsão do estrangeiro, previsto no Título VIII da Lei 6.815/80, é, na visão arejada do autor, eivado de regras que colidem com as normas da proteção internacional dos direitos humanos.

Partindo dessas premissas, Luís Vanderlei Pardi inicia sua reflexão com uma análise do regime jurídico da expulsão de estrangeiro no Brasil, apontando suas inadequações. A primeira parte do estudo conta com um histórico da medida no direito brasileiro e sua necessária interrelação com o fluxo migratório. Após, analisa de forma detida o conceito da expulsão e a delimitação de sua natureza jurídica. Passa, então, a descrever as peculiaridades da decretação da medida expulsória e seus efeitos, encerrando com a visão do governo brasileiro sobre a expulsão no contexto das ameaças constantes da criminalidade internacional e do terrorismo.

Na segunda parte da obra, Pardi faz uma análise da medida de afastamento de estrangeiro expulso à luz dos direitos humanos. Reafirma o impacto a internacionalização dos direitos humanos em todos os atos dos Estados e pontua a tratativa do tema nos diversos tratados e sistemas internacionais de proteção dos direitos humanos.

Conclui sua obra propondo um "modelo constitucional e internacional adequado da medida de afastamento do expulsando do país", no qual enfatiza a importância de se afastar qualquer forma de preconceito nas discussões sobre a matéria, bem como a necessidade imperativa de acabar com a expulsão por prazo indeterminado, atentatória dos direitos humanos do indivíduo que sofre a medida.

O livro traz, ainda, depoimentos de estrangeiros reingressos no país, ilustrando o drama humano por trás do debate jurídico sobre a expulsão. Além disso, fornece estatísticas sobre o número de expulsões decretadas, efetivadas, revogadas e obstadas pelos Tribunais Superiores entre os anos 2007 e 2012.

Como o leitor poderá perceber, as páginas que se seguem são repletas de uma consistente pesquisa doutrinária e jurisprudencial, fruto dos esforços do autor nos anos em que se dedicou ao mestrado nas Arcadas. Além do esmero na realização, a obra merece destaque ao realizar verdadeiro diálogo entre a academia e a realidade brasileira, sem que isso implique na mera reprodução superficial de fatos (sem visão crítica) ou ainda na concatenação de teorias artificiais desconectadas do cotidiano.

A interação entre a teoria crítica e a realidade foi facilitada pela história de vida do Autor: ele é, ao mesmo tempo, um estudioso sério e compenetrado, mas também é um competente e ativo Delegado da Polícia Federal no Brasil, com expressiva experiência internacional.

Não tenho dúvida que a legislação brasileira atual passará, em curto ou médio prazo, por uma intensa renovação na temática da expulsão para sua adequação à normatividade *pro homine* do século XXI, na linha do que é defendido por Pardi. Quando isso ocorrer, o presente livro será sempre citado como aquele que – de *modo pioneiro e corajoso* – mostrou o caminho a ser trilhado pelo legislador brasileiro. Esse é o papel da investigação científica séria como é a presente obra, que tenho a honra de prefaciar.

Concluo afirmando que a obra de Luís Vanderlei Pardi é fundamental para aqueles que estudam a expulsão de estrangeiros e, também, para os profissionais que atuam no dia a dia sobre os reflexos jurídicos da mobilidade internacional humana.

São Paulo, 15 de fevereiro de 2014.

André de Carvalho Ramos
Professor Doutor e Livre-Docente de Direito Internacional e do Programa de Direitos Humanos da Faculdade de Direito da Universidade de São Paulo (Largo São Francisco).

LISTA DE SIGLAS

ACNUR	Alto Comissariado das Nações Unidas para os Refugiados
CADH	Carta Árabe de Direitos Humanos
CADHP	Carta Africana de Direitos Humanos e dos Povos
CSE	Carta Social Europeia
CPB	Código Penal brasileiro
CDI	Comissão de Direito Internacional da Assembleia Geral
Comissão EDH	Comissão Europeia de Direitos Humanos
CIDH	Comissão Interamericana de Direitos Humanos
CDCP	Comitê de Direitos Civis e Políticos
CDH	Comitê de Direitos Humanos
CONARE	Comitê Nacional para Refugiados
CNIg	Conselho Nacional de Imigração
CF	Constituição Federal
CAT	Convenção contra a Tortura e outras Penas ou Tratamentos Desumanos ou Degradantes
CEDH	Convenção Europeia de Direitos Humanos
CADH	Convenção Americana de Direitos Humanos
CDC	Convenção sobre os Direitos da Criança
CGPI/DPF	Coordenação Geral de Polícia de Imigração
Corte EDH	Corte Europeia de Direitos Humanos
Corte IDH	Corte Interamericana de Direitos Humanos
CIJ	Corte Internacional de Justiça
CPJI	Corte Permanente de Justiça Internacional

DUDH	Declaração Universal dos Direitos Humanos
DE/MJ	Departamento de Estrangeiros do Ministério da Justiça
DMC/MJ	Departamento de Medidas Compulsórias do Ministério da Justiça
DOU	Diário Oficial da União
DPMAF/DPF	Divisão de Polícia Marítima, Aérea e de Fronteiras
DPREC	Divisão Policial de Retiradas Compulsórias
ECA	Estatuto da Criança e do Adolescente
HC	Habeas Corpus
OC	Opinião Consultiva
ONU	Organização das Nações Unidas
OEA	Organização dos Estados Americanos
OIT	Organização Internacional do Trabalho
OIM	Organização Internacional para Migração
PIDCP	Pacto Internacional dos Direitos Civis e Políticos
PIDESC	Pacto Internacional dos Direitos Econômicos, Sociais e Culturais
SEDH	Sistema Europeu de Direitos Humanos
SIDH	Sistema Interamericano de Direitos Humanos
STJ	Superior Tribunal de Justiça
STF	Supremo Tribunal Federal
TPI	Tribunal Penal Internacional
UE	União Europeia

INTRODUÇÃO

O propósito do presente trabalho é analisar a expulsão de estrangeiros no Brasil, com foco na perenidade da medida de afastamento do território nacional, sem a possibilidade de retorno até a revogação do decreto expulsório, à luz da Constituição Federal de 1988 e dos direitos humanos internacionais já incorporados no Brasil, em especial o direito à vida familiar e privada e o direito da criança ao desenvolvimento sadio que contempla a convivência com seus genitores.

A análise dessa temática exige que se estude o aspecto histórico da expulsão de estrangeiros no país, para perceber que tal instituto, desde a época colonial, serviu como um meio de controle e disciplina da população estrangeira que aqui chegou para trabalhar, muitos com ideias revolucionárias da Europa, classificada como indesejável aos interesses da elite econômica e dos grupos dominantes no país, e desde a origem, com um aspecto definitivo ou perpétuo.

A hipótese de trabalho que move a presente investigação científica é que a atual legislação brasileira que disciplina a expulsão de estrangeiros é inconstitucional, e atua como um dispositivo de defesa do Estado, eis que criada durante um período de resquício ditatorial, que optou por não observar o movimento universal de respeito e proteção à dignidade do ser humano[2].

---

[2] *"No Brasil houve efetivamente uma mudança fundamental – e não há como negá-la – da atitude que prevaleceu durante o regime militar (1964-1985) para a que hoje (a partir de 1985) predomina em nosso*

Ressalte-se que dois argumentos se destacam a favor da incompatibilidade do atual regramento da expulsão em face da proteção contemporânea de direitos humanos: 1) a ausência de motivação do ato administrativo que determina a instauração do procedimento expulsório, já que a Lei 6.815/80 menciona ameaça à segurança nacional e à nocividade ao interesse nacional, carecendo de tipificação atual exata, pontual e precisa dos atos que podem ensejar a expulsão do estrangeiro do país, e 2) ausência de lapso temporal dos efeitos da medida, uma vez que não se prevê período razoável de afastamento do país, o que acarreta a impossibilidade de retorno do estrangeiro expulso.

No processo de elaboração da Constituição Cidadã de 1988, em contrariedade ao modelo ditatorial anteriormente vivido, houve uma assimilação de inúmeros princípios internacionais de Direitos Humanos, voltados à proteção e ao respeito ao indivíduo como ser humano em sua essência, distribuídos por todo o corpo da Constituição Federal de 1988. Entre os dispositivos de direitos humanos na Constituição de 1988 envolvidos com o tema em estudo, sobreleva-se o previsto no artigo 5º, inciso XLVII, "b", o qual dispõe que *não haverá pena de caráter perpétuo*, justamente em razão de sua desproporcionalidade e ausência de crença no poder de recuperação do ser humano.

Ressalte-se que o Brasil vem se destacando atualmente no plano internacional em virtude da constante preocupação com as questões de preservação dos Direitos Humanos, regulamentando inclusive questões assistenciais aos estrangeiros no Brasil, como é o caso da concessão de anistia, refúgio, asilo político, proibição de extradição em casos de crimes políticos e de opinião, dentre outros.

---

país, no tocante à proteção internacional dos direitos humanos. Tanto é assim que mesmo os que antes, no "ancien regime", se opunham categoricamente à adesão do Brasil aos tratados gerais de proteção dos direitos humanos, imbuídos de um 'pseudo-constitucionalismo' estéril que pretendia fazer abstração do regime a que servia, hoje se aliam, convertidos, ao consenso arduamente formado (ainda que tardiamente) em prol da causa da proteção internacional, em nome do mesmo "constitucionalismo". (TRINDADE, Antônio Augusto Cançado. *A proteção internacional dos direitos humanos – fundamentos jurídicos e instrumentos básicos.* São Paulo: Saraiva, 1991, p. 622-3).

A questão ora em discussão engloba uma série de direitos inerentes ao ser humano como o direito à liberdade de locomoção e residência dentro das fronteiras de cada Estado, e o direito de deixar qualquer país, inclusive o próprio, e a este regressar[3], o direito de constituir família e viver entre seus entes queridos[4], ainda que em um Estado diferente ao de sua nacionalidade, em busca de sua felicidade; o direito de crença em sua recuperação moral e social, sem discriminação de qualquer natureza, o direito à proteção da criança e do adolescente, com absoluta prioridade; e ao seu direito à vida, à saúde, à alimentação, à educação, ao lazer, à liberdade e à convivência familiar etc..

Resta ainda saber se a interpretação extensiva acerca da restrição de pena de caráter perpétuo no país abrange a medida expulsória, e neste caso a Constituição Federal de 1988 não teria de fato recepcionado o Título VIII da Lei 6.815/80, e o artigo 338 do código penal pátrio, por não apresentarem um prazo razoável de afastamento do estrangeiro expulso do país, restringindo assim uma série de direitos, dentre os acima elencados.

O tema em questão assume significativa relevância a partir da constatação do aumento do número de pessoas circulando atualmente pelo mundo, movimento este que se iniciou a partir do século XIX e início do século XX, quando o Brasil começou a receber enormes fluxos migratórios, que aqui se estabeleceram para trabalhar nas lavouras e na industrialização crescente, em substituição à mão de obra escrava.

Segundo André de Carvalho Ramos: *"(...) nada supera o século XIX, que foi o século da imigração em massa. A fome da Irlanda, os excedentes populacionais da China, a industrialização tardia da Alemanha, Itália, Japão, levaram a um êxodo*

---

[3] Artigo XIII, da *Declaração Universal dos Direitos Humanos* de 10/12/1948 – Adotada e Proclamada pela Resolução nº 217-A (III) da Assembleia Geral das Nações Unidas em 10 de dezembro de 1948.

[4] O direito à vida familiar foi priorizado à expulsão, no caso *Moustaquin VS. Bélgica*, no julgamento da Corte Europeia de Direitos Humanos de 18/02/1991, conforme citado por ANDRÉ DE CARVALHO RAMOS em sua obra *Teoria Geral dos Direitos Humanos na Ordem Internacional*, p. 13.

de milhões para os Estados Unidos, Canadá, Austrália e países da América do Sul, especialmente Argentina e Brasil"[5].

Também há de se considerar a atual situação econômica mundial que vive uma crise sem precedentes, aliada ao bom momento econômico e crescentes oportunidades apresentadas pelo Estado brasileiro, tudo isso torna o Brasil muito atrativo à vinda de estrangeiros, obviamente procurando melhores condições de investimento e de vida.

A admissão de estrangeiros em qualquer Estado, a passeio ou com ânimo de permanência no país é uma prática amplamente admitida por quase todos os Estados conhecidos. De certo que cabe a cada um dos Estados o poder discricionário[6], dentro de limites razoáveis[7], de regular a entrada e permanência do estrangeiro, como expressão máxima de sua soberania[8], impedindo o seu ingresso, conquanto este impedimento não ocorra por motivo de raça, orientação sexual[9], cor, idioma, política ou

---

[5] CARVALHO RAMOS, André de. *Direitos dos Estrangeiros no Brasil: a Imigração, Direito de Ingresso e os Direitos dos Estrangeiros em Situação Irregular.* In: SARMENTO, Daniel, IKAWA, Daniela e PIOVESAN, Flávia. (Org.) *Igualdade, Diferença e Direitos Humanos.* Rio de Janeiro: Lumen Juris, 2008, p. 723.

[6] De acordo com ANDRÉ DE CARVALHO RAMOS: "*não há costume internacional que obrigue qualquer outro país a aceitar, peremptoriamente, o ingresso de qualquer estrangeiro em seu território*". Op. cit., p. 737.

[7] VEDOVATO, Luís Renato. "*O direito de ingresso de estrangeiros. A circulação de pessoas pelo mundo no cenário globalizado*". São Paulo: Ed. Atlas, 2013.

[8] Faz-se necessário aqui um avanço na concepção de soberania, que evoluiu de um regime *westfaliano*, onde Estados livres e iguais desfrutam da última autoridade sobre seu território, e suas relações com outros Estados soberanos são voluntárias, contingentes e limitadas, para um regime *liberal-internacional*, onde a igualdade formal dos Estados depende de que subscrevam valores comuns e princípios, como direitos humanos, legalidade e autodeterminação democrática. O desrespeito de um Estado a estes princípios o exclui da comunidade internacional, vinculando desta forma a paz entre os Estados e suas respectivas constituições internas. BENHABIB, Seyla. *Los derechos de los otros. Extranjeros, residentes y ciudadanos.* Gedisa Editorial: Barcelona, 2005, pp. 39/40.

[9] Nos E.U.A., o "*Immigration and Nationality Act*" que entrou em vigência em 1965 excluía da admissão no país os estrangeiros portadores de personalidade psicopática ou de epilepsia ou retardamento mental. Dois casos chamaram a atenção, *Boutilier v. INS (1967)* e *In Re Longstaff (1982)*, nos quais a Suprema Corte americana decidiu recusar a admissão, e aplicar a expulsão,

religião, dentre outros, por constituírem limitações contrárias ao Direito Internacional dos Direitos Humanos[10].

Assim, de acordo com a proposta de ingresso do estrangeiro no país, se a trabalho, turismo, estudo etc., ou ainda outros fatores, a resposta do Estado pode variar, e nas palavras de André de Carvalho Ramos: *"De fato vários Estados partem de uma premissa: a entrada no país de um estrangeiro decorre da vontade estatal; logo o imigrante irregular fica ao desabrigo inicial de vários direitos e sujeito à imediata deportação*[11]*".*

Assim as palavras do jurista e juiz japonês Shigeru Oda, quando afirma que *"O direito de um Estado expulsar, à vontade, o estrangeiro cuja presença é considerada indesejável, é como o direito de recusar a admissão de estrangeiros, considerado como um atributo da soberania do Estado... os motivos da expulsão de um estrangeiro podem ser determinados por cada Estado por seus próprios critérios. No entanto, o direito de afastamento não deve ser abusado"* (tradução nossa)[12].

---

alegando razões de desvio de orientação sexual. Em: *"387 U S. 118 (1967) – The Immigration and Nationality Act and the 9th edition. Exclusion of homosexuals: Boutilier vs. INS Revisited"*, Cardozo Law Review, 1981, Volume I, p. 359.

[10] Neste sentido a Observação Geral nº 30, do Comitê pela Eliminação de Toda Forma de Discriminação Racial: *International Human Rights Instruments* – United Nations – Office of the High Commissioner for Human Rights – HRI/GEN/1/Rev.7/Add.1 – 4 May 2005, *Compilation Of General Comments And General Recommendations Adopted By Human Rights – Treaty Bodies//General Recommendation 30 On Discrimination Against Non Citizens. VI. EXPULSION AND DEPORTATION OF NON-CITIZENS*: *"Ensure that laws concerning deportation or other forms of removal of non-citizens from the jurisdiction of the State party do not discriminate in purpose or effect among non-citizens on the basis of race, colour or ethnic or national origin, and that non-citizens have equal access to effective remedies, including the right to challenge expulsion orders, and are allowed effectively to pursue such remedies"*. Acesso em 26/04/2012, Disponível na página eletrônica: http://www.unhchr.ch/tbs/doc.nsf.

[11] CARVALHO RAMOS, André de. *Direitos dos Estrangeiros no Brasil: a Imigração, Direito de Ingresso e os Direitos dos Estrangeiros em Situação Irregular*. In: SARMENTO, Daniel, IKAWA, Daniela e PIOVESAN, Flávia. (Org.). *Igualdade, Diferença e Direitos Humanos*. Rio: Lumen Juris, 2008, p. 724.

[12] *"The right of a State to expel, at will, aliens whose presence is regarded as undesirable, is like the right to refuse admission of aliens, considered as an attribute of the sovereignty of the state... the grounds for expulsion of an alien may be determined by each state by its own criteria. Yet the right of expulsion must not be abused."* ODA, Shigeru, *The individual in international law, Manual of Public International Law*, Ed. M. Sorensen, (London, Macmillan Press, 1968), p. 482.

Sem dúvida os imigrantes em seu conjunto, regulares ou não, em qualquer país em que estejam situados, muito contribuem de distintas maneiras para o progresso do país, nas diversas áreas da sociedade, sejam laborais, culturais, educacionais etc.

O deslocamento do ser humano entre Estados soberanos, em um mundo globalizado como o nosso, com um amplo desenvolvimento dos sistemas de comunicação e transporte, e onde imperam relações comerciais por meio de acordos, está assegurado pelos princípios gerais de direito e pela Declaração Universal dos Direitos Humanos, que em seu artigo XIII dispõe que: "1 – *Toda pessoa tem direito à liberdade de locomoção dentro das fronteiras de cada Estado. 2 – Toda a pessoa tem o direito de deixar qualquer país, inclusive o próprio, e a este regressar*[13]".

E essa foi a preocupação do Relator Especial da Comissão de Direito Internacional, Maurice Kamto, na 57ª Sessão em 2004 quando afirmou que "*O tema da expulsão de estrangeiros é de particular interesse hoje, na medida em que revela a contradição entre a globalização técnica e econômica, que promove grandes fluxos de comércio entre as nações, e a criação de barreiras com base na soberania, o qual impede ou bloqueia o movimento de pessoas através da criação de procedimentos de seleção para distinguir entre aqueles que tem o direito de entrar e residir no território de um Estado ou grupo de Estados, e aqueles que não tem esse direito*[14]" (tradução nossa).

---

[13] Não é demais lembrar que as disposições citadas foram influenciadas pelo "*jus communicationis*" de Francisco de Vitória, um dos fundadores do Direito Internacional moderno, erigindo da liberdade de movimento e do intercâmbio comercial, como um dos pilares da própria comunidade internacional nos séculos XVI e XVII. TRINDADE, Antônio Augusto Cançado. *La Civitas Maxima Gentium y la Universalidad del Género Humano* – Voto Concorrente na Opinião Consultiva nº 18 de 17/09/2003, p. 05.

[14] *Preliminary report on the expulsion of aliens* By Mr. Maurice Kamto, Special Rapporteur da 57ª Sessão da Comissão de Direito Internacional, realizada em Genebra, na Suíça, em 2004: "*The topic of the expulsion of aliens is of particular interest today insofar as it reveals the contradiction between technical and economic globalization, which promotes greater trade flows between nations, and the raising of barriers based on sovereignty which hinder or block the movement of persons by creating selection procedures for distinguishing between those who have the right to enter and reside in the territory of a State or group of States, and those who lack that right*". Disponível em: http://untreaty.un.org/ilc/sessions/57/57sess.htm.

As políticas restritivas dos Estados não acabam com a imigração não desejada, mas criam a irregularidade da permanência, e com isso incrementam ainda mais a vulnerabilidade dos imigrantes[15]. Na legislação nacional, por exemplo, vinculam-se muitos dos direitos fundamentais ao status de regularidade administrativa do estrangeiro, seja na autorização de trabalho ou residência, ou ainda na assistência social e saúde[16], criando um efeito pernicioso, por negar o princípio constitucional da igualdade, extensivo a todo estrangeiro em território nacional[17].

No esforço de afastar a imigração não desejada, os Estados estão cada vez mais utilizando a lei penal, a exemplo da Alemanha, Bélgica, França e Chile, entre outros, que punem criminalmente o imigrante que entrar e permanecer em seu território de forma irregular[18]. E aqui não há de se esquecer da aprovação pelo Congresso Italiano em 05/02/2009 de legislação que expõe o imigrante, em tratamento médico com risco a sua saúde e vida, à delação pelos médicos que lhe prestarem atendimento, em sinal de completo desrespeito à vida humana.

---

[15] Neste sentido ver a Opinião Consultiva nº 18 da Corte Interamericana de Direitos Humanos que por provocação do México, decidiu, à luz da Convenção Americana dos Direitos Humanos e do Direito Internacional dos Direitos Humanos, que os trabalhadores imigrantes irregulares não podem ser privados de direitos fundamentais, dentre eles o direito à igualdade e vedação de tratamento discriminatório e direitos laborais.

[16] "*O desemprego e a falência dos serviços públicos básicos como saúde e educação ameaçam a sobrevivência dos próprios brasileiros. Naturalmente, então, surgem críticas a qualquer liberalização de acesso a recursos escassos nos dias de hoje*". CARVALHO RAMOS, André de. *Direitos dos Estrangeiros no Brasil: a Imigração, Direito de Ingresso e os Direitos dos Estrangeiros em Situação Irregular*. In: SARMENTO, Daniel, IKAWA, Daniela e PIOVESAN, Flávia. (Org.). *Igualdade, Diferença e Direitos Humanos*. Rio de Janeiro: Lumen Juris, 2008, p. 732.

[17] "*(...) o atual Direito Internacional dos Direitos Humanos não permite que os direitos fundamentais dos estrangeiros possam ser minimizados ou vulnerados em virtude de eventual situação administrativa irregular, uma vez que são fruto da própria condição humana*". CARVALHO RAMOS, André de. *Direitos dos Estrangeiros no Brasil: a Imigração, Direito de Ingresso e os Direitos dos Estrangeiros em Situação Irregular*. In: SARMENTO, Daniel, IKAWA, Daniela e PIOVESAN, Flávia. (Org.). *Igualdade, Diferença e Direitos Humanos*. Rio de Janeiro: Lumen Juris, 2008, p. 743.

[18] CONLLEDO, Miguel Díaz Y Garcia. *Protección y expulsión de extranjeros en Derecho Penal*. Madrid: La Ley, 2007.

Frise-se que a tendência expansionista do direito penal em nome da segurança internacional (terrorismo) entra em domínios que antes pertenciam a outros órgãos de fiscalização, como o direito civil ou o administrativo.

O sentimento social de absoluta insegurança que caracteriza as sociedades modernas, especialmente após os ataques de 11 de setembro de 2001 nos Estados Unidos da América, é amplificado pela mídia e explorado pelos governos para legitimar a implementação de políticas de tolerância zero, principalmente na questão envolvendo o estrangeiro, sob o pretexto de fornecer segurança para a sociedade[19], embora tenha como pano de fundo medidas populistas para perpetuar o poder, ou ainda chamar a atenção para uma realidade externa, de forma a esconder as mazelas econômicas e sociais que assolam o país.

Neste sentido se pronunciou Maurice Kamto, Relator Especial, na Comissão de Direito Internacional, durante a 57ª Sessão: "...*então, não é mais um caso de estrangeiros de um país inimigo, contra estrangeiros de um país amigo, nem estão as relações de amizade entre dois Estados, necessariamente em jogo quando os estrangeiros são expulsos; a causa mais provável é que seja a expulsão, o desejo do Estado em resolver um problema doméstico*[20]" (tradução nossa).

---

[19] No Brasil, a Câmara dos Deputados analisa o *projeto de lei nº 2.443/2011*, de autoria do Deputado Roberto de Lucena, que "*proíbe a concessão de visto e determina a expulsão de estrangeiro condenado ou acusado em outro país, por participação ou financiamento de atos terroristas*". Texto acessado em 20/04/2012, na página eletrônica: http://www2.camara.gov.br/agencia/noticias/SEGURANCA/207645-PROPOSTA-PREVE-A-EXPULSAO-DE-ESTRANGEIRO--ACUSADO-DE-ATOS-TERRORISTAS.html.

[20] *Preliminary report on the expulsion of aliens* By Mr. Maurice Kamto, Special Rapporteur da 57ª Sessão da Comissão de Direito Internacional, realizada em Genebra, na Suíça, em 2004. "*Thus, it is no longer a case of aliens from an enemy country versus aliens from a friendly country, nor are the friendly relations between two States necessarily at stake when aliens are expelled; the cause is more likely to be the expelling State's desire to solve a domestic problem*" E ele continua, citando o caso dos camaronenses expulsos da Guiné Equatorial em 2004: "*In 2004, for example, several hundred Cameroonians were expelled from Equatorial Guinea because the regime in power in that country was at risk of destabilization by foreign mercenaries*" Disponível em: http://untreaty.un.org/ilc/sessions/57/57sess.htm.

Nesta esteira, o *imigrante ilegal*[21], o *indesejável*, é considerado uma categoria de risco – *o inimigo* – um bode expiatório para os males que afligem a sociedade, os responsáveis pela criminalidade e pelo desemprego, necessário a todo custo neutralizar, seja por meio do Direito Penal, criminalizando as condutas migratórias antes tidas como irregulares na seara do direito administrativo, seja pelo instituto da expulsão, como forma de exercer o poder de afastar o estrangeiro do país, e no caso brasileiro, *definitivamente, em caráter perpétuo*.

A retirada forçada do estrangeiro do território de um Estado em que se encontra, o abandono do país contra a sua própria vontade ocorre em circunstâncias e condições diferentes, ocasionando diversos efeitos, cabendo a cada Estado, respeitando os parâmetros de Direito Internacional, regular este afastamento compulsório de maneira razoável. E no caso brasileiro, como anteriormente tratado, o instituto da expulsão representa um modelo obsoleto, fruto de legislação de período ditatorial, que necessita de mudança, principalmente quanto ao período de afastamento do estrangeiro do país, ao cumprimento da pena ou medida expulsória. É o que veremos no presente trabalho.

---

[21] No Brasil não se deve utilizar o termo *imigrante ilegal*, mas sim *imigrante irregular*, já que aqui não se criminaliza o fato de um estrangeiro ingressar ou permanecer no país ao arrepio da Lei de Imigração. Trata-se pois, de uma questão meramente administrativa.

Parte I
O Regime Jurídico da Expulsão de Estrangeiro no Brasil e suas Inadequações

1. O Histórico da Expulsão no Brasil

1.1. O Fluxo migratório
O crescimento das lavouras de café no Brasil, em meados do século XIX, atraiu a mão de obra estrangeira, principalmente a europeia, que estava à procura de melhores condições de vida e de trabalho. O fluxo de estrangeiros que vieram ao Brasil para trabalhar nas lavouras cafeeiras foi enorme, e trouxe importância na história política, econômica, cultural e social do país. Muitas foram as nacionalidades que aqui vieram trabalhar, como italianos, alemães, portugueses, espanhois, austríacos, russos, húngaros, poloneses, suíços, tchecos, judeus, japoneses, sírios e libaneses, dentre outros.

O último fluxo de entrada significativo de imigrantes no Brasil se deu na década de 1920, motivado pelo crescimento das migrações internas na Europa, pelos efeitos da crise de 1929 na economia e pelas limitações impostas pelo governo brasileiro no que tange à regulamentação das imigrações, que procurava disciplinar a *afluência desordenada de estrangeiros*[22], vista como responsável pelo aumento do desemprego e desordem nas cidades.

---

[22] Decreto nº 19.482 de 11/12/1930 – Este Decreto foi baixado com o objetivo de impedir a *"entrada desordenada de estrangeiros, que nem sempre trazem o concurso útil de quaisquer capacidades, mas frequentemente contribuem para o aumento da desordem econômica e da insegurança social"*. Grupo de Trabalho de Consolidação das Leis – Parecer do Deputado Arnaldo Jardim

Os imigrantes que chegaram ao Brasil de 1890 a 1920 vieram com recursos próprios ou subvencionados por seus países de origem, bem como pelos fazendeiros brasileiros ou por verba do governo federal brasileiro[23], e chegaram a um número aproximado de três milhões de imigrantes no período citado. As principais razões da vinda de contingente tão alto de mão de obra estrangeira neste período foram: a abolição da escravatura no país, a valorização do café e a adoção de uma política de incentivo à imigração. Houve também a crise europeia do pós-guerra na década de 1920, que atuou como um fator de expulsão das populações, concomitantemente à nova fase de expansão do café no Brasil, exigindo mais mão de obra nas lavouras cafeeiras[24].

As viagens eram longas para atravessar o oceânico atlântico, e os estrangeiros ainda enfrentavam aqui horas e dias de viagem de carroça, e até mesmo a pé. Vejamos o depoimento de um imigrante espanhol à época:

> "Centenas de criaturas, como nós, em fila indiana, esperavam a vez de subir na lancha que nos levaria ao enorme navio que nos esperava à distância da barra. Chamava-se 'Córdoba'. Era da marinha mercante da França. Havia pertencido aos alemães, que o perderam na guerra para os franceses. Chegou a nossa vez. À tarde o navio partia. E lá íamos nós, para a América – a engrossar os milhares de imigrantes que iriam substituir o braço escravo dos negros, há pouco 'libertos' no Brasil. Lança-

---

ao Projeto de Lei nº 1987/2007, em agosto de 2008. Disponível em: www.camara.gov.br. Acesso em 08/02/2012.

[23] Em 1871 o governo brasileiro cria a lei que permite a emissão de apólices de até 600 contos de reis para auxiliar no pagamento das passagens e no adiantamento de 20 mil--reis a cada família imigrante. No mesmo ano, é formada a Associação Auxiliadora de Colonização de São Paulo, que reúne grandes fazendeiros e capitalistas e tem o apoio do governo provincial. Entre 1875 e 1885, a Província de São Paulo recebe 42 mil estrangeiros. Em 1886, é criada a Sociedade Protetora da Imigração, em São Paulo. Garante aos estrangeiros o transporte, alojamento, emprego e repatriamento em caso de inadaptação.

[24] FURTADO, Celso. *Formação Econômica do Brasil*. 32ª Edição. São Paulo: Companhia Editora Nacional, 2005, pp. 174-178.

dos no porão do navio, chamado terceira classe, houve a separação de homens e mulheres. Estas ficavam todas juntas em um salão e os homens em outro. Só faltavam as correntes, o demais era igual. A comida era intragável. Nos primeiros dias todos vomitavam. A diarreia era uma constante.[25]"

De certo que os imigrantes estrangeiros em muito colaboraram com o sucesso do aumento substancial da produção cafeeira no Brasil, seja trabalhando como assalariado, tornando-se, com isso, um grupo extremamente importante dentro da economia nacional, com postos em diversos setores estratégicos, como portos, transportes, agricultura, na colheita e plantio do café, fábricas, construção civil e comércio em geral, seja como pequeno proprietário, e num momento posterior estiveram presentes na industrialização do país, em muito contribuindo para a urbanização das cidades.

O processo de colonização brasileiro, assim como em outros países, redundou na concentração de renda nas mãos de um número bastante restrito de pessoas gerando uma pobreza crônica e desigualdade na distribuição de renda, e como consequência o subdesenvolvimento da região. O desenvolvimento das atividades econômicas nas colônias foi orientado no sentido de que recursos não fossem empregados em atividades outras que não as destinadas a produzir as rendas monopolistas que eram apropriadas por quem detinha o controle da produção.

Ao tratar da pobreza e desigualdade decorrentes do processo de colonização, Calixto Salomão Filho apresenta o cenário do subdesenvolvimento, do ponto de vista da exploração do trabalho, "...*onde salários seriam mantidos em seu nível de subsistência, propiciando grandes transferências de renda, obrigando o trabalhador à maior jornada possível de trabalho e confiscando imediatamente todo e qualquer ganho de produtividade*". Segundo ele, "...*esses acabaram por ser os determinantes estruturais*

---

[25] DIAS, Eduardo. *Um imigrante e a revolução. Memórias de um militante operário*, 1934-1951. São Paulo: Ed. Brasiliense, 1983, p. 6.

da pobreza e desigualdade hoje observados nos países colonizados por nações ocidentais[26]".

Com o crescimento industrial e urbano, sugiram bairros operários em várias cidades brasileiras, formados em sua maioria por imigrantes estrangeiros, de forma bastante precária, tendo em vista os baixos salários pagos e as estafantes jornadas de trabalho, além de absoluta falta de garantias de leis trabalhistas como descanso semanal, férias e aposentadoria. Os problemas eram muitos, e nas fábricas se via o emprego maciço de mão de obra infantil, mais barata que a adulta, onde não raras vezes crianças tinham o corpo mutilado pelas máquinas, e assim como os outros trabalhadores, sem direito a tratamento médico ou seguro por acidente de trabalho.

Os jornais à época noticiavam a exploração na mão de obra infantil, onde crianças de nove e dez anos eram obrigadas a trabalhar por tarefa, sem direito sequer a beber água, das seis horas da manhã até as sete ou oito horas da noite, com apenas uma hora de intervalo para o almoço, conforme depoimentos de operários que nutriam as notícias da imprensa operária em São Paulo:

> "Por esta época, dois mil operários vendiam sua força de trabalho a essa indústria (a Crespi). Vendiam mal. A exploração aí era infame. Tecelões e fiandeiras, mocinhas, meninas, entravam naquela fornalha de sugar vidas. Muitas vidas foram consumidas por essa empresa. Conheci em longos anos de vivência na Mooca a morte de operários ainda moços, sugados gota a gota, consumidos até o último alento. Meninas, então, eram ceifadas como manadas de ovelhas a irem para o matadouro. Sugadas enquanto pudessem respirar. Trabalhavam dez, doze, e até quatorze horas sem parar. Mal alimentadas, mal dormidas, eram presas fáceis para o bacilo da tuberculose. E foi assim que os Crespi, os Matarazzo, os Jafet adquiriram títulos nobiliárquicos. Acumularam fortunas, compraram

---

[26] SALOMÃO FILHO, Calixto, FERRÃO, Brisa Lopes de Mello, RIBEIRO, Ivan César. *Concentração, Estruturas e Desigualdades: As origens coloniais da pobreza e da má distribuição de renda*. São Paulo, Idcid, 2006, p. 13.

honrarias ceifando vidas. Sugando criaturas em troca de migalhas o bastante para mantê-las de pé[27]".

A dominação do mercado econômico e a pressão exercida pelos grandes proprietários subjugavam a condição humana às mais degradantes formas de trabalho e de vida, o que fez com que surgissem os movimentos operários com a participação significativa dos trabalhadores imigrantes, que sacudiram a política brasileira entre 1913 e 1920, com manifestações sob a influência de ideias socialistas e anarquistas, que moviam as lutas operárias internacionais.

Lutava-se tanto por resultados imediatos, como pela conquista de melhores condições de trabalho e salários, como por objetivos mais amplos, dentre eles a derrubada do sistema capitalista, e implantação de uma sociedade mais igualitária, em sintonia com os movimentos que sacudiam o mundo à época, como a Revolução Russa de 1917[28].

A organização de resistência dos trabalhadores[29], com a influência dos imigrantes, resultou na fundação de associações sindicais e de jornais operários, tornando o movimento mais forte para enfrentar as inúmeras dificuldades. Seguindo o exemplo de trabalhadores de outros países, surgiram manifestações e greves em vários Estados, principalmente em São Paulo, onde se concentrava o maior número de indústrias e de estrangeiros.

---

[27] DIAS, Eduardo. *Um imigrante e a revolução. Memórias de um militante operário, 1934-1951*. São Paulo: Ed. Brasiliense, 1983, p. 25.

[28] WOLFE, Joel. *Anarchist Ideology. Worker Practice: The 1917 General Strike and the Formation of São Paulo's working Class*. The Hispanic Historical Review. Vol. 71, nº IV, 1991, pp. 809--846.

[29] No dia 15 de março de 1913, às 7 horas da manhã, Rui Barbosa escrevia uma carta endereçada aos redatores do jornal "*A Noite*". Esse jurista fazia a seguinte denuncia: "*Anuncia a sua folha de ontem que a polícia prendeu e o governo resolveu deportar o operário José Aires de Castro, procurador da Sociedade de Resistência dos Trabalhadores em Trapiche e Café.*" (BARBOSA, R. *Deportação de um brasileiro: carta a redação d'A Noite*. In: Obras completas de Rui Barbosa. Rio de Janeiro: Ministério da Educação e Cultura, 1964. p. 161, v. XL, t. II.).

Como a elite econômica e o governo não admitiam a existência de problemas sociais no Brasil, como o desemprego e a carestia, qualquer movimento contestatório era visto como algo importado, ou seja, um mal causado pela infiltração do estrangeiro subversivo, consagrando, com isso, o mito do *imigrante militante*, que trazia da Europa experiência sindical e política[30].

E foi justamente pela participação de imigrantes nas greves operárias de 1917 a 1920, sob a influência de ideias socialistas e anarquistas, em oposição à estruturação econômica de dominação à época, que se acirrou uma disputa entre o Executivo e o Judiciário brasileiro, na questão da expulsão de estrangeiros, disputa esta estendida por toda a Primeira República[31].

1.2. A Expulsão de Estrangeiros

O Período Imperial no Brasil não trouxe qualquer referência legal à questão da expulsão de estrangeiros do país, consoante de verifica na Constituição Imperial de 1824 e no Código Criminal de 1830, onde nenhum dispositivo foi destinado a este tema.

O instituto da expulsão teve a sua gênese ainda nos primórdios das discussões acerca do Direito Internacional Privado no Brasil, e dentre as principais discussões nesse ramo da ciência jurídica, que ainda engatinhava no início do Estado Republicano Brasileiro, estava a de definir a situação jurídica do estrangeiro no país.

O primeiro doutrinador a escrever sobre a questão da expulsão no país foi o Senador José Antônio Pimenta Bueno, Marquês de São Vicente, em 1863, adepto da ideia de que um estrangeiro ingressa em um determinado território por livre e espontânea concessão de seu governo, podendo ali permanecer desde que não fira os interesses

---

[30] BONFÁ, Rogério Luis Giampietro. *Expulsão e Residência: a luta pelo direito dos imigrantes na Primeira República*. In: ENCONTRO REGIONAL DE HISTÓRIA: *Poder, Violência e Exclusão*, 2008, São Paulo. *Anais do XIX*. São Paulo: ANPUH/SP; USP. São Paulo, 2008.
[31] Período compreendido entre 1889 a 1930.

nacionais, acrescentando que o estrangeiro *"pode ser expulso e o governo a que ele pertence não tem direito de opor-se³²"*.

O primeiro registro legal na história brasileira que se tem sobre a expulsão é no Código Penal de 1890, que nos seus artigos 399 a 404 tratava da expulsão como pena aos estrangeiros vadios e praticantes de capoeira, sob a denominação de *deportação*.

A partir daí a expulsão consolidou-se como medida administrativa e em 1893 o Presidente da República Floriano Peixoto editou dois Decretos na tentativa de regulamentar o instituto da expulsão no Brasil: o Decreto nº 1.566 de 13 de outubro de 1893, regulamentando-a somente durante o Estado de Sítio, com a vedação da aplicação da expulsão ao estrangeiro casado com brasileira, ao viúvo com filhos brasileiros, ou ao possuidor de imóveis no Brasil[33]; e o Decreto nº 1.609[34] de 15 de dezembro de 1893, que o revogou.

---

[32] *"O estrangeiro, como temos visto, não tem entrada no território por direito próprio, sim por concessão do governo deste, e sob a condição de que não se tornará prejudicial ao bem do Estado. Consequentemente, desde que falta a seus deveres, que infringe as leis, póde ser expulso, e o governo a que elle pertence não tem o direito a oppôr-se"*. BUENO, José Antônio Pimenta (Marquês de São Vicente). *Direito internacional privado e applicação de seus princípios com referências às leis particulares do Brazil*. Rio de Janeiro: Typ. De J. Villeneuve E. C., 1863, p. 92.

[33] DECRETO N. 1566 – DE 13 DE OUTUBRO DE 1893. *Regula a entrada de extrangeiros no territorio nacional e sua expulsão durante o estado de sitio (...) Art. 10. Não poderá ser expulso, ficando em tudo equiparado ao nacional, o extrangeiro: a) casado com mulher brazileira; b) viuvo com filhos brazileiros; c) que possuir bens immoveis na União.* Disponível em http://www.senado.gov.br, em 30/10/2012.

[34] DECRETO N. 1609 – DE 15 DE DEZEMBRO DE 1893 – Revoga o decreto n. 1566 de 13 de outubro de 1893. *"Considerando: Que é inherente á soberania nacional o direito de não permittir no territorio em que ella se exerce a permanencia de extrangeiros cuja presença se demonstre perigosa á ordem e segurança publica, e que este inconcusso principio tem sido mais de uma vez consagrado pelos mais elevados tribunaes da Republica; Que no exercicio de tal direito são observadas as razoaveis restricções impostas pelos sentimentos de humanidade e justiça para com os extrangeiros e de deferencia para com os representantes dos respectivos governos; Decreta: Fica revogado o decreto n. 1566, de 13 de outubro de 1893 que regulou a entrada de extrangeiros no territorio nacional e sua expulsão durante o estado do sitio.* Disponível em http://www.senado.gov.br, em 30/10/2012.

O interstício entre estes dois Decretos foi de apenas dois meses, porém a revogação foi conveniente ao momento social pela qual passava o governo, pois nas palavras do Professor Jacob Dolinger *"(...) ficava assim, o Executivo com poder ilimitado para decretar a expulsão de quaisquer estrangeiros, independentemente dos laços familiares que os unissem a cidadãos brasileiros*[35]*"*.

O Judiciário, por sua vez, representado pelo poder máximo no país, o Supremo Tribunal Federal, fundado em 28/02/1891, iniciou o Período Republicano tachando como constitucional a expulsão de estrangeiros do Brasil, e em 1892 e 1893, emanou decisões no sentido de que estrangeiros nocivos à ordem pública poderiam ser banidos do país sem qualquer impedimento[36]. Tais decisões que se deram em períodos de grandes turbulências, como a Revolta Armada, foram frutos do momento político de juventude do STF, e principalmente da grande pressão do Executivo e dos oligarcas sobre os diversos setores da sociedade e instituições nacionais[37].

As expulsões eram realizadas de forma arbitrária e utilizadas por conveniência dos proprietários e das elites brasileiras. Um exemplo de expulsão arbitrária é o caso de Antônio da Costa Borlindo[38], cidadão português que residia no Brasil havia quase quarenta anos, e que inclusive constava, desde 1881, na lista de eleitores. Apesar de todas essas

---

[35] DOLINGER, Jacob. *Das Limitações do Poder de Expulsar Estrangeiros: Análise Histórica e Comparativa*. 1ª Edição. Rio de Janeiro: Ed. Freitas Bastos, 1983, p. 121.

[36] *Habeas Corpus* nº 332, de 06/06/1892 e *Habeas Corpus* nº 338 de 02/06/1893 – STF – *"Memorial Jurisprudencial Ministro Pedro Lessa"* – Coord. de Divulgação de Jurisprudência. Brasília: 2007, p. 102.

[37] BONFÁ, Rogério Luís Giampietro. *"Com lei ou sem lei". As expulsões de estrangeiros na primeira República*. Cadernos AEL – UNICAMP. São Paulo, 2010, p. 190.

[38] BARBOSA, Rui. *"Deportação de um brasileiro"*. In: Obras completas de Rui Barbosa. Ministério da Educação e Cultura. Rio de Janeiro: 1964, p. 02-104. v. XXXIII, t. II. – Para Rui Barbosa, o fato de Borlindo ser residente e aparecer nas listagens de cidadãos capazes de votar constituía prova de que sua expulsão era extremamente inconstitucional e arbitrária, tanto que, para chamar a atenção, denominou o caso de deportação de um brasileiro, tamanha injustiça que o Executivo praticou contra o estrangeiro Português.

qualidades, esse português foi expulso do país no ano de 1900, sob a acusação, nunca comprovada, de ter responsabilidades diretas na conspiração contra o então presidente Campos Salles.

Defendido gratuitamente por Rui Barbosa, no processo em que este nomeou de *"Deportação de um Brasileiro"*, o caso de Borlindo é um retrato fiel das ações e métodos utilizados pela polícia e pelos governantes à época, em favor das elites oligárquicas que operavam no país, caracterizados como ilegais e arbitrários, em razão, entre outros motivos, da falta de consenso sobre a questão da residência, família e filhos no país.

Não é demais lembrar que esta ânsia pelo poder indiscriminado para expulsar estrangeiros em parte se deu pela crescente imigração à época, principalmente de europeus, conforme explicado anteriormente, por conta do crescimento das atividades industriais em São Paulo e Rio de Janeiro, o que gerou uma grande inquietação social por reivindicações de direitos trabalhistas com a criação de grandes sindicatos rurais e urbanos, influenciados pelos ideais anarquistas dos europeus[39].

---

[39] Cláudia Baeta Leal (LEAL, C. F. B. *Pensiero e dinamite: Anarquismo e Repressão em São Paulo nos anos 1890*. UNICAMP. Campinas: 2006, p. 303, p. Tese de Doutorado em História-Instituto de Filosofia e Ciências Humanas, Universidade de Campinas, São Paulo, 2006), retrata com precisão a repressão aos estrangeiros na década de 1890 e no início do século XX. Na análise dessa historiadora, que se concentrou no estudo do anarquismo e nas formas de combate a esse movimento, o Estado, representado pelo Poder Executivo, estava, apesar de algumas reclamações do movimento operário, do judiciário e das embaixadas, totalmente à vontade para exercer seu projeto de controle e disciplina da população classificada como indesejável. Dentro dessa parcela populacional, sobretudo em São Paulo, se destacava o estrangeiro, que após o fim da escravidão passou a dominar as vagas dentro do mercado de trabalho, tornando-se, com isso, um grupo extremamente importante dentro da economia nacional, com postos em diversos setores estratégicos, como portos, transportes, agricultura (na colheita e plantio do café), fábricas, construção civil e comércio em geral. Como a elite e o Estado não admitiam a existência de problemas sociais no Brasil (como o desemprego e a carestia), qualquer movimento contestatório era visto como algo importado, ou seja, *um mal causado pela infiltração do estrangeiro subversivo*, consagrando, com isso, o "mito do imigrante militante, que traz da Europa experiência sindical e política".

A Constituição Republicana de 1891, em seu artigo 72, garantia a brasileiros e estrangeiros residentes no país a inviolabilidade dos direitos concernentes à liberdade, à segurança individual e à propriedade. Este texto gerou uma grande celeuma jurídica sobre a permissão ou não do Estado Brasileiro em expulsar estrangeiros, firmando três posicionamentos: *um a favor do direito do Estado brasileiro de expulsar estrangeiros considerados nocivos à Ordem Social; o outro defendia que o artigo 72 da Constituição Republicana era norma de eficácia limitada, e como tal somente poderia produzir efeitos no sentido de autorizar a expulsão de estrangeiros do país, se sobreviesse lei específica neste sentido;* e por fim, *existiam ainda os que consideravam o instituto da expulsão totalmente inconstitucional, uma vez que a Carta Maior estabelecia a igualdade entre brasileiros e estrangeiros, com a intangibilidade de sua liberdade*[40].

Nota-se ainda que a partir da Constituição Republicana de 1891 passaram a existir juridicamente três tipos de pessoas no Brasil: *os nacionais, os estrangeiros e os estrangeiros residentes*. Quanto aos nacionais, definidos pelo artigo 69 da aludida constituição[41], a questão da expulsão se apresentou de forma simples, pois o parágrafo 20, do artigo 72, proibia a pena de banimento. Entre os estrangeiros a situação se mostrou mais complexa, uma vez que a Constituição Republicana não os definiu como fez com os nacionais, e a essa época a jurisprudência do STF permitia apenas a expulsão de estrangeiros não residentes.

O voto vencido do Ministro Pedro Lessa do STF, no HC nº 4.386, mostra a sua preocupação em assegurar as garantias do artigo 72 da Constituição de 1891 ao estrangeiro residente no Brasil, impedindo assim a sua expulsão do país[42]. Neste sentido o voto vencedor por ele

---

[40] BONFÁ, Rogério Luís Giampietro. *Com lei ou sem lei. As expulsões de estrangeiros na primeira República.* Cadernos AEL – UNICAMP. São Paulo, 2010, p. 186.

[41] A Constituição de 1824 já estabelecia a diferença entre brasileiro e estrangeiro, estabelecendo a definição de brasileiro no artigo 6º, e cidadão brasileiro no art. 173, e as restrições aos estrangeiros nos artigos 91 e 136.

[42] "*Provado que os pacientes tem residência no Brasil, eu lhes dou o habeas corpus. O que nunca faria é reconhecer ao governo a faculdade de anular as garantias constitucionais pela suspensão da residência, o que importa supor que o fato da residência, que o legislador constituinte exigiu como condição*

proferido no HC nº 4.422, julgado em 10/11/1917, onde afirma que *"Os estrangeiros residentes no Brasil não podem ser expulsos do território nacional, atento o artigo 72 da Constituição Federal, que os equipara aos nacionais para os efeitos de lhes assegurar as garantias outorgadas pelo mencionado artigo. Residência é a moradia habitual num lugar*[43]*".*

Destarte, desde o ano de 1894, o Executivo já teria uma amostra de que uma mudança de atitude do Supremo Tribunal Federal, principalmente diante da argumentação do Ministro José Hygino[44], poderia trazer resistência as suas ações de expulsar os estrangeiros do país.

Nos *habeas corpus* impetrados em favor de alguns estrangeiros presos para serem expulsos por suspeita de participação na revolta armada, o Supremo decidiu que por não existir lei *"do atual ou do antigo regime que outorgue a faculdade de expulsão de estrangeiro, como medida administrativa"*, a expulsão fica caracterizada como inconstitucional, e que *"expressa como é a Constituição não só quando assegura a brasileiros e estrangeiros residentes a liberdade e a segurança individual, mas ainda quando estatui que ninguém pode ser obrigado a fazer ou deixar de fazer alguma coisa senão em virtude de lei*[45]*".*

Ressalte-se, todavia, que esses *habeas corpus*, embora concedidos pelo Supremo Tribunal Federal, não foram respeitados à época pelo Presidente Floriano Peixoto, que decidiu expulsar os estrangeiros, determi-

---

para a entrega das garantias do artigo 72, não é fato objetivo, mas uma criação arbitrária ou caprichosa da vontade do governo, o que seria um despautério incomparável". Habeas Corpus nº 4.386, de 06/10/1917 STF *Memorial Jurisprudencial Ministro Pedro Lessa*–Coordenadoria de Divulgação de Jurisprudência.Brasília: 2007, p. 104.

[43] STF, op. cit., p. 106.

[44] *"A deportação do estrangeiro que reside no território nacional é uma das maiores e mais violentas restrições à liberdade individual e, por conseguinte, só pode ser lícita e constitucional, quando se conforma com as normas legais. Se este raciocínio é correto, segue-se que somente nessas duas hipóteses pode ser decretada a deportação: a) em virtude de lei que tenha determinado em que caso é permitida a deportação, e as formas a observar na decretação de tal medida; b)em virtude de tratados internacionais..."* Citação do Ministro José Hygino – *"apud"* RODRIGUES, Leda Boechat. *História do Supremo Tribunal Federal.* Rio de Janeiro: Ed. Civilização Brasileira, 1991, p. 146-147.

[45] MESQUITA, E. P. *Estrangeiros Expulsos: Violação de Habeas Corpus.* Rio de Janeiro: Typ. Mont'Alverne, 1895.

nando a publicação dos Decretos Expulsórios com datas anteriores às decisões do Supremo Tribunal Federal, acirrando assim ainda mais a disputa entre o Executivo e o Judiciário[46].

A legislação repressiva aos estrangeiros, tangida pelo temor dos empresários brasileiros diante da agitação proletária, continuou no Brasil com a emissão do Decreto nº 1.641, sancionado pelo Presidente Afonso Pena em 1907[47], e tratava da expulsão de estrangeiros que comprometessem a segurança nacional ou a tranquilidade pública e dava outras providências, e fazia parte de uma ação do Executivo de legalizar suas ações, menos por razões ideológicas, e mais por evitar os *habeas corpus* deferidos pelos tribunais.

A emissão do aludido Decreto foi inspirada nas greves gerais de 1907 ocorridas em São Paulo, Rio de Janeiro e interior, que foram duramente reprimidas. Patrões e polícia atribuíram os movimentos grevistas a agitadores estrangeiros profissionais, pagos por governos estrangeiros para matar a industrialização nascente do Brasil[48].

Por outro lado, o artigo 3º do Decreto nº 1.641 trazia limites à expulsão, ante a condição do estrangeiro residente, ao dispor como causas de inexpulsabilidade a residência no país por dois anos contínuos ou por menos tempo se o estrangeiro fosse casado com brasileira, ou ainda se fosse viúvo com filhos brasileiros[49].

---

[46] Veja-se que segundo Mesquita, Prudente de Moraes fez retornar ao Brasil todos os estrangeiros banidos na ocasião. Op. cit.

[47] Decreto nº 1.641, Lei Adolpho Gordo de 07/01/1907, com o título – *Principal Lei Repressiva Contra os Anarquistas e Militantes Sindicais,* que permitia a expulsão do estrangeiro: "*que por qualquer motivo comprometer a segurança nacional ou a tranquilidade pública, ou com condenação ou processo pelos tribunais estrangeiros por crimes ou delitos de natureza comum ou, ainda, com duas condenações, pelo menos, pelos tribunais brasileiros, por crimes ou delitos de natureza comum*". Disponível em: http://www.ebooksbrasil.org/eLibris/gordo.html.

[48] Cláudia Baeta Leal (Leal, C. F. B. *Pensiero e dinamite: Anarquismo e Repressão em São Paulo nos anos 1890*. UNICAMP. Campinas: 2006.

[49] O texto legal deixava de fora qualquer impedimento à expulsão da estrangeira casada com brasileiro ou com prole brasileira, com sua redação totalmente voltada ao gênero masculino, o que poderia dar margem a interpretação diferente para a estrangeira mulher.

Cabe observar, em sentido contrário ao modelo atual, que o simples fato de o estrangeiro ter prole brasileira não configurava a causa impediente de sua expulsão, mas tão somente se fosse viúvo, pois se sua esposa brasileira se encontrasse viva, deveria o estrangeiro ser casado para ser beneficiado; talvez neste ponto houvesse a questão da guarda e de alimentos já que a condição de trabalho da mulher era diferenciada na sociedade da época.

Em nova tentativa de tornar ilimitado o poder de expulsar estrangeiros pelo governo brasileiro, para o suposto controle e disciplina da população, classificada como indesejável[50], sobretudo em São Paulo, onde estava o contingente maior de estrangeiros, foi sancionado pelo presidente Hermes da Fonseca em 08/01/1913 o Decreto nº 2.741, que revogou o Decreto nº 1.641/07.

Pelo Decreto 2.741 de 1.913, seriam revogados os artigos 3º e 4º, parágrafo único, e o artigo 8º do decreto nº 1.641, de 07/01/1907. Substancialmente, esses artigos eram os que davam alguma possibilidade de defesa aos estrangeiros residentes. O artigo 3º impedia a expulsão do imigrante residente – inclusive conceituando este vocábulo, o artigo 4º impedia as restrições de desembarque no Brasil ao estrangeiro residente que se ausentasse temporariamente da nação e, por fim, o artigo 8º, que pautava em lei a possibilidade de recurso judiciário e administrativo contra uma expulsão.

O Decreto nº 2.741 teve uma contestação árdua por parte de Rui Barbosa à época, que entendia que este dispositivo de expulsão pretendia controlar e disciplinar os estrangeiros, por arbítrio da polícia e conveniência da ordem, sendo este tipo de lei *"um atentado contra nossas*

---

[50] A participação do imigrante não era apenas presente no mercado de trabalho. Devido aos graves problemas do país, muitos estrangeiros não foram absorvidos pelo mercado de trabalho *"formal"*, resultando com isso em um grande número de desocupados, mendigos, prostitutas, jogadores e *"cáffens"*, o que alarmou as elites e o governo republicano. Além desses problemas conjunturais e estruturais da sociedade, também temos que ressaltar que muitos imigrantes escolheram, por conta própria, sua marginalização dos meios tradicionais de trabalho.

instituições fundamentais[51]", pois acreditava que nenhuma lei poderia revogar ou ter mais valor que a constituição nacional.

De certo que os pareceres jurídicos de Rui Barbosa começaram a ganhar força nos tribunais, tanto que, mesmo após a emissão do Decreto 2.741/1913, os juízes e ministros do STF passaram a conceder habeas corpus aos estrangeiros condenados pelo Executivo à expulsão[52].

Assim, o Decreto nº 2.741/1913 não durou muito tempo, eis que foi considerado inconstitucional pelo Supremo Tribunal Federal, por ofender o artigo 72 da Constituição Republicana de 1891, ao não respeitar a questão da residência do estrangeiro, segundo a jurisprudência da época.

No ano de 1921 foi sancionado o Decreto nº 4.247, que regulamentou o tempo de residência considerado como mínimo para que o estrangeiro não fosse alcançado pela medida expulsória, fixando-o assim, em cinco anos ininterruptos.

Ressalte-se que ainda por muito tempo perdurou este embate sobre o cabimento da expulsão, e apesar do advento de leis infraconstitucionais regulando o assunto, só houve a pacificação com a reforma constitucional de 1926, que introduziu o parágrafo 33 no artigo 72, autorizando o governo a expulsar estrangeiros do país: "*É permitido ao Poder*

---

[51] BARBOSA, Rui. "*Deportação de um brasileiro*". In: Obras completas de Rui Barbosa. Ministério da Educação e Cultura. Rio de Janeiro: 1964, p. 161.

[52] Neste sentido a decisão do Ministro Pedro Lessa à época: "*Modificada a Lei nº 1.641, de 7 de janeiro de 1907, pelo decreto legislativo n. 2.741, de 8 de janeiro de 1913; tem julgado o Tribunal (STF) que, provada a 'residência' do estrangeiro de acordo com o direito civil, regulador da matéria, não tem cabimento a expulsão. A Constituição somente alude a residência cujo o conceito é matéria de direito civil. A lei de 1907 fixou o prazo constitutivo da residência. A lei de 1913 suprimiu esse prazo, ficando assim em vigor o preceito constitucional que apenas se refere a residência, sem qualificação, nem restrição de qualquer espécie. Consequentemente o que temos hoje é o preceito constitucional, que devemos aplicar com os ensinamentos da doutrina acerca da residência. Só por essa interpretação é que se respeita a disposição constitucional, perfeitamente clara e positiva, e que não pode ficar a mercê das leis ordinárias que se façam e desfaçam*". STF – *Memorial Jurisprudencial Ministro Pedro Lessa* – Coordenadoria de Divulgação de Jurisprudência. Brasília: 2007, p. 105.

Executivo expulsar do território nacional os súditos estrangeiros perigosos à ordem pública ou nocivos aos interesses da República". Foi assim a primeira manifestação constitucional acerca do instituto da Expulsão no Brasil.

A Convenção de Havana de 1928 sobre a condição dos estrangeiros, ratificada pelo Brasil por meio do Decreto nº 18.956, de 22/10/1929[53], também menciona a questão da nocividade à ordem pública, ao dispor em seu artigo 6º que *"os Estados podem, por motivo de ordem ou segurança pública, expulsar o estrangeiro domiciliado, residente ou simplesmente de passagem por seu território (...)"*.

Tal disposição reveste-se do princípio da soberania dos Estados, máxima do Direito Internacional, trazendo a ideia de que cada país tem total ingerência sobre os assuntos que acontecem dentro de seu território, questão esta que vem sendo hodiernamente contestada pelos defensores dos Direitos Humanos, e aos poucos mitigada pelos Estados, como forma de reduzir os tratamentos crueis aos indivíduos nos territórios de determinados países, que insistem em alegar que expressam a questão humana a partir de determinado contexto, em sua própria cultura.[54]

---

[53] O DECRETO N. 18.956 – DE 22 DE OUTUBRO DE 1929 – Promulga seis convenções de Direito Internacional Público, aprovadas pela Sexta Conferência Internacional Americana – O Presidente da Republica dos Estados Unidos do Brasil: *Tendo sanccionado, pelo decreto n. 5.647, de 8 de Janeiro de 1929, a resolução do Congresso Nacional que approvou as seguintes convenções de direito internacional publico, adoptadas pela Sexta Conferencia internacional americana, reunida em Havana, e assignadas a 20 de Fevereiro de 1928: 1) Convenção sobre condição dos estrangeiros; 2) Convenção sobre tratados; 3) Convenção sobre funccionarios diplomaticos; 4) Convenção sobre agentes consulares; 5) Convenção sobre asylo; 6) Convenção sobre deveres e direitos dos Estados, nos casos de luctas civis; – e havendo-se effectuado o deposito do instrumento brasileiro de ratificação das ditas convenções, na Secretaria da União Panamericana, em Washington, a 29 de Agosto ultimo; Decreta que as mesmas convenções, appensas por cópia ao presente decreto, sejam executadas e cumpridas tão inteiramente como nellas se contém.* Rio de Janeiro, 22 de Outubro de 1929, 108º da Independencia e 41º da Republica. WASHINGTON LUIS P. DE SOUSA – Octavio Mangabeira. Disponível em http://www.senado.gov.br.

[54] PANNIKAR, Raimundo. *Seria a noção de direitos humanos um conceito ocidental?* In. BALDI, César Augusto (Org.) *Direitos Humanos na Sociedade Cosmopolita* – RJ, SP, Recife: Ed. Renovar, 2004, p. 223.

O texto constitucional promulgado em 1934 inseriu no dispositivo que trata dos direitos e garantias individuais a proibição ao banimento, mas certificou o poder de expulsar, consoante se vê em seu artigo 113[55].

Percebe-se, destarte, que da elaboração da Constituição de 1934, não houve um primor pela técnica legislativa, ao se inserir no artigo 113 uma medida drástica de restrição ao direito à liberdade como a expulsão, dentre os direitos e garantias individuais enunciados no *caput*, além do fato de que tal medida seria também extensível aos estrangeiros residentes no país, incluídos no *caput* do citado artigo.

Com efeito, se na Constituição Republicana de 1891 havia a preocupação governamental com os imigrantes anarquistas sindicalistas, a evolução histórica da Constituição de 1934 conseguia ver muito além: a expressão *Ordem Pública e Interesses do País*, pressupunha algo mais restrito e voltado aos ideais revolucionários simpatizantes do Comunismo que eclodiam na Europa e Ásia no século XX[56].

E foi assim que a expulsão foi regulamentada na Constituição de 1934, de forma generalista, prevendo apenas a sua permissão, deixando dessa forma à legislação infraconstitucional sua regulamentação específica, visando assim se adaptar aos interesses governamentais nacionalistas do ditador Getúlio Vargas. Neste sentido foi o Decreto nº 392, de 27/04/1938, que regulamentava a expulsão dos estrangeiros[57], que

---

[55] (...) Art. 113 – "*A Constituição assegura a brasileiros e a estrangeiros residentes no País a inviolabilidade dos direitos concernentes à liberdade, à subsistência, à segurança individual e à propriedade, nos termos seguintes*": (...) 15 – "*A União poderá expulsar do território nacional os estrangeiros perigosos à ordem pública ou nocivos aos interesses do País*". (...) 29 – "*Não haverá pena de banimento, morte, confisco ou de caráter perpétuo, ressalvadas, quanto à pena de morte, as disposições da legislação militar, em tempo de guerra com país estrangeiro*". Disponível em: http://www.planalto.gov.br.

[56] VILLA, Marco Antonio. *A História das Constituições Brasileiras. 200 anos de luta contra o arbítrio*. 1ª Edição. São Paulo: Texto Editores Ltda., 2011, p. 42.

[57] "*A preocupação quanto aos estrangeiros que aqui residiam e sobre suas ideias era parte da política nacionalista do Governo Vargas, que utilizou argumentos jurídicos para legitimar a repressão. A dou-*

poderia ocorrer independentemente do período de residência no país, desde que o motivo comprometesse a segurança nacional, a estrutura das instituições ou a tranquilidade pública, e também quando condenado por crime político, nada dispondo quanto ao limite ao poder de expulsar.

Apesar disso, houve posteriormente a aprovação do Decreto Lei nº 479[58], de 08/06/1938[59], que restringia o direito de expulsão do estrangeiro, tendo como foco o aspecto da residência – mais de vinte e cinco anos de residência legítima no país – e ainda se tivesse filhos brasileiros vivos, oriundos de núpcias legítimas; e aqui as causas de

trina internacional de fins do século XIX e início do século XX defendia que o estrangeiro residia em outro país não por direito, mas por uma benesse que lhe poderia ser cassada a qualquer tempo, desde que se tornasse um incômodo, ao país que o recebera. O estrangeiro não deveria, pois, se tratar de forma inconveniente. Por meio de uma rede policial estruturada, o Governo Vargas manteve o estrangeiro sob constante olhar vigilante. Em 31 de maio de 1938, foi criado um setor especializado da polícia, para identificar, cadastrar e investigar os estrangeiros – A Delegacia Especializada de Investigação de Entrada, Permanência e Saída de Estrangeiros. Foi criada pelo Decreto nº 9197 de 31 de maio de 1938. Departamento de Investigações, 1953". RIBEIRO, Mariana Cardoso dos Santos. Artigo: *Direito e Autoritarismo, a expulsão de comunistas no Estado Novo.* Prisma Jurídico, São Paulo, v. 7, n. 1, p. 163-183, jan./jun. 2008.

[58] "*É ainda sujeito a expulsão, o estrangeiro que de qualquer forma: atentar contra a dignidade da pátria; atentar contra a segurança da propriedade, ou a liberdade do trabalho; cometer crime eleitoral de caráter doloso; praticar contra-bando, falsificação de moedas ou de títulos e papeis de crédito da União, dos Estados, do Distrito Federal ou dos Municípios, ou de estabelecimento de crédito; praticar o lenocínio, o tráfico de mulheres, a corrupção de menores; ou se tornar culpado de violência carnal, estupro, defloramento, ultraje público ao pudor; peculato, falência, estelionato, abuso de confiança, extorsão, sociedade secreta; exercer comércio ilícito de tóxicos e entorpecentes; de qualquer modo se prestar a distribuí-los; por vagabundo ou mendigo, ou se converter em encargo para o poder público; for considerado elemento pernicioso a ordem pública pela polícia de outro país; tiver sido expulso de outro país; tiver entrado no território nacional com infração dos preceitos legais; tiver sido condenado no Brasil por crime inafiançável ou condenado em outro país por crime dessa natureza, se houver evadido; perturbar de qualquer forma o livre funcionamento de associações profissionais; e, em todos os demais casos previstos em lei.*"

[59] Ainda neste mesmo ano, em 12/07/1938, o Decreto-Lei nº 554, que tratava do inquérito policial para o trâmite formal dos procedimentos de expulsão dos estrangeiros do país.

inexpulsabilidade eram cumulativas, conforme esclarece o magistério do Professor Jacob Dolinger[60]: *"A interpretação do STF foi de que ambos os requisitos deveriam se materializar para evitar a expulsão – residência legítima no Brasil por mais de 25 anos e filhos brasileiros".*

É o que se vê no *Habeas Corpus* nº 27.548, julgado em 24 de junho de 1940, tendo como relator o Ministro Eduardo Espíndola[61].

Com efeito, a década de 30 se pautou por medidas de restrição e controle à entrada de imigrantes, e à retirada dos indesejáveis, dos que comprometessem a segurança nacional ou fossem nocivos aos interesses dos poderes estabelecidos, de forma a constituir um jogo de força constante, de adaptação e reorganização de estratégias para ordenar, selecionar e disciplinar a sociedade extinguindo ou restringindo as garantias constitucionais[62].

Neste período a expulsão serviu como instrumento de controle social do Estado Autoritário e burlou os entraves, utilizando-se de métodos arbitrários, tanto legais como ilegais, atuando através de Decretos-Leis. Assim, com ou sem lei o governo perseguia os que eram considerados indesejáveis, mas de certo que era mais conveniente expulsar *legalmente*, atribuindo legalidade às ações arbitrárias do Executivo. Foi uma época inclusive onde era praticado o bani-

---

[60] DOLINGER, Jacob. *Das Limitações do Poder de Expulsar Estrangeiros: Análise Histórica e Comparativa*. 1ª Edição. Rio de Janeiro: Ed. Freitas Bastos, 1983, p. 124.

[61] *"Expulsão – Exigência de prova simultânea de residência no Brasil por tempo superior a 25 anos e filhos brasileiros, oriundos de justas núpcias. Para que possa se opor ao processo de expulsão necessária se torna a prova de residência no Brasil por tempo superior a 25 anos e de ter filhos brasileiros, oriundos de justas núpcias."*. DOLINGER, Jacob. Op. cit.

[62] *"A intolerância ao estrangeiro durante o Estado Novo (1937-1945) deve ser considerada nos seus principais aspectos, o jurídico e o histórico. A ideia de nocividade, que justificou a vigilância, o controle e a expulsão destes indivíduos pelo governo Vargas, tem sua gênese na história da formação do Estado Nacional brasileiro em 1822. O Direito, por sua vez, legitimou os atos de xenofobia por meio de uma legislação excludente, amparada por um discurso jurídico articulado por intelectuais influenciados pelos paradigmas racistas e/ou facistas europeus".* RIBEIRO, Mariana Cardoso dos Santos. Artigo: *Direito e Autoritarismo, a expulsão de comunistas no Estado Novo.* Prisma Jurídico, São Paulo, v. 7, n. 1, p. 163-183, jan./jun. 2008.

mento contra nacionais, que eram contra o chamado *interesse nacional*, que nada mais era do que o interesse do ditador Vargas[63].

A redemocratização do país culminada com a elaboração da Constituição Federal de 1946, após a queda da ditadura Vargas, trouxe a preocupação aos legisladores no sentido de limitar o poder de expulsar exercido pelo poder Executivo, ainda no bojo do capítulo dos Direitos e Garantias Individuais, porém em artigo separado dos que tratavam dos direitos e garantias em sentido estrito[64].

Veja-se que a existência da partícula aditiva *"e"* no texto constitucional citado indica que era necessário que o estrangeiro preenchesse ambos os requisitos para que ficasse fora do alcance da medida expulsória. Neste sentido o Supremo Tribunal Federal entendeu nos autos do *Habeas Corpus* nº 30.573, de 12/01/1949[65].

De qualquer forma a Constituição de 1946 inovou no sentido de ir além da permissividade à aplicação do Instituto da Expulsão, regulamentando e restringindo a sua aplicação, ao criar a regra da exceção. Assim, aos passos lentos a legislação nacional estava se adequando aos princípios humanísticos, afastando a expulsão da arbitrariedade do Poder Executivo[66].

---

[63] RIBEIRO, Mariana Cardoso dos Santos. Artigo: *Direito e Autoritarismo, a expulsão de comunistas no Estado Novo*. Prisma Jurídico, São Paulo, v. 7, n. 1, p. 163-183, jan./jun. 2008.

[64] Art. 143 – O Governo federal poderá expulsar do território nacional o estrangeiro nocivo à ordem pública, *salvo se o seu cônjuge for brasileiro, e se tiver filho brasileiro* (art. 129, nºs I e II) *dependente da economia paterna*. (grifos nossos).

[65] *"(...) e não constitui óbice para a efetivação da medida a circunstância do expulsando ter se casado com brasileira, visto que seria indispensável a coexistência de filho brasileiro por força do que dispõe a respeito o artigo 143 da Constituição Federal"*. DOLINGER, Jacob. *Das Limitações do Poder de Expulsar Estrangeiros: Análise Histórica e Comparativa*. 1ª Edição. Rio de Janeiro: Ed. Freitas Bastos, 1983, p. 125.

[66] E aqui há de se citar a curiosa decisão proferida pelo STF em julgamento plenário realizado em 1947 (RT 182/438-442), quando entendeu dispensável, para o efeito de impedir a expulsão de estrangeiro, que já tivesse ocorrido o próprio nascimento de seu filho brasileiro, bastando para tanto, o mero fato da concepção; de tal modo que a simples existência de um nascituro revelar-se-ia suficiente para suspender a efetivação do ato ex-

Neste mesmo sentido a orientação jurisprudencial do STF a partir de 1956, que permitia o impedimento ao poder de expulsar estrangeiros, estando presente apenas uma das causas impedientes previstas na Constituição, com vistas à função social constitucional de proteção à família.

Após inúmeras discussões e decisões judiciais acerca do impedimento à expulsão de estrangeiros no Brasil, foi editada em 13/12/1963, a Súmula nº 01 do Supremo Tribunal Federal, ainda em vigor, que dispõe: "*é vedada a expulsão de estrangeiro casado com brasileira ou que tenha filho brasileiro dependente de economia paterna*".

O texto constitucional de 1967 apenas citou o Instituto da Expulsão ao enunciar a competência legislativa da União[67].

No entanto, o texto constitucional de 1967 foi regulamentado pelo Decreto-Lei nº 417 de 10/01/1969, que trouxe o impedimento à expulsão de estrangeiros no caso de existência de cônjuge ou filho brasileiro, dependente da economia paterna, dispondo porém em seu parágrafo único a não aplicação do benefício ao estrangeiro desquitado que, não tendo filho brasileiro dependente da economia paterna, não houvesse sido condenado ao pagamento de alimentos ao cônjuge brasileiro.

Em 18/10/1969 foi editado o Decreto-Lei nº 941, com o objetivo de definir a situação jurídica do estrangeiro no Brasil, e em seu artigo 74, trouxe a norma impediente de expulsar estrangeiro do Brasil, naqueles

---

pulsório, que só ocorreria se não registrasse o nascimento com vida. "*ESTRANGEIRO – Indivíduo casado com brasileira – Expulsão do país – Inadmissibilidade se a esposa se acha grávida (...). NASCITURO – Respeito aos seus direitos antes do nascimento – Expulsão pretendida do seu pai do Brasil, sendo a mãe brasileira (...). Suspende-se o processo de expulsão de estrangeiro casado com brasileira que se encontra grávida. O nascimento com vida torna, na mesma ocasião, o ente humano sujeito de direito e, em consequência, transforma em direitos subjetivos as expectativas de direito, que lhe tinham sido atribuídas na fase de concepção.*" (HC 29.873/SP, Rel. Min. LAUDO DE CAMARGO).

[67] Art. 8º – Compete à União: (...) XVII – Legislar sobre: (...) p – emigração e imigração: entrada, extradição e expulsão de estrangeiros.

casos em que o estrangeiro tivesse cônjuge brasileiro que não estivesse separado ou divorciado, ou filho brasileiro dependente de economia paterna.

Frise-se que a partir de 1967 até o momento atual, a expulsão não mais foi tratada nos textos constitucionais, passando a ser regulamentada apenas por legislação infraconstitucional. Dessa forma, o entendimento iniciado pela constituição de 1946, ab-rogado pela nova Ordem Constitucional, continuou a ser corroborado pelos Decretos nº 417 e 941 de 1969, que dispunham sobre o procedimento de expulsão de estrangeiros do Brasil.

E neste mesmo cotejo versou o instituto da expulsão de estrangeiros, até os dias atuais, onde é disciplinado pela Lei nº 6.815/80, alterada pela Lei nº 6.964/81, e regulamentada pelo Decreto nº 86.715/81. Veja-se que a Lei 6.815/80, editada em um momento autoritário da vida política brasileira, não previu quaisquer impedimentos à expulsão de estrangeiros do país, pois mantinha a ideia de afastar em definitivo do país, os indivíduos estrangeiros que fossem prejudiciais aos interesses nacionais.

Vale lembrar que no ano de 1981, com o objetivo de resguardar os interesses nacionais, foi criada a Lei 6.964/81, que estabeleceu como objetivo primordial da imigração no Brasil propiciar mão de obra especializada aos vários setores da economia nacional, visando à Política Nacional de Desenvolvimento em todos os aspectos e, em especial, ao aumento da produtividade, à assimilação de tecnologia e à captação de recursos para setores específicos (art. 16, parágrafo único, da Lei 6.964/81).

E neste sentido, visando propiciar mão de obra especializada através da imigração, a Lei 6.964/81 acrescentou o artigo 75 à Lei 6.815/80, trazendo os impedimentos à expulsão do estrangeiro do país, com as chamadas hipóteses de inexpulsabilidade, onde critérios baseados em cônjuge e filhos, *por via reflexa*, privilegiavam a constituição familiar como base de uma sociedade livre e cidadã, e o respeito à dignidade da pessoa humana, em que pese não fosse este o objetivo à época.

Dessa forma, verificamos que o novel Estatuto do Estrangeiro de 1980 tentou impedir as causas de inexpulsabilidade já consagradas na doutrina e jurisprudência pátrias, bem aos moldes dos Decretos do início do século XX, mas a sua alteração pela Lei 6.964/81, trouxe ao seu bojo o artigo 75, II, alínea "*a*", que aduz: "*não se procederá à expulsão do estrangeiro com cônjuge do qual não esteja separado de fato ou de direito, e desde que o casamento tenha sido celebrado há mais de cinco anos*", privilegiando desta forma, indiretamente, a proteção à estabilidade da família. E por algum tempo esta foi a posição adotada pelo Supremo Tribunal Federal em alguns de seus julgados[68].

No mesmo sentido a alínea "*b*" do mesmo dispositivo, que aduz a simultaneidade de condições quanto ao filho do estrangeiro para servir de impedimento a sua expulsão: *guarda e dependência econômica*[69].

Finalizando o texto do artigo 75 da Lei 6.815/80, temos os parágrafos 1º e 2º, que elaborados numa tentativa de evitar fraude, impõem que o impedimento à expulsão configurar-se-ia tão somente quando o reconhecimento da prole houvesse sido anterior ao fato delituoso motivador da medida, e havendo o abandono do filho ou a separação do cônjuge de fato ou de direito, a expulsão efetivar-se-ia a qualquer tempo.

Neste mesmo sentido o Decreto nº 98.961 de 15/01/1990, que ao tratar sobre o instituto da expulsão aos estrangeiros condenados por tráfico de entorpecente, dispõe em seu artigo 2º que "*As condições de expulsabilidade serão aquelas existentes na data da infração penal, apuradas no inquérito, não se considerando as alterações ocorridas após a prática do delito*".

---

[68] Nesse sentido, ver o HC nº 59.626, DJ 12/04/1982, Min. Rel. Djaci Falcão, STF; o HC nº 62.201, DJ 22/02/1985, Min. Rel. Aldir Passarinho, STF.

[69] E assim entendia a doutrina pátria: "*Diferentemente do direito anterior, o impedimento à expulsão do estrangeiro deixa de existir, ainda que, comprovadamente, o filho brasileiro dele dependa economicamente, pois: 1º) o genitor que não tem o filho sob sua guarda não é favorecido pela presunção de que ele esteja sob sua dependência econômica; 2º) a lei expressamente exige que o filho brasileiro "esteja sob sua guarda e dele dependa economicamente*" (Grifos nossos)". E continuava: "(...) *e a atribuição da guarda do filho ao cônjuge brasileiro faz presumir culpabilidade do cônjuge estrangeiro pela dissolução, mesmo de fato, da vida em comum, o que mais o afasta do benefício excepcional da não-expulsão*". CAHALI, Yussef Said, na obra "*Estatuto do Estrangeiro*", São Paulo: Saraiva, 1983, p. 286.

Assim, ante a não existência de lei posterior para regular a matéria, e aplicado pela nova Ordem Constitucional, com exceção de alguns artigos, o Estatuto do Estrangeiro – Lei 6.815/80 e seu Decreto regulamentador – Lei 86.715/81 continuam a definir todas as questões relativas ao Instituto da Expulsão no Brasil.

Ocorre, porém, que com o advento da Constituição Cidadã de 1988, houve uma série de questões conflituosas com o diploma legal do Estatuto do Estrangeiro, já que a nova Ordem Constitucional, em que pese não tenha trazido qualquer dispositivo alusivo à expulsão de estrangeiros, trouxe institutos louváveis como a união estável e a especial proteção da família, da criança e do adolescente pelo Estado, introduzindo mudanças significativas no instituto da expulsão.

O reconhecimento da união estável como entidade familiar conduz à equiparação da existência de companheiro à de cônjuge. E desta forma o casamento e o tempo de convivência exigido pela lei, de cinco anos, passou a não ter mais aplicabilidade quando se confronta com um bem maior constitucionalmente protegido: a proteção e manutenção da família.

Nesta esteira, a *Súmula nº 01* do Supremo Tribunal Federal, anteriormente citada, que ainda se encontra em vigor e orienta as causas cujas discussões vão para o Judiciário para a análise. Ressalte-se que seu texto não traz qualquer limitação temporal para a existência das causas impedientes de expulsabilidade por existência de cônjuge ou companheiro.

Noutro giro, veja-se que o poder de expulsar demonstra ser paradigma intocável no âmbito do Direito Internacional, como se percebe da lição de Accioly, Casella, e Silva: *"(...) Reconhecido que o Estado tem a faculdade de controlar a entrada, no seu território, de estrangeiros, por ele tido como indesejáveis, o corolário lógico é o reconhecimento do direito correspondente da expulsão*[70]*".*

---

[70] ACCIOLY, Hildebrando, CASELLA, Paulo Borba, SILVA, G. E. do Nascimento. *Manual de Direito Internacional Público*. 19ª Edição. São Paulo: Ed. Saraiva, 2011, p. 402.

E neste mesmo sentido outros autores, dentre eles Lier Pires Ferreira Júnior, que entende ser a expulsão o *"efeito direto da prerrogativa soberana que o Estado possui de disciplinar o ingresso, a permanência e a retirada do estrangeiro de seu território"*[71].

Portanto, parte-se da ideia que a expulsão é o instituto eficaz decorrente da soberania do Estado brasileiro para a retirada compulsória do estrangeiro tido como pernicioso e nocivo aos interesses nacionais, estando esta prerrogativa em perfeita conformidade com as normas e princípios internacionais, desde que tal ato não seja decorrente de prática arbitrária, desarrazoada, contrária aos acordos internacionais de direitos humanos firmados pelo Brasil.

Neste sentido, há casos em que o estrangeiro não poderá ser expulso do país, conforme preconiza a Convenção Americana de Direitos Humanos a qual o Brasil é signatário (Pacto de San Jose da Costa Rica), que em seu artigo 22, § 8º prevê que: *"Em nenhum caso o estrangeiro pode ser expulso ou entregue a outro país, seja ou não de origem, onde seu direito à vida*[72] *ou à liberdade pessoal esteja em risco de violação em virtude de sua raça, nacionalidade, religião, condição social ou de suas opiniões políticas"*; e o § 9º do mesmo artigo proíbe a expulsão coletiva de estrangeiros.

Por fim, ante o período histórico analisado, há de se dizer aqui que a expulsão de estrangeiros no Brasil, desde a época colonial, foi alvo, por assim dizer, de ideologias, de manipulação de interesses da elite social dominante, do grupo político no poder, da ditadura militar, en-

---

[71] FERREIRA JÚNIOR, Lier Pires; CHAPARRO, Verônica Zarete. *Curso de Direito Internacional Privado*. 1ª Edição. Rio de Janeiro, Freitas Bastos, 2006, p. 190.

[72] É importante aqui citar a decisão do STF de 13/10/1967: *"Habeas corpus"*. Execução de decreto de expulsão de estrangeiro. – Legalidade da detenção, enquanto não se consumar a expulsão. – Descabimento, no caso concreto, em face de elementos dos autos, de conversão da prisão especial em liberdade vigiada. – *Pretensão de não expulsão para determinado país, em que o expulsando poderá ficar sujeito a pena de morte*. – "Habeas Corpus" concedido, em parte, para atendimento dessa pretensão. (STF – HC: 44329 DF, Relator: Min. ELOY DA ROCHA, Data de Publicação: DJ 13-10-1967 PP-03299 EMENT VOL-00706-02 PP-00729 RTJ VOL-00043-01 PP-00074).

fim, dos governantes, de afastar do país aqueles *não nacionais*, contrários aos ideais políticos de sua época, sob o pretexto de proteger os *interesses nacionais*.

Neste sentido, verifica-se que a aceitação da perenidade dos efeitos da medida expulsória sempre se deu de forma pacífica no Brasil pelos poderes Legislativo, Judiciário e Executivo, eis que pouca ou nenhuma notícia se tem de trâmite de projetos de lei[73] ou jurisprudência, desde a época colonial, prevendo algum período *razoável* de afastamento do estrangeiro do país como efeito da expulsão.

---

[73] Há que se citar apenas o novo projeto do Estatuto de Estrangeiros (n° 5655/2009), do Ministério da Justiça, que em seu artigo 121, de forma inédita, limita o período expulsório a 10 anos. Mas ainda assim, por entendimento do autor em sua pesquisa, *não se trata de um prazo razoável de afastamento do estrangeiro do país em uma sociedade democrática*, como a própria Corte Europeia de Direitos Humanos tem decidido, e será visto em outros capítulos deste trabalho.

2. O Conceito da Expulsão no Brasil

2.1. O Conceito e seus Elementos

Antes de se fazer uma análise do conceito de expulsão e seus elementos, é necessário entender brevemente o que é ser *estrangeiro* no Brasil, para saber, a seguir, quais deles podem ser submetidos ao afastamento do país como efeito da expulsão[74].

Segundo Cristiane Maria Sbalqueiro Lopes, ser estrangeiro é um *atributo negativo* que designa o *não pertencimento* a certo grupo de referência[75].

De certo que não se parte aqui de uma análise jurídica minuciosa do que é ser estrangeiro ou nacional, pois no capítulo reservado à nacionalidade, nossa Carta Maior (capítulo III, artigo 12) elenca os casos dos

---

[74] A Comissão de Direito Internacional em seu 64º Relatório emitido em 14 de Dezembro de 2012 traz em seu artigo 2º (b) a definição de estrangeiro, com vistas às discussões da Comissão sobre o tema: expulsão de estrangeiros: *"alien" means an individual who does not have the nationality of the State in whose territory that individual is present.* Disponível em: http://www.un.org/law/ilc/ (p. 4). Acesso em 12/08/2013.

[75] Ela faz também a distinção entre o estrangeiro e o imigrante, dizendo que este é o que imigra, que entra em um país estrangeiro para viver, para se estabelecer, como uma certeza;enquanto que aquele é apenas *"o outro"*, uma incógnita. LOPES, Cristiane Maria Sbalqueiro. *Direito de Imigração – O Estatuto do Estrangeiro em uma Perspectiva de Direitos Humanos*. Porto Alegre: Núria Fabris Editora, 2009, p. 31-33.

indivíduos que nascidos fora do território nacional poderão optar pela nacionalidade brasileira. Interessa, pois, saber quem é o estrangeiro no Brasil, para dentre os residentes, temporários, e de passagem, se saber quem será passível de expulsão do país.

Enfim, ao se analisar o estrangeiro sob o ponto de vista daquele indivíduo *que não pertence*, como citado acima, cria-se um estigma ao indivíduo por estar em território alheio, como um intruso ou usurpador, que ali ingressou para competir com o nacional, para se dar bem, de forma regular ou irregular, e em muitos casos observados, para praticar crimes. E ao praticar atos nocivos aos interesses do país, estará passível de ser expulso, excluído do grupo a que já não pertence.

A expulsão de estrangeiros no Brasil é um instituto previsto nos artigos 65 a 75, do Título VIII da Lei 6.815/80, alterada pela Lei 6.964//81, no artigo 338 do CPB, além de outros dispositivos esparsos na legislação pátria, a saber: o Decreto 98.961/90 – que regulamentou a expulsão de estrangeiro condenado por tráfico de entorpecentes, o Decreto nº 86.715/81, que regulamentou a Lei 6.815/80, e ainda a Instrução de Serviço nº 03/97 – DPMAF/DPF.

Ainda que nenhum dos dispositivos supracitados tenha apresentado um conceito preciso do termo *expulsão de estrangeiro*[76], sabe-se que será expulso do país o estrangeiro que, de qualquer forma atentar contra a segurança nacional, a ordem política ou social, a tranquilidade ou moralidade pública e a economia popular, ou cujo procedimento o torne nocivo à conveniência e aos interesses nacionais; ou ainda, praticar fraude a fim de obter a sua entrada e permanência no país, e nos casos de entrada em infração à lei, em que a deportação não seja aconselhável,

---

[76] A Comissão de Direito Internacional em seu 64º Relatório emitido em 14 de Dezembro de 2012 traz em seu artigo 2º (a) a definição de expulsão, com vistas às discussões da Comissão em suas Sessões: *"expulsion" means a formal act, or conduct consisting of an action or omission, attributable to a State, by which an alien is compelled to leave the territory of that State; it does not include extradition to another State, surrender to an international criminal court or tribunal, or the nonadmission of an alien, other than a refugee, to a State.* Disponível em: http://www.un.org/law/ilc/ (p. 4). Acesso em 12/08/2013.

nos casos de mendicância e vadiagem, ou ainda desrespeitar proibição especialmente prevista em lei para estrangeiro[77]; e finalmente, nos casos de condenação por uso indevido ou tráfico de entorpecentes e drogas afins[78].

Numa análise perfunctória à legislação supracitada, poderíamos sugerir um breve conceito de expulsão no Brasil: *É um procedimento administrativo no qual um estrangeiro é retirado compulsoriamente do país, por decisão fundamentada do Poder Executivo, em razão de comportamento nocivo aos interesses nacionais, principalmente por condenação definitiva por crime aqui praticado, sendo-lhe vedado peremptoriamente o retorno.*

Ainda que se tenha tentado anteriormente em poucas palavras definir expulsão, é possível perceber que o conceito apresentado não traz maiores elementos para se saber ao certo o que é a expulsão, por exemplo: *A expulsão é cabível a todo estrangeiro no país? No que se fundamenta tal medida? Qual a natureza jurídica da expulsão? É pena ou medida administrativa? Há limitações ao poder de expulsar estrangeiros?*

Inicialmente, poderíamos supor que a expulsão configura uma das hipóteses de retirada compulsória de estrangeiro do país, que aqui tenha ingressado de maneira regular, ou estaríamos tratando de *deportação* ou de *repatriação*[79]. Assim, um dos pressupostos da medida expulsória parece ser a de que o estrangeiro tenha sido admitido no país de forma regular, mas é obrigado a abandoná-lo em virtude do cometimento de atos contrários aos interesses nacionais. Partilha desta mesma

---

[77] Artigo 65 da lei 6.815/80, alterada pela lei 6.964/81. Acessível em: www.planalto.gov.br.
[78] Artigo 71 da lei 6.815/80, e artigo 1º do Decreto nº 98.961/90, de 15/02/1990.
[79] "*A repatriação*", como bem notado pelo Professor André de Carvalho Ramos, em comentário anotado nas suas aulas de Direito Internacional dos Direitos Humanos, na Faculdade de Direito da USP, na data de 09/04/2012, "*não encontra guarida na legislação pátria. O ato administrativo criou assim, figura que restringe direitos, não previsto em lei ou na Constituição Federal*". Neste sentido a previsão apenas em uma Instrução de Serviço nº 03/97 do Departamento de Polícia Federal – art. 142 – par. único: "*A repatriação consiste na retirada do estrangeiro clandestino ou impedido de entrar no país, às expensas do transportador.*" E a lacuna legislativa foi percebida pelo legislador ordinário, que trouxe a previsão da repatriação no art. 122 e seguintes do Projeto do novo Estatuto de Estrangeiro – nº 5655/2009.

opinião Amorim[80], quando ensina que é pressuposto da expulsão, o estrangeiro com entrada ou permanência regular no país. E na mesma linha se insere Del'Omo, ao conceituar expulsão como "*o ato pelo qual o estrangeiro, com entrada ou permanência regular em um país (...)*[81]".

Vejamos ainda o conceito de expulsão nas palavras de Jacob Dolinger[82]: "*É o processo pelo qual um país expele de seu território estrangeiro residente, em razão de crime ali praticado ou de comportamento nocivo aos interesses nacionais, ficando-lhe vedado o retorno ao país donde foi expulso*".

Da lição acima, podemos concluir que muito embora tenha Jacob Dolinger tentado fazer referência ao estrangeiro regular no país, ao tratar da expulsão, manifesta-se ele de maneira restrita e simplista com relação ao elemento subjetivo da expulsão, ao tratar apenas do *estrangeiro residente*, já que ele assim deixa de fora o turista, que durante sua estada no país, preenchendo os pressupostos objetivos, também poderia figurar como expulsável.

Vejamos então as palavras de José Afonso da Silva: "*A expulsão é um modo coativo de retirar o estrangeiro do território nacional por ter praticado delito, infração ou atos que o tornem inconveniente. Baseia-se na necessidade de defesa e conservação da ordem interna ou das relações internacionais do Estado interessado*[83]".

Inicialmente se percebe que o conceito de José Afonso da Silva é mais adequado e abrangente com relação ao sujeito que figura no polo passivo da expulsão, já que inclui além do estrangeiro residente, o estrangeiro de passagem, o turista. Mas aí surge novamente a problemática com relação à aplicação da expulsão ao estrangeiro que ingressou no país de forma irregular.

---

[80] AMORIM, Edgar Carlos de. *Direito Internacional Privado*. 7ª Ed. Rio de Janeiro: Forense, 2003, p. 95.
[81] *Curso de Direito Internacional Público*, p. 198.
[82] DOLINGER, Jacob. "*Direito Intern. Privado (parte geral)*" – 7ª Ed. ampliada e revisada. Rio de Janeiro: Renovar, 2003, p. 203.
[83] SILVA, José Afonso. *Curso de Direito Constitucional Positivo*. 27ª Ed. ampliada e revisada, São Paulo: Editora Malheiros, 2006, p. 341.

A confusão ocorre porque a legislação pátria sobre estrangeiros não determina claramente no bojo de seu texto quais os estrangeiros alcançados pelo instituto da expulsão, e dentre as medidas de retirada compulsória existentes em nosso ordenamento, temos a figura da *deportação*, antes já mencionada, oponível aos ádvenas em situação irregular no país, como dispõe o *caput* do artigo 57 da Lei 6.815/80, alterada pela Lei 6.964/81: *Art. 57. Nos casos de entrada ou estada irregular de estrangeiro, se este não se retirar voluntariamente do território nacional no prazo fixado em Regulamento, será promovida sua deportação.*

Nestes termos, o estrangeiro será deportado pelo fato de sua estada irregular no país. Frise-se, contudo, que se além de sua estada irregular coexistir alguma das causas que o torne passível de expulsão, esta será a medida ideal a ser tomada em desfavor do indivíduo. Assim, ao estrangeiro que ingressa clandestinamente no país, e aqui permanece até ser flagrado cometendo algum ilícito penal, não lhe será aplicada a medida de deportação por estar irregular no país, pois aqui será julgado por seus atos, e se condenado em definitivo, ao final de sua sentença deverá ser expulso ao seu país de origem[84].

Desta forma, a medida compulsória de deportação é recomendada ao estrangeiro irregular no território nacional, quando inexiste qualquer ato nocivo por ele praticado ao país, que possa ensejar a sua expulsão. Neste sentido o artigo 62 do dispositivo legal anteriormente citado: *Art. 62. Não sendo exequível a deportação ou quando existirem indícios sérios de periculosidade ou indesejabilidade do estrangeiro, proceder-se-á a sua expulsão.*

Diante do exposto, entende-se inicialmente que a medida compulsória de expulsão do território brasileiro é oponível a todo e qualquer estrangeiro, desde que atenda ao *requisito objetivo*. E é esse também o entendimento de Accioly, Casella, e Silva, quando ensinam que:

---

[84] Cabe ainda lembrar neste ponto que o artigo 67 da Lei 6.815/80 aduz que o estrangeiro poderá ser expulso do país antes, durante ou após o processo penal em seu desfavor, desde que conveniente ao *interesse nacional*, em decisão fundamentada do Ministro da Justiça.

"O direito de expulsão não pode ser exercido arbitrariamente, isto é, deve restringir-se às estritas necessidades da defesa e conservação do Estado[85]".

Mas ainda nesta abordagem, o Pacto Internacional de Direitos Civis e Políticos de 16/12/1966, que entrou em vigor em 23/03/1976 ao atingir os requisitos do seu artigo 49, e que foi ratificado pelo Brasil em 24/01/1992, entrando em vigor no Brasil em 24/04/1992, dispõe em seu artigo 13 sobre a expulsão do estrangeiro que se encontre *legalmente* no território de um Estado-Signatário do citado Pacto[86].

De acordo com o dispositivo anteriormente citado, temos que a expulsão se aplica ao estrangeiro que se encontra *legalmente* no território de um país, em decisão tomada em conformidade com a lei nacional, e a menos que ocorram razões imperiosas de segurança nacional, é garantido ao estrangeiro o recurso à decisão de sua expulsão às autoridades competentes do país, evitando-se desta forma expulsões arbitrárias. Neste caso, a interpretação ao termo *"legalmente no território"* encontrado no dispositivo acima deve ser ampliada, pois de outra forma estaria se excluindo da proteção, os estrangeiros irregulares no território do Estado, o que seria um contrassenso.

É interessante ainda notar que o Comitê de Direitos Humanos da ONU aprovou, em sua 27ª Sessão em 1986, o comentário ao artigo 13 do Pacto Internacional de Direitos Civis e Políticos, acima mencionado, dispondo que ele regula diretamente somente o procedimento e não as razões substantivas à expulsão[87].

---

[85] ACCIOLY, Hildebrando, CASELLA, Paulo Borba, SILVA, G. E. do Nascimento. *Manual de Direito Internacional Público*. 19ª Edição. São Paulo: Ed. Saraiva, 2011, p. 402.

[86] *"O estrangeiro que se encontre legalmente no território de um Estado-Signatário no presente Pacto, só poderá ser expulso do mesmo em cumprimento de uma decisão conforme a lei; e, a menos que se apliquem razões imperiosas de segurança nacional, ser-lhe-á permitido expor as razões que lhe assistem contrárias à sua expulsão, assim como submeter o seu caso a revisão perante a autoridade competente ou perante a pessoa ou pessoas especialmente designadas pela referida autoridade competente, fazendo-se representar para esse efeito"*. Artigo 13 do Pacto Internacional de Direitos Civis e Políticos de 16/12/1966.

[87] Office of the High Commissioner for Human Rights – *General Comment nº 15*: The position of aliens under the Covenant: 11/04/1986 (twenty-seventh session, 1986) – 10: *"Article*

Com efeito, de acordo com os princípios de Direito Internacional, cada Estado é soberano e pode decidir quais os estrangeiros poderão ingressar ou permanecer em seu território. Assim, a conveniência à expulsão de estrangeiro de seu território, é ato discricionário de cada Estado, desde que não viole as disposições de direito internacional comumente aceitas pelos Estados da comunidade internacional[88]. Conforme as palavras supracitadas do professor José Afonso da Silva, *a expulsão baseia-se na necessidade de defesa e conservação da ordem interna, ou nas relações internacionais do Estado interessado*.

De certo que a expulsão de estrangeiro não se dará em alguns casos, conforme dispõe o artigo 4º do protocolo nº 4 da Convenção Europeia de Direitos Humanos[89], o artigo 22(8) e (9) da Convenção Americana de Direitos Humanos, o artigo 12(5) da Carta Africana de Direitos Humanos e dos Povos[90], o artigo 26(2) da Carta Árabe dos Direitos Humanos, dentre outros.

---

13 directly regulates only the procedure and not the substantive grounds for expulsion. However, by allowing only those carried out "in pursuance of a decision reached in accordance with law", its purpose is clearly to prevent arbitrary expulsions". Disponível na página eletrônica: http://www.unhchr.ch/tbs/doc.nsf (Acesso em 26/04/2012).

[88] A Comissão de Direito Internacional em seu 64º Relatório emitido em 14 de Dezembro de 2012, em seu artigo 3º, define a questão "Direito de expulsar estrangeiros", com vistas às discussões da Comissão sobre o tema: "Expulsão de estrangeiros": *"Right of expulsion – A State has the right to expel an alien from its territory. Expulsion shall be in accordance with the present draft articles and other applicable rules of international law, in particular those relating to human rights"*. Disponível em: http://www.un.org/law/ilc/ (p. 4). Acesso em 12/08/2013.

[89] A Corte Europeia de Direitos Humanos definiu expulsões coletivas como: *"todas as medidas que forçam os estrangeiros, como um grupo, a deixar o país, exceto quando tais medidas são tomadas com base em um exame razoável e objetivo do caso particular de cada indivíduo estrangeiro do grupo"*. Ver os casos *Andric v. Sweden* (§ 1º), de 23/02/1999, e *Conka v. Belgium* (§ 63), de 05/02/2002. MOLE, Nuala, MEREDITH, Catherine. *Asylum and the European Convention on Human Rights*. Council of Europe Pub., 2010, p. 114.

[90] O artigo 12(5) da Carta Africana de Direitos Humanos e dos Povos define expulsão em massa como sendo aquela destinada a grupos nacionais, raciais, étnicos, ou religiosos.

Para uma análise mais profícua do conceito propriamente dito de expulsão, faz-se *mister* a análise da motivação e da natureza jurídica da expulsão para se entender o que é propriamente a expulsão: *medida administrativa ou pena no sentido amplo do vocábulo.*

2.1.2. Motivação

A jurisprudência e a doutrina internacional se manifestam no sentido de que a expulsão não é um direito absoluto do Estado[91]. O Estado, ao recorrer à expulsão, é obrigado a invocar os *motivos* utilizados para justificar tal ato odioso. Embora cada Estado, de fato, tem o direito de determinar as razões para expulsar um estrangeiro de seu território, de acordo com seus próprios critérios, observadas as disposições de direitos humanos aceitas pela comunidade internacional[92], estes *motivos* devem ser explicitados de forma a não configurar uma medida arbitrária[93].

A *motivação*, princípio essencial de direito administrativo, consiste na exposição dos elementos que ensejaram a prática do ato administrativo, mais especificamente com a indicação de seus pressupostos fáticos e jurídicos, bem como a justificação do processo de tomada de decisão.

A administração pública exerce suas funções através de atos jurídicos, comumente chamados de atos de administração, dentre os quais

---

[91] ACCIOLY, Hildebrando, CASELLA, Paulo Borba, SILVA, G. E. do Nascimento. *Manual de Direito Internacional Público.* 19ª Edição. São Paulo: Ed. Saraiva, 2011, p. 88.

[92] Dentre elas a Convenção Americana de Direitos Humanos a qual o Brasil é signatário (Pacto de San Jose da Costa Rica), que em seu artigo 22, § 8º prevê que: "*Em nenhum caso o estrangeiro pode ser expulso ou entregue a outro país, seja ou não de origem, onde seu direito à vida ou à liberdade pessoal esteja em risco de violação em virtude de sua raça, nacionalidade, religião, condição social ou de suas opiniões políticas*"; e o § 9º do mesmo artigo que proíbe a expulsão coletiva de estrangeiros.

[93] Neste sentido, ver em Corte Europeia de Direitos Humanos o julgamento do caso do brasileiro: *de Souza Ribeiro v. France*, de 13/12/2012, onde a Corte Europeia de Direitos Humanos entendeu que um mínimo de garantias processuais deve existir para proteger o direito dos indivíduos contra expulsões arbitrárias, rápidas e desmotivadas.

temos: atos materiais, atos de conhecimento, opinião, juízo ou valor, bem como os atos administrativos propriamente ditos, que nas palavras de Hely Lopes Meirelles consistem em: *"toda manifestação unilateral de vontade da Administração Pública que, agindo nessa qualidade, tenha por fim imediato adquirir, resguardar, transferir, modificar, extinguir e declarar direitos, ou impor obrigações aos administrados ou a si própria*[94]*"*.

Cumpre salientar que os atos administrativos, mormente os atos de caráter sancionatório exigem plena motivação, e tal necessidade, em que pese não conste explicitamente na Constituição Federal de 1988, se extrai da interpretação de diversos dispositivos constitucionais.

Celso Antônio Bandeira de Mello[95] explica que o princípio da motivação encontra-se implícito nos seguintes dispositivos constitucionais: a) no artigo 1º, inciso II, que indica a cidadania como um dos fundamentos da República; b) no parágrafo único do artigo 1º, que disciplina que todo o poder emana do povo; c) no artigo 5º, inciso XXXV, que cuida da apreciação, pelo poder judiciário, de lesão ou ameaça de lesão a direito.

E ainda sobre a necessidade de motivação de todos os atos administrativos, cabe a lição de Maria Sylvia Zanella Pietro no sentido de que o princípio da motivação exige que a Administração Pública indique os fundamentos fáticos e jurídicos de suas decisões em qualquer tipo de ato, vinculado ou discricionário, eis que é formalidade necessária para o controle de legalidade dos Atos Administrativos[96].

---

[94] MEIRELLES, Hely Lopes. *Direito Administrativo*. 16ª Edição. São Paulo: Editora Revista dos Tribunais, 1991, p. 133.

[95] MELLO, Celso Antônio Bandeira de. *Curso de direito administrativo*. 25ª ed. São Paulo: Editora Malheiros: 2008, p. 83.

[96] *"O princípio da motivação exige que a Administração Pública indique os fundamentos de fato e de direito de suas decisões. Ele está consagrado pela doutrina e pela jurisprudência, não havendo mais espaço para as velhas doutrinas que discutiam se sua obrigatoriedade alcançava só os atos vinculados ou só os atos discricionários, ou se estava presente em ambas as categorias. A sua obrigatoriedade se justifica em qualquer tipo de ato, porque se trata de formalidade necessária para permitir o controle de legalidade dos Atos Administrativos"*. DI PIETRO, Maria Sylvia Zanella. *Direito Administrativo*. 13ª ed. São Paulo: Atlas, 2001, p. 82.

E neste mesmo sentido dispõe o artigo 2º da Lei nº 9.784/99: *"A Administração Pública obedecerá, dentre outros, os princípios da legalidade, finalidade, motivação, razoabilidade, proporcionalidade, moralidade, ampla defesa, contraditório, segurança jurídica, interesse público e eficiência".*

Compete, pois, à autoridade administrativa efetuar o exame de correlação entre os fatos e a fundamentação jurídica, a fim de que se possa conhecer e analisar, com exatidão, até mesmo para que se permita o exercício da ampla defesa e do contraditório, os supostos fatos concretos que autorizam a expulsão do estrangeiro do país, consoante o disposto no artigo 5º, inciso LV, da Constituição Federal de 1988.

Destarte, a obediência ao contraditório e à ampla defesa não deve ser meramente formal, mas sim, oportunizar ao indivíduo afetado pela decisão de expulsão, o manejo de sua defesa da forma mais efetiva possível, haja vista que a liberdade prevalece como forma soberana na visão processual garantista brasileira.

Com efeito, observando-se a maioria das publicações no D.O.U. de decisões de expulsão de estrangeiros do território nacional, percebe-se que a fundamentação tem por base a multiplicidade de situações dos artigos 65, 68, 70 e 71 da Lei 6.815/80. Assim, se os pressupostos para a expulsão de estrangeiro do país se encontram nos dispositivos anteriormente citados, eles englobam o atentando contra a segurança nacional, a ordem política e social, a tranquilidade ou moralidade pública e a economia popular, além da prática de conduta nociva à conveniência e aos interesses nacionais, ou desrespeito a proibição especialmente prevista em lei para estrangeiro (*art. 65*), bem como crime doloso (*art. 68*), ou ainda nos casos de comércio, posse ou facilitação de uso indevido de substância entorpecente ou que determine dependência física ou psíquica (*art. 71*).

Destarte, a medida expulsória não atinge qualquer estrangeiro, mas apenas aqueles que a despertam, quando incidem em uma conduta considerada nociva aos interesses nacionais, conforme previamente citado. É necessário, portanto, se elencar as hipóteses passíveis de expulsão em lei, de forma a se ter uma previsão do comportamento não desejado.

Por tal razão as causas estabelecidas na Lei 6.815/80, são taxativas, ou seja, formam uma lista *numerus clausus*. Esta obrigatoriedade deve-se ao fato de que quando o Estado se propõe a expulsar alguém de seu território, está interferindo em uma das garantias mais importantes ao indivíduo, adquirida no decorrer dos séculos, desde a Magna Carta, através das revoluções liberais, inclusive na Declaração Universal dos Direitos Humanos de 1948, que é a liberdade de ir e vir.

De certo que o poder de expulsar não deve ser utilizado indiscriminadamente, de forma arbitrária, contudo, a resposta ao conflito entre a liberdade individual do indivíduo e a soberania do Estado demandante deve ser muito bem delineada, de forma a não se manter, nos limites do território do Estado, um indivíduo que não tem respeito pelas leis, e que se mostra nocivo à coletividade. E as regras de proteção à família, a garantia de alimento à prole, e a dignidade da pessoa humana tornam o exercício desse direito soberano do Estado cada vez mais difícil de definir.

Assim, o mínimo plausível é a enumeração prévia em lei das causas que possam levar um indivíduo estrangeiro a sofrer a medida compulsória, com sua retirada em definitivo do território em que vive, e onde possui seus entes queridos.

Neste sentido a lição de Dardeau Carvalho, quando afirma que a expulsão é medida muito gravosa, e por tal razão deve ser utilizada em casos reais e comprovados de atentado à ordem pública, com limites previamente e precisamente determinados, seja através da jurisprudência ou da doutrina, com a observância dos direitos humanos[97].

---

[97] "*A expulsão, pelo caráter discriminatório de que se reveste, é medida intrinsicamente odiosa. É preciso, pois, restringi-la aos casos reais e provadamente atentatórios da ordem pública, cujos limites devem ser precisamente determinados, quer através a jurisprudência administrativa, quer através da doutrina. A eficácia da expulsão, como medida de preservação da ordem pública, não vai a ponto de justificar-lhe decretação sem o mínimo de observância dos direitos humanos*". CARVALHO, Dardeau, *A situação Jurídica do Estrangeiro no Brasil*. São Paulo: Sugestões Literárias S.A. 1976, p. 113.

Com efeito, todas as causas existentes de expulsão se encontram elencadas nos dispositivos anteriormente citados. É bem verdade que, apesar de tais causas serem taxativas, há ali causas abstratas, que podem ser encontradas, por exemplo, no *caput* do artigo 65 da Lei 6.815/80, já que os tipos ali previstos não definem ao certo a conduta que deve ser praticada pelo estrangeiro para que ele seja expulso do país, e ainda assim quando definem, envolvem no núcleo da ação algo de resultado maior, voltado ao malefício de toda a sociedade, da nação como um todo. São condutas indiretas, invisíveis, onde muitas vezes se presta ao arbítrio da autoridade ministerial a sua subsunção.

Neste espeque, a lição de Guimarães: *"A forma concebida do dispositivo que permite a expulsão tem inegável caráter abrangente a inúmeras hipóteses, todas vinculantes, que podem ou não corresponder à tipologia penal*[98]*"*.

Hodiernamente, lembrar-se de atentando contra a segurança nacional nos remete de plano aos atos de terrorismo que assolam a paz mundial, disseminados antes mesmo dos atentados contra as torres gêmeas do *World Trade Center* em Nova Iorque, nos Estados Unidos da América, em 11 de setembro de 2001. Devemos, porém, analisar o que o legislador ordinário da década de 80 buscou tutelar ao editar esta norma, ou seja, é necessário utilizar a interpretação histórico-teleológica para entender o fim que buscou a norma alcançar à época.

De fato, o Estatuto do Estrangeiro, Lei 6.815/80, foi editado na época do regime militar, onde a vontade do governo não correspondia necessariamente à vontade popular, a exemplo dos tantos atos institucionais emitidos, com medidas restritivas de liberdade contrárias aos anseios populares. Havia à época, grupos de pessoas contrárias ao governo, e todos os atos governamentais e legislativos, e até mesmo judiciários do Estado brasileiro eram tomados com base na repressão militar.

Em que pese a Lei 6.815/80 tenha sido editada em um período final da ditadura militar brasileira, e ter sido em muitos aspectos uma ino-

---

[98] GUIMARÃES, Francisco Xavier da Silva. *Medidas compulsórias, a Deportação, a Expulsão e a Extradição*. 2ª Edição. Rio de Janeiro: Forense, 2002. p. 26.

vação frente às legislações anteriormente existentes, não há de se ignorar o fato de a lei em questão ter tido todo o seu trâmite legislativo durante aquele período de exceção.

Com efeito, vigia à época as leis de segurança nacional, editadas sobre a égide da Constituição Federal de 1967 e sua Emenda de 1969, Atos Institucionais, Decretos-Leis, enfim, toda a parafernália que dava sustentação ao governo ditatorial. O que o legislador ordinário de 1980 buscou preservar com a redação do artigo 65 do Estatuto do Estrangeiro, foi justamente os valores da segurança nacional, que apoiavam a perseguição de pessoas que se manifestavam contrárias aos ideais do Governo repressor.

Assim, não causa espanto verificar que seria punível com a expulsão em definitivo do país o estrangeiro que atentasse contra a segurança nacional ou contra a ordem política ou social, já que nesta época sombria de nossa história, até mesmo brasileiros natos eram punidos com banimento e exílio.

O jurista Heleno Fragoso, em primorosa lição, nos traz a definição de ambos os institutos, no sentido de que Segurança Nacional é o que se refere à nação como um todo, e diz respeito à própria existência do Estado e a sua independência e soberania; Ordem Política é a estrutura política do Estado, na forma em que a Constituição a estabelece, e Ordem Social é o regime social e econômico que o sistema político estabelecido institui e tutela[99].

A Lei 7.170/83 que define os crimes contra a segurança nacional e a ordem política e social foi publicada três anos após a criação do

---

[99] "*Segurança Nacional é o que se refere à nação como um todo, e diz respeito à própria existência do Estado e a sua independência e soberania. Trata-se de segurança nacional, ou seja, da nação. Ela não se confunde com a segurança do governo ou da ordem política e social, que é coisa bem diversa. Esse conceito de segurança nacional é o que prevalece no direito internacional. (...)*". "*Ordem política é a estrutura política do Estado, na forma em que a Constituição a estabelece. Ordem social é o regime social e econômico que o sistema político estabelecido institui e tutela. À ordem política e social refere-se o que tem chamado de segurança interna*" FRAGOSO, Heleno Cláudio. *Lei de Segurança Nacional. Uma experiência antidemocrática*. Porto Alegre: Ed. Safe-Fabris, 1980.

Estatuto do Estrangeiro, e à época mudou a aplicabilidade da parte inicial do *caput* do artigo 65, e ainda vige no país. Assim, em que pese a Lei 7.170/83 seja anterior a nossa atual ordem constitucional, ela se encontra em vigor, e os crimes ali definidos devem ser levados em consideração para fins de expulsão, caso sejam cometidos por cidadão estrangeiro, conforme já analisado.

Atentar contra a tranquilidade ou moralidade pública e à nocividade, conveniência e interesses nacionais, talvez sejam as causas mais abstratas dentre todas as tratadas, porém podem ser entendidas como atos contra a tranquilidade ou moralidade pública, todas as outras causas de expulsão do artigo 65 do Estatuto do Estrangeiro.

A nocividade à conveniência e aos interesses nacionais pode vir a ser qualquer conduta que a discricionariedade[100] da autoridade pública imaginar, e veja-se que conveniência e interesses nacionais podem significar a mesma coisa, demonstrando aí uma *redundância* por parte do legislador na elaboração do texto de lei. Assim, se um estrangeiro praticar um crime previsto na lei de segurança nacional, ainda atenta ele contra a tranquilidade pública, tornando-se assim, nocivo aos interesses nacionais.

Nestes termos, a nocividade à conveniência e aos interesses nacionais, é mais uma consequência do ato praticado pelo estrangeiro do que uma ação em si, propriamente dita. A palavra *nocivo*, de certa forma esta associada a causar dano por meio de uma ação, e assim foi infeliz o legislador ao defini-la como um ato em si.

No que tange ao atentando à *tranquilidade* e à *moralidade pública*, numa visão generalista, qualquer prática de crime que comporte Ação Penal Pública poderia ser considerada uma ofensa à tranquilidade pú-

---

[100] "*O próprio conceito de discricionariedade estatal deve ser interpretado à luz dos princípios gerais de direito. A atuação discricionária não pode estar desvinculada da finalidade em vista da qual se decidiu politicamente atribuir a própria discricionariedade: encontrar entre vários caminhos possíveis (e cuja previsão legislativa é impossível), o que melhor conduza ao bem comum*". LOPES, Cristiane Maria Sbalqueiro. *Direito de Imigração – O Estatuto do Estrangeiro em uma Perspectiva de Direitos Humanos*. Porto Alegre: Núria Fabris Editora, 2009, p. 128.

blica, e portanto passível de expulsão. Nesta mesma esteira, alguns crimes de ação penal privada, a exemplo o estupro, podem ser considerados atos contra a moralidade pública. Outro exemplo clássico de atentado contra a moralidade pública ou à saúde é o tráfico ilícito de entorpecentes, assim considerado prática ilícita no Brasil.

Destarte, é importante se frisar que nos casos anteriormente citados, o ato deve atingir a coletividade. Assim, apesar de inicialmente tais crimes serem praticados contra indivíduos, atingem a coletividade por ofensa direta à lei, eis que se encontram tipificados como ofensa a bem jurídicos eleitos pela sociedade, em crimes previstos no código penal brasileiro ou em leis esparsas. Por assim dizer, atos que não possam repercutir na ideia do público, do coletivo, do nacional, não podem ser passíveis de expulsão. Ainda assim, por expresso consentimento legal, continuam hoje à mercê da discricionariedade de quem competir à subsunção fato/norma.

Atentar contra a economia popular: neste ponto, é possível dizer que os crimes são mais fáceis de serem delimitados, eis que se encontram definidos na Lei 1.521/51. Além disso, há ainda a Lei 8.137/90, que regula os crimes contra a ordem econômica e relações de consumo, que podem por analogia serem inclusos no rol dos atos possíveis de serem praticados por estrangeiro contra a economia popular, pois o bem jurídico tutelado pela lei é o mesmo: a economia popular.

E assim, nos moldes do explicado anteriormente, ao cometer um crime contra a economia popular, o indivíduo concomitantemente pratica ato contra a moralidade pública.

Outras causas genéricas, como o próprio nome sugere, são encontradas no bojo da lei de estrangeiros, e encontram-se listadas nas alíneas do parágrafo único do artigo 65 do estatuto. Assim, é considerada causa genérica, por exemplo, o desrespeito à proibição especialmente prevista em lei para estrangeiro; e este caso nos remete ao próprio Estatuto do Estrangeiro, artigo 125, onde estão descritas as ações de prática vedada aos estrangeiros.

As alíneas "*a*" e "*b*" do parágrafo único, do artigo 65 do Estatuto do Estrangeiro, preveem as condutas em que o estrangeiro pratica a fraude para ingressar ou permanecer no país, ou ainda ao ingressar no país com infração à lei, dele não se retira no prazo estipulado, não sendo aconselhável a deportação. Com relação a estas causas de expulsabilidade, é possível defini-las como sendo toda a ação da parte do estrangeiro com o fito de burlar o que a lei estabelece como requisito essencial para o ingresso ou permanência no país.

É importante também ressaltar que aqui a fraude não abrange apenas a entrada ou permanência de maneira irregular, mas tem como pressuposto a entrada regular do estrangeiro no país, porém de forma fraudulenta. É o caso daquele que se utiliza de visto falsificado ou falsifica qualquer tipo de certidão ou documento exigido para obter sua permanência no país. A entrada irregular por si só dá ensejo à aplicação de outra medida de retirada compulsória, a deportação, e somente nos casos em que ela não for aconselhável, por se mostrar inviável à retirada do estrangeiro do país, é que será determinada a sua expulsão, seja por reiteradas deportações, sem a devida quitação dos custos por parte do estrangeiro (art. 64), seja por se mostrar violento e agressivo no ato de sua deportação.

Ressalte-se que o artigo 125, da Lei 6.815/80, que cuida das infrações e penalidades, comina a *pena de expulsão*, além da penalidade criminal prevista para cada caso, para quatro de suas infrações: no inciso XI, que nos remete aos artigos 106 e 107 da lei, onde veda ao estrangeiro ser proprietário de empresa jornalística ou de radiodifusão, ou de meios de navegação aérea, lacustre ou fluvial, dentre outros, bem como seu envolvimento em atividades de natureza política ou em negócios públicos do Brasil, e ainda no inciso XII, por introduzir clandestinamente ou ocultar estrangeiro clandestino ou irregular, no inciso XIII, por fazer declaração falsa em processo de transformação de vistos e outros documentos, e finalmente, no inciso XV, por infringir o disposto no artigo 26, § 1º ou 64, que diz respeito ao estrangeiro que não ressarcir ao tesouro nacional as despesas efetuadas com sua deportação.

O inciso XI do artigo 125 da Lei 6.815/80, e o artigo 337 do Código Eleitoral vedam o envolvimento de estrangeiro em atividade política, diferentemente da vedação estabelecida pela Constituição Federal, no § 2º de seu artigo 14, que proíbe o alistamento de estrangeiros como eleitores. E neste sentido o posicionamento do Procurador Regional Eleitoral André de Carvalho Ramos, que entende que tal dispositivo do Código Eleitoral não fora recepcionado pela atual Constituição Federal, e que *"a atuação política, o apoio a determinadas candidaturas e a manifestação deste apoio abarcam outras garantias constitucionais, especialmente a livre manifestação do pensamento*[101]*"*.

Note-se que diferentemente de muitos países, a exemplo da Alemanha, Chile, Bélgica e França, dentre outros, o Brasil não tipifica criminalmente a entrada irregular do estrangeiro, mas apenas o indivíduo que introduz ou oculta um estrangeiro clandestino[102] no país. A norma do artigo 125, inciso XII, da Lei 6.815/80, supracitada, é voltada também ao estrangeiro, e neste caso ele será expulso do país.

Já a infração tipificada no inciso XIII, do art. 125, é de ação tipicamente fraudulenta, ou seja, de ludibriar as autoridades brasileiras com informações falsas, dolosamente. O simples fato de fazer as declarações falsas nos processos e documentos previstos na lei submete o estrangeiro à aplicabilidade da medida expulsória.

Ambos os casos do inciso XV do artigo 125 se dirigem ao estrangeiro que não efetuou o pagamento de multa ou encargos referentes às despesas de deportação. Num primeiro momento, caso reingresse no país, o estrangeiro será punido com deportação. Somente no caso de seu retorno, após ser deportado por quaisquer dos casos, será submetido ao procedimento expulsório.

O dispositivo citado está relacionado com a ideia de que todo estrangeiro que ingresse em território nacional deve obediência às leis nacionais. Não pode ele escusar-se de cumprir as leis brasileiras e, conforme

---

[101] Tal posicionamento restou firmado na sessão de 02/04/2013, do Tribunal Regional Eleitoral em São Paulo/SP, nos autos do *HC nº 20-08*. A decisão concedeu *habeas corpus* para trancar ação penal fundada no artigo 337 do Código Eleitoral, acolhendo a tese da Procuradoria Regional Eleitoral (PRE-SP) de inconstitucionalidade desse dispositivo.

[102] O termo clandestino, hoje em desuso, refere-se àquele que ingressou no país sem se submeter ao controle migratório, ou seja, sem autorização.

salienta Guimarães[103], *"pune-se a ação predeterminada de burlar a lei e enganar as autoridades brasileiras mediante dolo"*.

É interessante ainda notar que nos quatro dispositivos acima citados (incisos XI, XII, XIII, e XV do art. 125), o legislador ordinário faz alusão à expulsão como *pena* aplicada ao infrator estrangeiro por violar um preceito criminal, e encontra fundamento na norma genérica prevista no artigo 65 da Lei 6.815/80, parágrafo único, alínea *"d"*, onde é passível também de expulsão o estrangeiro que desrespeitar proibição especialmente prevista em lei para estrangeiro. Neste sentido, se houver a criação de novas proibições e vedações para estrangeiros em novel legislação federal, estas deverão ser observadas, sob pena de efetivação de medida expulsória em desfavor do estrangeiro.

Adiante, na alínea *"c"* do parágrafo único do artigo 65 da Lei de Estrangeiros, a *vadiagem* e a *mendicância* se inserem entre as causas genéricas de expulsão. Ao contrário do previsto na alínea *"d"*, estas causas não são proibições expressas ao estrangeiro, porém acabam por ter o mesmo efeito ante ao fato de cominarem a mesma medida: a sua expulsão do país.

Conforme visto anteriormente, a política migratória internacional, em nosso século, obedece a uma rigorosa escolha de pessoas com potencial para somar esforços para o crescimento de respectivo Estado, refutando aqueles que podem aumentar o déficit público e o desemprego. Com o Brasil não é diferente. Apesar de ser um país construído com intensa miscigenação, fruto de políticas de incentivo de colonização passada, hoje já temos uma população e um mercado de trabalho próprio, porém insuficiente para atender toda a população, além da deficiência dos órgãos públicos em fazer cumprir os mandamentos da seguridade social, previstos nos artigos 194 e seguintes da Constituição Federal de 1988.

Se o incentivo de imigração para o Brasil fosse algo desenfreado, nosso país certamente teria problemas inerentes à superpopulação,

---

[103] GUIMARÃES, Francisco Xavier da Silva. *Medidas compulsórias, a Deportação, a Expulsão e a Extradição*. 2ª Edição. Rio de Janeiro: Forense, 2002, p. 27.

contando com um contingente enorme de população desqualificada para o trabalho, buscando usufruir dos institutos da seguridade social. E é por essa razão que o Estatuto de Estrangeiros regulou, no parágrafo único do artigo 16, as regras gerais dessa política migratória, no sentido de que objetivará propiciar mão de obra especializada aos vários setores da economia nacional, para o aumento da produtividade, assimilação de tecnologia, e captação de recursos para setores específicos.

É então neste arrimo que se justificou a inclusão da mendicância e da vadiagem dentre as causas geradoras de expulsão. O estrangeiro de passagem ou permanente por aqui deve obedediência à política migratória brasileira e, em território nacional, entregar-se à mendicância ou vadiagem o coloca em posição contrária a ela. Apesar de a mendicância não ser considerada crime ou contravenção penal[104] perante a legislação brasileira, e a contravenção de vadiagem caminhar para o mesmo rumo[105], sua prática pelo estrangeiro é considerada gravíssima, e pode ensejar sua expulsão, embora não se tenha notícia recente de expulsão por tal motivação nos núcleos de retiradas compulsórias do país[106].

Dentre as causas genéricas anteriormente citadas, há ainda os casos de extradição convolada em expulsão, e deportação convolada em expulsão.

---

[104] A Lei 11.983 de 16.07.2009 revogou o artigo 60 do Decreto-Lei 3.688 de 03.10.1941, Lei de Contravenções Penais.
[105] A Câmara Federal aprovou em 08/08/2012, em votação simbólica, o Projeto de Lei nº 4.668/04, de autoria do atual Ministro da Justiça José Eduardo Cardoso, que retira da Lei de Contravenções Penais a punição de Vadiagem, art. 59 do Decreto-Lei 3.688/41.
[106] Tal afirmação é motivada pela experiência do autor no período de 2008 a 2010, como Chefe do Núcleo de Retiradas Compulsórias da Superintendência Regional de Polícia Federal em São Paulo, o maior do país em número de expulsões. Esta afirmação é reiterada pelo chefe da Divisão de Medidas Compulsórias do MJ, Dr. Carlos Eugênio Rezende Silva, que em e-mail encaminhado (carlos.eugenio@mj.gov.br) ao autor em 22/08/2013, informou que muito embora não tenha esta estatística, não se tem notícia naquele órgão, de expulsão motivada por mendicância ou vadiagem.

Nos termos da legislação pátria, Título IX, artigos 76 a 93 da Lei 6.815/80, alterada pela Lei 6.964/81, o instituto da extradição é um ato bilateral que consiste na entrega (extradição passiva) de uma pessoa por um ou mais crimes supostamente praticados no território do país que a reclama (extradição ativa). Nas palavras de Guimarães[107]: *"É a forma processual admitida, de colaboração internacional, para fazer com que um infrator da lei penal, abrigado em um país, se apresente ao juízo competente de outro país onde o crime foi cometido"*.

Frise-se que ao final de todo o processo de extradição, julgada procedente pelo STF, se o Estado requerente não retirar o estrangeiro do território nacional no prazo de 60 (sessenta) dias da comunicação oficial, este ficará sujeito ao processo de expulsão do país, se a motivação da extradição o recomendar.

O motivo da extradição corresponde ao crime cometido pelo indivíduo no território do Estado requerente. Mesmo não tendo este crime sido cometido em território brasileiro, o fato de tê-lo cometido é uma maneira de nosso país se resguardar contra a periculosidade e indesejabilidade deste indivíduo. E esta é a única previsão legal de expulsão de estrangeiro por ato cometido fora dos limites do território nacional.

Com efeito, ante o exposto, verifica-se que são muitas as condutas nocivas por parte do estrangeiro que podem motivar juridicamente a decisão do Ministro da Justiça para a sua expulsão do país. O texto da Lei 6.815/80 que trata da expulsão por vezes é *ambíguo* e *redundante*, mas seguramente traz o contexto de um período de exceção, em que talvez o objetivo fosse justamente tornar dúbio o texto de lei ao intérprete, justificando quaisquer ações tomadas à força, pelo Governo Militar à época.

O fato é que, nos dias atuais, seja pela experiência do autor como atuante na área, seja por informações colhidas em campo[108], a maioria

---

[107] GUIMARÃES, Francisco Xavier da Silva. *Op. cit.*, p. 59.
[108] Informação obtida em entrevista à Diretora do Departamento de Estrangeiros do Ministério da Justiça, Dra. Izaura Maria Soares Miranda, em 09/03/2012, durante semi-

absoluta dos casos de expulsão em trâmite nos núcleos de retiradas compulsórias pelo Brasil, tem por motivação os crimes dolosos aqui praticados por estrangeiros, notadamente o tráfico de drogas.

2.1.3. A Condenação Criminal como Motivação Majoritária dos Casos de Expulsão no Brasil

A própria natureza da expulsão de estrangeiros nos remete de plano ao princípio da legalidade[109], que deve nortear os atos da administração pública no mundo jurídico, conforme já anteriormente retratado no capítulo da motivação.

A evolução do conceito de legalidade e, mais do que isso, as mudanças ocorridas na vinculação deste princípio com a administração pública, corroboram a importância de seu contexto. Há que se dizer que o princípio da legalidade deve, forçosamente, ser trabalhado de acordo com a realidade contemporânea de sua época. A desmistificação da ideia da perfeição da lei em sentido estrito, o crescente protagonismo dos órgãos administrativos, e a distância existente entre a formulação teórica dos alicerces político-filosófico do princípio da legalidade e a sua efetiva concretização, demonstram que as ativida-

---

nário realizado pelo CNJ em São Paulo, *"A Prisão de Presos Estrangeiros"* em que o autor participou como palestrante. Esta afirmação é reiterada pelo chefe da Divisão de Medidas Compulsórias do MJ, Dr. Carlos Eugênio Rezende Silva, que em e-mail encaminhado (carlos.eugenio@mj.gov.br) ao autor em 22/08/2013, informou que todos os casos de expulsão naquele órgão são determinados em razão de condutas nocivas imputadas aos estrangeiros, e que 90% dos casos se dá pela prática de crime de tráfico de drogas.

[109] Como ensina Edimur Ferreira de Faria: *"O princípio da legalidade teve sua inspiração no artigo 4º da Declaração dos Direitos do Homem e do Cidadão de 1789, e se tornou realidade depois da adoção do Estado de Direito".* Art. 4º – A liberdade consiste em poder fazer tudo que não prejudique o próximo. Assim, o exercício dos direitos naturais de cada homem não tem por limites senão aqueles que asseguram aos outros membros da sociedade o gozo dos mesmos direitos. Estes limites apenas podem ser determinados pela lei. FARIA, Edimur Ferreira. *Curso de Direito Administrativo Positivo.* Belo Horizonte: Editora Del Rey, 2007.

des da Administração Pública devem ser pautadas na lei em sentido material.

Segundo Wallace Paiva Martins Junior, *"verifica-se, portanto, que a expressão 'legalidade' não significa nem se reduz, absolutamente, à lei em sentido formal (uma vez que concentrado o cabimento desta em matéria referente à intervenção estatal na esfera das liberdades e direitos fundamentais do administrado, concebendo-se conceitos de legalidade estrita e ampla) e que, concomitantemente, o princípio da legalidade foi evoluindo para um sentido que admite outras formas de expressão jurídica: princípio da juridicidade, abarcando Constituição, Leis, princípios jurídicos, regulamentos, decretos-leis, atos normativos inferiores, compatibilizados tanto estes como aquelas, com as prescrições constitucionais de cada ordenamento jurídico*[110]*"*.

A observância ao princípio democrático de direito determina que a lei deve definir com clareza, segurança jurídica e previsibilidade, o alcance dos comportamentos proibidos. Trata-se de consequência dos princípios da legalidade e da tipicidade. Destarte, ao abrigo da legalidade, evitam-se juízos puramente discricionários dos agentes públicos, uma vez que a intermediação legislativa torna-se obrigatória na estruturação dos comportamentos proibidos, para assegurar, inclusive, a potencial consciência da ilicitude dos destinatários das normas.

Com efeito, o enquadramento às condutas proibidas, para fins de imposições punitivas ou administrativas, pressupõe noções modernas como a submissão ao devido processo legal, legalidade, tipicidade, culpabilidade e presunção de inocência. Da legalidade decorre, de modo muito específico, a garantia da tipicidade, que significa diretamente a função de separar o proibido do permitido por meio das descrições legais[111]. Assim, ao princípio da legalidade deve estar ín-

---

[110] MARTINS JUNIOR, Wallace Paiva. Probidade Administrativa. São Paulo: Saraiva, 2001, pp. 72-74.

[111] Fabio Medina Osório defende a submissão dos atos administrativos ao princípio da legalidade: *"A Administração é uma função essencialmente executiva: ela encontra na lei o fundamento e o limite de suas ações"*. OSÓRIO, Fábio Medina. Improbidade Administrativa. 2ª Ed., Porto Alegre: Sintese Editora, 1998, pp. 126-127.

sita a tipicidade fechada. E desta forma os tipos elencados para a expulsão devem ser minuciosos, devido ao seu efeito desastroso na vida do estrangeiro, evitando-se tipos muito abertos, não deixando espaço para a discricionariedade, e nem para a analogia, salvo *in bonan partem*.

De acordo com Celso Ribeiro Bastos: *"No fundo, portanto, o princípio da legalidade mais se aproxima de uma garantia constitucional do que um direito individual, já que ele não tutela, especificamente, um bem da vida, mas assegura, ao particular, a prerrogativa de repelir as injunções que lhe sejam impostas por uma outra via que não seja a da lei*[112]*"*.

Por todo o exposto, se a norma não descrever com clareza e exatidão a conduta nociva ou indesejada praticada pelo estrangeiro, não poderá ser aplicado o rigor da expulsão em seu desfavor. E é justamente por isso que o Ministério da Justiça tem se pautado exclusivamente pela previsão de crime doloso aqui cometido pelo estrangeiro, conforme descrito no artigo 68 da Lei 6.815/80, circunstanciado pelo trânsito em julgado da sentença condenatória definitiva, em respeito ao princípio constitucional da inocência.

Para corroborar tal posição, o projeto do novo Estatuto do Estrangeiro (PL5655/09), proposto pelo Ministério da Justiça, traz em seu artigo 111 que a expulsão *"consiste na retirada compulsória de estrangeiro que cometer crime no Brasil, ou de qualquer forma atentar contra os interesses nacionais"*, excluindo a previsão aberta de *nocividade do estrangeiro*.

De certo que se de um lado ficou mais nítida a conduta indesejável e nociva do estrangeiro, de outro se percebe ainda uma margem de discricionariedade deixada ao administrador, ao manter um tipo aberto consubstanciado em atentar contra os interesses nacionais. E por certo o novel projeto se torna mais gravoso que o anterior, ao excluir o requisito do dolo na conduta criminosa, abarcando assim aqueles estrangeiros que incidirem em conduta criminosa culposa.

---

[112] BASTOS, Celso Ribeiro. Curso de Direito Constitucional. 13ª ed., São Paulo: Saraiva, 1990, p. 172.

2.2. A Natureza Jurídica

Muito se discute acerca da natureza jurídica da expulsão de estrangeiros do país. Afinal, não é a expulsão de estrangeiros um ato administrativo discricionário, dispositivo de defesa do Estado, expressão da soberania brasileira, visando à proteção do país contra ádvenas que aqui ingressem e atentem contra a ordem política e social, a tranquilidade ou moralidade pública e a economia popular, ou cujos procedimentos os tornem nocivos à conveniência e aos interesses nacionais?

Por ser uma medida de caráter extremo tomada pelo Estado brasileiro, onde hodiernamente um de seus efeitos é o impedimento *ad eternum* de regresso do estrangeiro expulso do país, a expulsão de estrangeiros pode ser muitas vezes entendida como uma *sanção penal*[113].

Por certo que esta imagem está intimamente ligada às culturas passadas quando ainda em nosso ordenamento jurídico se vislumbrava a existência do *banimento*, pelo Código Criminal de 1.830, cominado para certos crimes onde uma de suas consequências, assim como o instituto atual da expulsão, era a inibição perpétua ao indivíduo afetado, de retornar ao território nacional[114]. Neste sentido entende Amorim, que ao analisar a expulsão afirma que: *"(...) mesmo não sendo uma pena nos termos do direito positivo, acaba por ser de fato, pois tudo aquilo que causa constrangimento é apenação*[115]*"*.

Neste sentido também ensina Guimarães que a expulsão tem natureza sancionatória e encerra cominação pela conduta inconveniente do estrangeiro: *"É pois, medida sancionatória, de competência de autoridade*

---

[113] A *lei de Imigração portuguesa* (Lei nº 23 de 04 de julho de 2007, alterada pela Lei nº 29 de 09 de agosto de 2012), em seu artigo 151, trata a expulsão como pena acessória aplicada ao estrangeiro condenado, residente ou não no país, decretada pelo juiz da execução.

[114] "Artigo 50: *A pena de banimento privará para sempre os réos dos direitos de cidadão brasileiro, e os inhibirá perpetuamente de habitar o territorio do Imperio. Os banidos, que voltarem ao territorio do Imperio, serão condemnados a prisão perpetua.*" Codigo Criminal do Imperio do Brazil – 16 de dezembro de 1830. Disponível em *www.planalto.com.br*. Acesso em 10/01/2012.

[115] AMORIM, Edgar Carlos. Op. cit., p. 96.

administrativa, e encerra cominação resultante de conduta inconveniente do estrangeiro que agride a sociedade[116]".

Com efeito, a única semelhança entre o instituto da *expulsão*, e o extinto instituto do *banimento*[117], é o impedimento ao indivíduo de retornar ao país enquanto durar a medida ou a punição imposta. Não é demais lembrar que a grande diferença entre ambos os institutos é a de que a expulsão somente se aplica aos estrangeiros, e o extinto banimento se aplicava a cidadãos brasileiros, além da questão de que no banimento, a punição se estendia aos familiares do apenado, o que não ocorre na expulsão, ao menos diretamente.

Destarte, a expulsão no Brasil não só é permitida, já que prevista em nosso ordenamento pátrio, conforme já ilustrado, como também é considerada uma das formas eficazes de proteção do Estado brasileiro contra os ádvenas que aqui tenham praticado um crime doloso, ou que sejam perniciosos à ordem política e social, respeitados os limites estabelecidos pelas disposições de direitos humanos ratificadas pelo Brasil.

E é justamente da definição de proteção do Estado brasileiro que se extrai a natureza jurídica do ato expulsório: *do poder dever do Estado de expurgar de seu território, estrangeiros que atentem contra a ordem política e social e contra a paz e moralidade pública, ou cujos procedimentos os tornem nocivos à conveniência e aos interesses nacionais.* E como é medida de proteção do Estado brasileiro, pertencente à função de Governo, compete ao Poder Executivo a discricionariedade de decidir sobre a expulsão de estrangeiros do país.

Como bem coloca Francisco Guimarães em sua obra: "*a expulsão é respaldada em critérios de defesa do Estado e não no ataque do estrangeiro, pois é ato de soberania*[118]".

---

[116] *Medidas Compulsórias, a Deportação, a Expulsão e a Extradição*, p. 23.
[117] O banimento foi extinto com a Constituição Federal de 1891, no artigo 72, § 20: "*fica abolida a pena de galés e de banimento judicial*", muito embora tenha sido visto outras vezes, na acidentada vida política do país, como na Era Vargas, dentre outras. A C.F. de 1988, no artigo 5º, XLVII, expressamente proibiu a pena de banimento.
[118] GUIMARÃES, Francisco Xavier da Silva. Op. cit., p. 24.

Do ponto de vista formal, a medida expulsória é mero ato administrativo de competência do Presidente da República, atualmente delegado ao Ministro da Justiça[119]. Tem assim a expulsão a natureza de *ato administrativo* por ser atitude tomada para proteger o Estado e retirar o estrangeiro que esteja lhe causando problemas, como já mencionado anteriormente, e de caráter discricionário.

Vale ressaltar que a discricionariedade do ato expulsório é apenas relativa aos *motivos* ensejadores da expulsão, não afastando do controle jurisdicional os aspectos legais do ato, pois se trata de ato discricionário e não arbitrário do Governo brasileiro, conforme preleciona o Ministro Moreira Alves em seu voto no Supremo Tribunal Federal, no *HC nº 58.409-DF*; se neste não existe condições nem limites à atuação do Executivo, naquele o governo está condicionado às hipóteses previstas em lei, sendo seu ato irrestrito somente quanto à conveniência e oportunidade da medida[120].

Assim, como qualquer outro *ato administrativo*, a expulsão é passível de anulação por ato do Poder Judiciário, e por revogação e reconsideração por ato do Poder Executivo, o que será visto em maiores detalhes em capítulo oportuno, especialmente dedicado ao assunto.

2.2.1. A Expulsão como Pena ou Medida Administrativa

Na sua função precípua de proteger os direitos individuais, limitando o poder estatal, o artigo 5º da Constituição Federal de 1988 elenca diversos

---

[119] Por força do Decreto nº 3447/2.000, a decisão quanto à expulsão de estrangeiros é feita por meio de Portaria Ministerial de autoria do Ministro de Estado da Justiça, por delegação do Presidente da República.

[120] "*Trata-se de medida administrativa discricionária e de ato arbitrário do governo, como se poderia pensar à primeira vista. A diferença é que neste último não existem condições nem limites à atuação do Executivo, enquanto naquela (na medida discricionária) o governo está condicionado às hipóteses previstas em lei, sendo o seu ato irrestrito tão somente no que tange à conveniência e oportunidade da medida.*" HC nº 58.409-DF – Julgamento do Tribunal Pleno do STF em 30/10/1980, disponível em: http://redir.stf.jus.br/paginadorpub/paginador.jsp?docTP=AC&docID=66557, tendo como Paciente o Padre Vito Miracapillo, e coator o Presidente da República à época, João Figueiredo.

direitos e garantias do indivíduo contra a opressão estatal. Os direitos à vida, à liberdade, à propriedade e outros ali descritos, são considerados essenciais para a realização plena do potencial humano.

Destarte, o artigo 5º da nossa Carta Maior refere-se à *matéria penal* em vários de seus dispositivos. De todas as atividades estatais, a atuação penal é a que tem maior potencial para afetar direitos individuais de diversos matizes, como a liberdade, a vida e o patrimônio. Aliás, as condições em que são mantidos os presos nas prisões nacionais bem revelam a total falta de respeito, com o aviltamento da importância e valor do ser humano no país, seja ele nacional ou estrangeiro.

O Estado também interfere na vida social de outras maneiras, sancionando condutas consideráveis indesejáveis do ponto de vista do Direito Administrativo, como por exemplo, a interdição em um restaurante que funciona fora dos padrões regulamentares de higiene e funcionamento, a interdição de uma obra por não atender as exigências quanto à segurança dos trabalhadores e vizinhos, ou a demissão de um funcionário público que comete uma infração administrativa de natureza grave.

Ressalte-se que *sanção* e *pena* são termos sinônimos que expressam consequências desagradáveis de uma conduta que desrespeitou o preceito primário legal. Trata-se de uma forma de desestimular comportamentos considerados nocivos pela sociedade, dentro de um padrão de bens jurídicos protegidos, por ela escolhidos como essenciais.

Sabe-se que o vocábulo *"pena"* pode se referir a sanções criminais e a sanções administrativas, ou ainda a ambas, conforme se percebe do citado artigo 125, e incisos da Lei 6.815/80, alterada pela Lei 6.964/81, onde por várias vezes há menção à palavra *pena* como *restritiva de liberdade* e *expulsão*[121].

---

[121] Art. 125: (...) *"XI – infringir o disposto no artigo 106 ou 107:* **Pena:** *detenção de 1 (um) a 3 (três) anos e* **expulsão**; *XII – introduzir estrangeiro clandestinamente ou ocultar clandestino ou irregular:* **Pena:** *detenção de 1 (um) a 3 (três) anos e, se o infrator for estrangeiro,* **expulsão**; *XIII – fazer declaração falsa em processo de transformação de visto, de registro, de alteração de assentamentos, de natu-*

Conforme citado anteriormente, não há uma diferença substancial entre uma sanção administrativa e uma sanção criminal: ambas expressam consequências desagradáveis de uma conduta que desrespeitou o preceito legal, e trazem a *retribuição* e a *prevenção* em suas finalidades. Aliás, algumas penas como multa e suspensão de direitos são encontradas no Direito Administrativo e no Direito Penal.

E dizer que há uma diferença quantitativa entre estas sanções, mormente com relação à pena criminal, que deve ser pior, não é de todo verdade já que há penas administrativas mais graves que criminais, como por exemplo, a pena administrativa de *demissão*, se comparada à pena criminal de *limitação de final de semana*.

Com efeito, diz-se com frequência que a sanção criminal típica, a pena privativa de liberdade, é a mais rígida de nosso sistema, pois restringe de forma drástica a liberdade de locomoção. Há, porém, outros direitos constitucionalmente protegidos como a vida, a honra, a propriedade e a dignidade, e em uma sociedade pluralista que aceita a diversidade de pontos de vista e valorações, é impossível se considerar uma hierarquia rígida de valores.

Para algumas pessoas é preferível perder a vida a ter a sua liberdade de crença limitada, como nos casos das Testemunhas de Jeová, *que se recusam sistematicamente a receber transfusão de sangue, ainda que isso lhes custe a vida*. Outras pessoas prefeririam passar algum tempo na prisão a perder o seu cargo público. Da mesma forma um advogado militante poderá preferir prestar serviços comunitários a ter cassado o seu registro na Ordem dos Advogados do Brasil.

Houve inclusive caso na história recente brasileira, em que a prisão almejada seria mais branda que a pretensa medida expulsória, a exemplo a petição do advogado de Olga Benário (esposa de Luís Carlos Prestes) Heitor Lima, ao STF em 17/06/1936, que pretendia não a sua

---

ralização, ou para a obtenção de passaporte para estrangeiro, laissez-passer, ou, quando exigido, visto de saída: **Pena:** *reclusão de 1 (um) a 5 (cinco) anos e, se o infrator for estrangeiro,* **expulsão**. (...); *XV – infringir o disposto no artigo 26, § 1º ou 64:* **Pena:** *deportação e na reincidência,* **expulsão**." (Grifos nossos).

liberdade, mas que ela fosse julgada pelos atos aqui cometidos e cumprisse pena no Brasil, a ser expulsa para seu país, a Alemanha[122].

Assim, as diferenças entre as sanções penais e administrativas não devem ser buscadas em suas características *essenciais*, mas *acidentais*, ou seja, as primeiras assumem a forma predominantemente de pena privativa de liberdade e são aplicadas pelo Poder Judiciário, enquanto que as últimas normalmente tem caráter pecuniário e de restrição de direitos, e são aplicadas pelo Poder Executivo.

A similitude essencial existente exige que as penas criminais e administrativas sejam tratadas de maneira semelhante, sob pena de afronta ao princípio constitucional da isonomia. Há que se dizer que as semelhanças existentes entre as penas administrativas e criminais são tão evidentes que parte da doutrina já se refere a um ramo do Ordenamento Jurídico chamado de Direito Sancionador[123], que traria regras gerais para as diversas espécies de sanções.

Nessa esteira, não há razão para interpretar de modo restritivo o vocábulo *"pena"*, que por diversas vezes é citado no artigo 5º da nossa Carta Maior, para considerá-lo apenas como sanção criminal, até porque as normas constitucionais devem sempre ser interpretadas exten-

---

[122] *"Não há dúvida, assim, de que Maria Prestes, acusada de participação em graves delitos contra a ordem política e social, está devendo contas a justiça punitiva. Não pode, pois, ser expulsa. Primeiro irá a julgamento; se o remate do processo for a condenação, cumprirá a pena. Depois, se o Executivo apurar que ela, sem praticar novos crimes, terá constituído em elemento nocivo á segurança nacional, expulsa-la-á para sempre. A paciente impetra habeas-corpus, não para ser posta em liberdade; não para neutralizar o constrangimento de qualquer processo; não para fugir ao julgamento dos seus atos pelo judiciário: mas, ao contrário, impetra habeas-corpus para não ser posta em liberdade; para continuar sujeita ao constrangimento do processo que contra ela se prepara na polícia; para ser submetida a julgamento perante os tribunais brasileiros. Em suma: o habeas-corpus é impetrado a fim de que a paciente não seja expulsa"* (LIMA, Heitor. Petição inicial do HC 26.155/DF, STF, 1936).

[123] Também designado de Direito Público Punitivo, abarca tanto normas de Direito Penal como normas de Direito Administrativo Sancionador. OSÓRIO, Fábio Medina. *Direito Administrativo Sancionador*. 4ª Edição. Editora Revista dos Tribunais. São Paulo: 2011, dentre outras.

sivamente, pelo princípio da máxima efetividade[124], e o intérprete deve preferir, dentre os vários significados de um termo, aquele que tenha o sentido e o alcance mais amplo, sobretudo no âmbito dos direitos fundamentais. Assim dispôs a nossa Constituição Federal de 1988 ao prever que os direitos e garantias nelas expressos não excluem outros decorrentes do regime e dos princípios por ela adotados (art. 5º, § 2º, da CF/88).

Segundo Denise Neves Abade, a valoração superior dos direitos fundamentais é a marca da Constituição Federal de 1988, e todo o ordenamento positivo brasileiro se jusfundamenta em nome da força expansiva da constituição. A impregnação dos princípios constitucionais vincula a interpretação de todo o ordenamento, exigindo que seja em conformidade com os direitos fundamentais[125].

Assim, qualquer *pena* ou *medida* levada a termo no Brasil contra um nacional ou estrangeiro, que cause a ele um sofrimento ou dor, amputando ou restringindo perpetuamente sua esfera de direitos, como é a expulsão, pode ser considerada inconstitucional por contrariar o prescrito no artigo 5º, Inciso XLVII da nossa Carta Maior.

Segundo Mariana Cardoso dos Santos Ribeiro: *"O ato de expulsão implica sérias consequências que vão desde o trauma psicológico pela retirada forçada de um país – muitas vezes convertida em pena de morte (suicídio) – até a desintegração da identidade em decorrência da perda de laços familiares e da anulação do sentimento de pertencimento*[126]*"*.

---

[124] O princípio da máxima efetividade: *É um princípio operativo em relação a todas e quaisquer normas constitucionais, e embora a sua origem esteja ligada à tese da atualidade das normas programáticas* (Thoma), *é hoje, sobretudo invocado no âmbito dos direitos fundamentais* (no caso de dúvidas deve preferir-se a interpretação que reconheça maior eficácia aos direitos fundamentais). CANOTILHO, J. J. Gomes. Direito Constitucional e Teoria da Constituição. Coimbra: Livraria Almedina, 7ª Ed., 2003, p. 1224.

[125] ABADE, Denise Neves. *Direitos Fundamentais na Cooperação Jurídica Internacional*. São Paulo: Ed. Saraiva, 2013, pp. 80/81.

[126] RIBEIRO, Mariana Cardoso dos Santos. Artigo: *Direito e Autoritarismo, a expulsão de comunistas no Estado Novo*. Prisma Jurídico, São Paulo, v. 7, n. 1, p. 163-183, jan./jun. 2008.

E a desproporcionalidade da medida expulsória de natureza perpétua já foi objeto de julgamento dos tribunais pátrios, envolvendo caso de reingresso de estrangeiro expulso, a exemplo o voto do Desembargador Federal Cândido Ribeiro, do TRF da 1ª Região, que em julgamento de um Recurso em Sentido Estrito em 10/11/2009, manteve a decisão do Juiz de primeiro grau entendendo que decorridos mais de trinta anos do ato de expulsão, não há mais que se falar em tipificação da conduta de reingresso de estrangeiro expulso imputada ao recorrido, pois a Constituição Federal de 1988 impede a imposição de penalidade de caráter perpétuo[127].

---

[127] O Exmo. Sr. Desembargador Federal Cândido Ribeiro (Relator): Dispõe o art. 43 do CPP que a denúncia deverá ser rejeitada quando: a) o fato narrado não constituir crime; b) estiver extinta a punibilidade; c) houver ilegitimidade da parte ou ausência de condição exigida por lei para o exercício da ação penal. Na decisão objeto do recurso, o MM. Juiz *a quo* assim entendeu, *verbis*: (...) O denunciado foi expulso do país em 1972. Sendo assim, passados trinta e seis anos, os efeitos deste ato expulsório não perduram mais, independentemente de seu desfazimento por revogação ou anulação. Para tanto, *considero a vedação constitucional relativa a penas de caráter perpétuo (art. 5º, inc. XLVII, "b", da CF) – que, se aplicável até mesmo na seara criminal, por maior razão não pode ser ignorada no âmbito das sanções administrativas* – impondo-se assim a observância da limitação de 30 (trinta) anos para cumprimento da pena (grifos nossos). Com a devida vênia à ilustre Procuradora da República que subscreve a denúncia, isso nada tem a ver com presunção de legitimidade e legalidade do ato de expulsão, nem se está aqui discutindo o mérito da expulsão, porque de desconstituição do ato não se trata (este Juízo não o está anulando ou revogando, nem teria esta competência), mas, tão-somente, declaração da extinção dos seus efeitos jurídicos pelo decurso de tempo, com base em norma constitucional. Na precisa lição do mestre Celso Antônio Bandeira de Mello, não se pode confundir a extinção do ato administrativo por esgotamento do conteúdo jurídico pela "fluência de seus efeitos ao longo do prazo previsto para ocorrerem" com a sua retirada por revogação ou anulação. São situações bem distintas, porque só neste último caso é que se faz necessária a desconstituição do ato pela Administração. E o fato de se tratar de "medida administrativa de polícia", data máxima vênia, não lhe retira a natureza de sanção, pois, como leciona Carvalho Filho, "se a sanção resulta do exercício do poder de polícia, qualificar-se-á como sanção de polícia", acrescentando que *"são sanções, na verdade, todos os atos que representam a punição aplicada pela Administração pela transgressão de normas de polícia"* (grifos

O caso anteriormente citado se reveste de particular importância para este trabalho, pois o Juiz *aquo* entendeu que passados trinta e seis anos do ato expulsório, seus efeitos não mais perduram, independentemente de seu desfazimento por revogação ou anulação, por considerar a vedação constitucional referente às penas de caráter perpétuo também aplicável no âmbito das sanções administrativas, e acrescentando ao final que são sanções na verdade todos os atos que representam a punição aplicada pela Administração pela transgressão de normas de polícia.

Assim, consoante o julgamento acima citado, a medida administrativa de polícia da expulsão, não lhe retira a natureza de sanção; e se a sanção resulta do exercício do poder de polícia, estará qualificada como sanção de polícia, que segundo o Magistrado *"a quo"*, tem o limite fixado pelo ordenamento positivo[128] em trinta anos, sob o risco de ferir o disposto no artigo 5º, inciso XLVII, alínea *"b"* da Constituição Federal de 1988.

Concluindo, aqui mais uma vez firmado o entendimento de que pena e sanção são institutos desprovidos de diferenças, e ainda da igualdade essencial existente entre as penas criminais e sanções administrativas, que exige que sejam tratadas de maneira semelhante, sob risco de afronta aos dispositivos constitucionais anteriormente citados.

---

nossos). Com razão o MM. Juízo *a quo*. Decorridos mais de 30 (trinta) anos do ato de expulsão, não há mais de se falar em tipificação da conduta imputada ao recorrido, já que a Carta vigente impede a imposição de penalidade de caráter perpétuo, nos termos do art. 5º, XLVII, *b*. (grifos nossos). Assim, reconheço ausentes os pressupostos de que trata o art. 41 do CPP para viabilizar a acusação. *Razão por que nego provimento ao recurso*. É como voto. (TRF 1ª Região; Recurso em Sentido Estrito; Processo. 2008.33.00.010668-7; BA; 3ª Turma; Rel. Desembargador Federal Cândido Ribeiro; Julg. 10/11/2009. Data de Publicação: 27/11/2009 e-DJF1 p. 66).
[128] Artigo 75 do Código Penal pátrio, Decreto-Lei nº 2.848 de 07 de dezembro de 1940.

2.3. O condenado estrangeiro e a expulsão

O artigo 65 da Lei 6.815/80, já exaustivamente estudado, elenca as diversas situações em que o estrangeiro será passível de expulsão do país, e o artigo 68 do referido estatuto do estrangeiro acrescenta que sempre que houver sentença condenatória de estrangeiro autor de crime doloso ou de qualquer crime contra a segurança nacional, a ordem política ou social, a economia popular, a moralidade ou a saúde pública, a cópia da sentença condenatória deverá ser encaminhada ao Ministro da Justiça para a instauração de inquérito administrativo para fins de expulsão do país.

Conforme já citado anteriormente, a maioria absoluta das portarias ministeriais de expulsão em desfavor de estrangeiros no Brasil se dá em virtude de crimes dolosos por eles cometidos em território nacional, notadamente o tráfico internacional de drogas. E é justamente nesta condição, como *preso estrangeiro*, que surgem diversas questões polêmicas, como por exemplo, a possibilidade de progressão de regime àquele que se encontra em regime fechado, com procedimento de expulsão em seu desfavor no Ministério da Justiça ou expulsão do país decretada, ou ainda a possibilidade de expulsão do estrangeiro durante o cumprimento de sua pena corporal imposta em sentença definitiva[129].

Para se tratar das questões polêmicas citadas, há que se analisar o nosso ordenamento positivo, de onde se verifica que há todo um regime jurídico próprio do estrangeiro; aliás por força da própria Constituição Federal de 1988, que elenca regras que diferenciam o estrangeiro do nacional, a exemplo do artigo 14, § 2º, na questão eleitoral, do artigo 22, XV, nas questões atinentes à imigração, e nas diversas situações de ingresso de capital estrangeiro, a exemplo dos artigos 17, II, 172, 192,

---

[129] Vide artigo do autor publicado no site do Conjur na data de 22/05/2011, com o título: *Estado do estrangeiro liberto precisa de regularização*, no endereço eletrônico: http://www.conjur.com.br/2011-mai-22/preciso-regularizar-situacao-estrangeiro-liberto-sistema-prisional.

199, § 3º, e 222, § 4º. E isso se dá com o objetivo de proteger os interesses nacionais, a soberania, o mercado de trabalho, o sistema financeiro etc.

Frise-se que nesta mesma linha aponta o estatuto jurídico do estrangeiro, Lei 6.815/80, que proíbe o exercício de atividade remunerada ao turista estrangeiro (*art. 98*), ou àquele que aqui esteja em trânsito ou de forma temporária[130], e ainda naquelas hipóteses de concessão de visto de trabalho, onde há uma série de restrições quanto à mudança de atividade ou de domicílio do estrangeiro, exigindo-se autorização prévia e expressa do Ministro da Justiça, ouvido o Ministro do Trabalho (*artigos 100 e 101*).

Ainda segundo o estatuto jurídico do estrangeiro, a própria condição de turista, trânsito ou temporário no território nacional, proíbe o estrangeiro de aqui fixar residência definitiva, mesmo sendo o estrangeiro oriundo de países vizinhos, das cidades limítrofes (*art. 21, § 2º*). Assim, é possível dizer que todas as diferenças entre nacionais e estrangeiros ocorrem a partir de diretrizes da própria Constituição Federal de 1988.

Nesta esteira, é possível concluir que quando nossa Carta Maior trata do princípio da igualdade no *caput* do artigo 5º, incluindo ali os estrangeiros residentes no país, tal disposição deve ser interpretada frente a todas as diferenças que a própria Constituição faz entre estrangeiros, brasileiros natos e naturalizados, bem como frente a todas as diferenças que ela permitiu que a lei ordinária fizesse, e neste sentido, os estrangeiros em situação irregular no país deverão ser deportados ou expulsos, indicando aí uma diferenciação jurídica entre o nacional e o estrangeiro não residente.

Destarte, é inegável que o princípio da igualdade também se aplica ao estrangeiro não residente no país, pois seria inconcebível dizer que

---

[130] Aqui a referência é feita aos portadores de visto temporário de estudante e aos dependentes daqueles que possuem qualquer visto temporário, aos quais é vedado o exercício de atividade remunerada, conforme o disposto nos artigos 13 e 98 da Lei 6.815/80.

pouco ou nenhum direito assiste ao estrangeiro de acordo com sua situação de estada no país, ainda que irregular, mas claro que devem ser observadas as peculiaridades dessa própria situação, conforme anteriormente tratado, no que se refere à autorização de trabalho, residência definitiva, previdência social etc.

Ainda nesta linha de pensamento, infere-se que no cumprimento da pena corporal pelo condenado estrangeiro no Brasil, a progressão de regime não lhe pode ser negada, desde que ele preencha os critérios objetivos e subjetivos elencados na Lei de Execução Penal (*Lei 7.210/84*), por força do princípio da individualização da pena e do princípio da igualdade previstos no artigo 5º da Constituição Federal de 1988, notadamente ao estrangeiro residente em definitivo no país, que nesta condição tem sua situação definida de permanência, trabalho etc., e neste caso não deve haver diferenciação com o nacional.

A polêmica surge quando se trata do estrangeiro preso e condenado enquanto se encontrava de passagem pelo território nacional, como turista ou de forma temporária, sem qualquer vínculo com o país, já que nesta situação ele não pode fixar residência nem exercer atividade remunerada por aqui; bem como naqueles casos em que o estrangeiro possuir em seu desfavor, procedimento em curso para a sua expulsão, ou Portaria Ministerial para sua expulsão do país.

Inicialmente, há que se diferenciar os objetivos dos dois institutos em comento: a *progressão de regime*, com vistas a ressocialização do indivíduo condenado, pretende *incluir* o mesmo, gradativamente, do regime fechado ao semiaberto e posteriormente ao aberto, avaliando desta forma sua conduta para a sua reintegração ao meio social; já a *expulsão*, com objetivo diametralmente oposto, pretende *excluir* da sociedade brasileira, em definitivo, aquele estrangeiro cuja conduta nociva atenta contra os interesses nacionais, conforme já exaustivamente tratado em capítulos anteriores.

Com efeito, como *incluir* gradativamente na sociedade brasileira, pela progressão de regime, o estrangeiro preso e condenado enquanto se encontrava de passagem pelo território nacional, de forma temporária, sem qualquer vínculo com o país? Quais as oportunidades de moradia e trabalho lícito que um estrangeiro nestas condições, solto em progressão de regime, alcançará em território nacional?

Entende-se que muito embora a Lei de Execução Penal tenha sido omissa quanto à possibilidade de progressão de regime aos estrangeiros, o ordenamento nacional e o direito internacional dos direitos humanos[131] indicam que o preso estrangeiro, independentemente de sua situação migratória no Brasil, goza de todos os direitos reconhecidos aos presos nacionais, em respeito ao princípio da isonomia, da individualização da pena, da não discriminação e da dignidade da pessoa humana.

Ademais, negar a progressão para o regime semiaberto ao condenado estrangeiro em situação irregular no país, pelo simples fato de estar impedido de exercer atividade remunerada no mercado formal, impõe condição discriminatória pela própria condição pessoal do apenado. Destarte, a Lei de Execução Penal não exige que o estrangeiro tenha uma promessa formal e efetiva de emprego, com carteira registrada, mas sim que tenha condição de *exercer* qualquer trabalho honesto e lícito para *prover* sua subsistência e de sua família, ainda que na informalidade, da qual sobrevive considerável parcela da sociedade brasileira.

É necessário, pois, que Estado brasileiro cumpra seu papel de destaque no cenário internacional, tratando com respeito e dignidade os estrangeiros nesta situação no país, do ponto de vista legislativo e assistencial, provendo os meios necessários a sua igualdade material com os nacionais.

---

[131] Vide *Opinión Consultiva nº 18* da Corte Interamericana de Direitos Humanos que por provocação do México, decidiu, à luz da Convenção Americana dos Direitos Humanos e do Direito Internacional dos Direitos Humanos, que os trabalhadores imigrantes irregulares não podem ser privados de direitos fundamentais, dentre eles o direito à igualdade e vedação de tratamento discriminatório e direitos laborais. Disponível em: www.corteidh.or.cr/docs/opiniones/seriea_18_esp.doc. Acesso em 15/10/2011.

A jurisprudência pátria contempla tal possibilidade em muitos de seus julgados, a exemplo a decisão proferida no julgamento do HC nº 180.995/SP, em 13/09/2011, tendo como Relator o Ministro Gilson Dipp, orientada no sentido de que *o simples fato de o paciente não dispor de autorização para o trabalho remunerado no país não impede a sua progressão ao regime semiaberto*[132]. Cite-se ainda o acórdão proferido no HC nº 164.774/SP, que teve como Relatora a Ministra Maria Thereza de Assis Moura, em 30/06/2010, no sentido de que *tanto a execução penal do nacional quanto a do estrangeiro submetem-se aos princípios constitucionais da isonomia e individualização da pena, e que a disciplina do trabalho no Estatuto do Estrangeiro não se presta a afastar o co-respectivo direito-dever do condenado no seio da execução penal*[133].

Ademais, o próprio Poder Executivo já vislumbrou a possibilidade de ser concedida ao estrangeiro, preso por tráfico de drogas, a progressão ao regime penal mais benigno ao mencionar no artigo 4º do Decreto nº 98.961 de 15/02/1990, que caberá ao Ministério da Justiça requerer ao Ministério Público, providências para que seja restabelecido o regime da sentença transitada em julgado, atacando a decisão do Juízo da Execução Penal.

---

[132] HC 180.995/SP, Rel. Ministro Gilson Dipp, Quinta Turma, julgado em 13/09/2011, DJe 28/09/2011).
[133] HC nº 164.774/SP, STJ-6aT, Rel. Ministra Maria Thereza de Assis Moura, julgado em 30/06/2010. E ainda neste sentido: Execução Penal. Habeas Corpus. Estrangeiro em Situação Irregular no País. Inexistência de Inquérito de Expulsão. Progressão de Regime. Possibilidade – I. Esta Corte, em diversos julgamentos, firmou entendimento no sentido de que a execução penal do nacional e do estrangeiro submete-se aos princípios da isonomia e da individualização da pena, não sendo a condição de estrangeiro irregular, por si só, fator impeditivo à progressão de regime prisional. (Precedentes) – II. *In casu*, a paciente teve denegado o benefício por tratar-se de estrangeira em situação irregular, e, outrossim, há informações atuais de que não possui inquérito de expulsão instaurado em seu desfavor, razão pela qual faz jus à progressão de regime, desde que atendidos os requisitos legais. – *Habeas corpus* concedido para que o Juízo da Execução aprecie, com urgência, o pedido de progressão de regime, nos termos do artigo 112 da LEP (HC nº 121.677/SP, STJ-5aT\ Rei. Min. Felix Fischer julgado em 16/06/2009).

Por outro lado, não há de se negar que o melhor lugar para o processo de *ressocialização* do estrangeiro de passagem pelo Brasil é em seu próprio país de origem ou residência definitiva, onde ele entende o idioma, possui maior oportunidade para exercer atividade remunerada, e viver entre seus entes queridos. Neste sentido, a ressocialização cumpre sua função reintegradora dos valores fundamentais da pessoa humana, em seu meio social.

Não há, todavia, que se descuidar da existência do instituto da transferência de presos, que tem por objetivo enviar ou transferir o preso estrangeiro que se encontra condenado de forma definitiva, em cumprimento de pena corporal no Brasil, para o cumprimento do restante de sua pena em seu país de origem, proporcionando ao mesmo a proximidade com sua família, com a língua materna, costumes etc. Há aí a exigência de acordo entre os países envolvidos, e por ser uma faculdade ao interessado, o processo deve iniciar pela provocação do estrangeiro preso ao Consulado ou Embaixada de seu país de origem, acreditado no Brasil, que providenciará os trâmites junto ao Ministério da Justiça.

A prática demonstra que poucos casos de transferências tem sido solicitados e deferidos no Brasil aos presos estrangeiros, eis que a condição de inexistência de trâmite de processo judicial é vital ao deslinde do processo de transferência, o que não ocorre a contento, tendo em vista a morosidade do Judiciário no trâmite dos recursos criminais, onde muitas vezes quando a decisão final é prolatada, o indivíduo já exauriu o cumprimento de sua pena corporal imposta. Assim, a garantia do processo de transferência implica a desistência de eventuais apelações interpostas pelos presos estrangeiros, e a inexistência de recurso por parte do órgão persecutor, o que dificilmente ocorre.

Cabe aqui ainda tratar da questão da progressão do regime de cumprimento de pena do preso estrangeiro durante a execução de sua pena corporal imposta, quando existe procedimento de expulsão em curso, ou ainda quando existe Portaria Ministerial de expulsão do país em seu desfavor. Afinal, é possível a progressão de regime nestas situações?

Inicialmente, verificou-se que o objetivo da progressão de regime é incompatível com o objetivo da expulsão, já que como visto anteriormente, aquela *inclui* gradativamente o indivíduo na sociedade, e esta o *exclui* de imediato. Neste sentido o STJ, reiterando posição do STF, já decidiu que a progressão de regime prisional é inacessível ao condenado estrangeiro que teve contra si decretada a expulsão, pois a progressão de regime é a paulatina recondução do condenado ao meio social de que proveio, e a sua implementação frustraria os propósitos da expulsão[134].

Com efeito, a progressão do regime fechado ao regime semiaberto, permitiria ao preso estrangeiro com ordem de expulsão do país, a saída temporária para a visita à família e amigos, e veja-se que aqui se trata do estrangeiro de passagem, sem vínculo com o país (já que ao estrangeiro residente por quaisquer das hipóteses em lei não caberia a expulsão, exceto se alterada a situação que motivou a permanência), além de permitir ao mesmo a saída aos dias úteis para o trabalho e estudo, ficando desta forma a critério do reeducando o cumprimento final da pena, além de frustrar ao final, o cumprimento da ordem da expulsão do país.

Em tal situação, Mirabete ensina que *"não se pode conceder a progressão para o regime semiaberto ao estrangeiro quando sua expulsão foi decretada, sob pena de poder vir a frustrar-se a própria ordem de expulsão, pela fuga*[135]*".*

---

[134] STJ; HC 134.330; Proc. 2009/0073673-2; RJ; Quinta Turma; Rel. Min. Napoleão Nunes Maia Filho; Julg. 01/09/2009; DJE 28/09/2009. E ainda neste sentido: CRIMINAL. HABEAS CORPUS. TRÁFICO DE ENTORPECENTES. LEI 11.343/2006. PACIENTE ESTRANGEIRA. EXPULSÃO DECRETADA. PROGRESSÃO DE REGIME. INVIABILIDADE. PRECEDENTES DESTA CORTE. ORDEM DENEGADA. Esta Corte pacificou o entendimento no sentido da inviabilidade de concessão do benefício da progressão de regime prisional ao estrangeiro com processo de expulsão decretado. Precedentes do STJ. Ordem denegada. (STJ; HC 159070, Proc. 2010/0003559-9; SP;Quinta Turma; Rel. Min. Gilson Dipp; Julg. 07/10/2010; DJE 25/10/2010).

[135] MIRABETE, Julio Fabbrini. Execução Penal. 10ª Ed. São Paulo: Atlas, 2002, p. 286.

Em sentido contrário, há decisões que entendem que o decreto de expulsão existente não impede o deferimento da progressão de regime, pois as autoridades administrativas podem efetivar a expulsão antes ou após o cumprimento integral da pena, conforme o descrito no artigo 67 da Lei 6.815/80[136].

A simples existência de inquérito de expulsão em desfavor de preso estrangeiro irregular tem, em alguns casos, constituído óbice à progressão de regime, ou ao livramento condicional, com a alegação de que é necessário aguardar a finalização do processo de expulsão em trâmite no Ministério da Justiça, pois sua remoção a regime mais brando aumenta sensivelmente a possibilidade de frustração da sua execução, tendo em vista que a vigilância é menor nos estabelecimentos em que os apenados se submetem a este sistema de pena, acarretando assim maior risco de fuga[137].

---

[136] EXECUÇÃO PENAL. HABEAS CORPUS. ESTRANGEIRO NÃO-RESIDENTE NO PAÍS. LIVRAMENTO CONDICIONAL. POSSIBILIDADE. DECRETO DE EXPULSÃO. NÃOIMPEDITIVO. ORDEM CONCEDIDA. 1. Tanto a execução penal do nacional quanto a do estrangeiro submetem-se aos cânones constitucionais da isonomia e da individualização da pena. 2. A disciplina do trabalho no Estatuto do Estrangeiro não se presta a afastar o correspectivo direito-dever do condenado no seio da execução penal. Precedentes. 3. O decreto de expulsão existente não impede o deferimento da benesse, pois as autoridades administrativas podem efetivá-lo após o cumprimento integral da reprimenda, ou mesmo antes (artigo 67 da Lei n.º 6.815/80). 4. Orientando-se em entendimento contrário, estar-se-ia a conceber que a esfera penal se pautasse unicamente no decretado em âmbito administrativo. 5. Ordem concedida, ratificada a liminar, para afastar o óbice consistente na condição de estrangeiro para o fim de se obter o livramento condicional. (STJ; HC 186490; Proc. 2010//0180075-7; RJ; Sexta Turma; Rel. Min. Maria Thereza de Assis Moura; Julg. 15/12/2011; DJE 13/02/2012).

[137] Neste sentido: HABEAS CORPUS – ESTRANGEIRO EM SITUAÇÃO IRREGULAR – CONDENAÇÃO – CRIME HEDIONDO – PROGRESSÃO DE REGIME – PROCESSO ADMINISTRATIVO DE EXPULSÃO EM TRAMITAÇÃO – ESTRANGEIRO SEM RESIDÊNCIA FIXA NO PAÍS – COMPROMETIMENTO DA EFETIVA APLICAÇÃO DA LEI PENAL ATRAVÉS DA BURLA AO PROCESSO EXECUTIVO – IMPEDIMENTO DE CONCESSÃO ATÉ QUE SE DEMONSTRE A VIABILIDADE DO CUMPRIMENTO DA PENA PRIVATIVA DE LIBERDADE NOS MOLDES DA LEGISLAÇÃO APLICADA – ORDEM DENEGADA. Veda-se a progressão de regime ao estrangeiro em situação irregular e condenado pelo

Há também decisões indeferindo o *livramento condicional* aos estrangeiros, por se entender que há incompatibilidade entre as condições legais necessárias à concessão do livramento condicional com a existência de inquérito ou decreto de expulsão de estrangeiro, dada a impossibilidade de sua permanência no país em função da nocividade à conveniência e aos interesses nacionais[138].

Em que pese o posicionamento supracitado, entende-se que a simples existência de inquérito de expulsão em desfavor do condenado estrangeiro irregular não pode constituir óbice à progressão do regime de cumprimento de pena, atendidos os critérios objetivos e subjetivos previstos na Lei de Execução Penal, eis que a garantia da inviolabilidade dos direitos fundamentais da pessoa humana não comportam exceção. Ao estrangeiro devem-se assegurar todos os direitos que lhe são inerentes porque, antes de tudo ele é um ser humano, o que transcende a sua condição de *não nacional*, conforme preconizado pela Declaração Universal dos Direitos Humanos, proclamada pela Assembleia Geral das Nações Unidas em 10/12/1948, por meio da Resolução 217-A (III).

---

tráfico de entorpecentes, se em desenvolvimento o processo de sua expulsão do território nacional e não demonstre ele residência fixa no Brasil, evitando-se assim o frustrar da execução penal. (TJMT; HABEAS CORPUS Nº 14214/2009 – CLASSE CNJ-307 – COMARCA DE CÁCERES; MS; Primeira Câmara Criminal; Rel. Des. RUI RAMOS RIBEIRO Julg. 31/03/2009).

[138] PROCESSUAL PENAL. EXECUÇÃO PENAL. HABEAS CORPUS. ESTRANGEIRO. PROCESSO DE EXPULSÃO. LIVRAMENTO CONDICIONAL. IMPOSSIBILIDADE DE COMPATIBILIZAÇÃO COM OS REQUISITOS LEGAIS. ORDEM DENEGADA. 1. Há incompatibilidade entre as condições legais necessárias à concessão do livramento condicional – obter ocupação lícita e manutenção de residência fixa – com a existência de inquérito ou decreto de expulsão de estrangeiro, dada a impossibilidade de sua permanência no país, com ou sem trabalho lícito, em função da prática de conduta que tornou a sua continuidade no Brasil nociva à conveniência e aos interesses nacionais. Precedentes da Quinta Turma e do Supremo Tribunal Federal. 2. *Habeas corpus* denegado. (STJ; HABEAS CORPUS Nº 173.955 – SP (2010/0094622-6); Quinta Turma; Rel. Min. Marco Aurélio Bellizze; Julg. 24/04/2012; DJE 14/05/2012).

Assim, manter o estrangeiro irregular em regime de cumprimento de pena mais rigoroso, apenas pelo fato de haver em seu desfavor um inquérito de expulsão em curso cria uma diferenciação com os demais presos, não prevista em lei, atentando contra os princípios fundamentais anteriormente citados. Neste sentido o acórdão proferido no Processo nº 0514661-2, pela 5ª Câmara Criminal do TJ/PR, que entendeu que estando preenchidos os requisitos objetivo e subjetivo, não há porque obstar a progressão ao condenado estrangeiro cuja expulsão ainda não tenha sido decretada.

Veja-se que o período de trâmite regular de um inquérito de expulsão, até a decisão final de expulsão pelo Ministro da Justiça em regra tem sido superior ao cumprimento da pena total pelo estrangeiro condenado[139], que solto do sistema prisional, aguarda liberto a ordem de expulsão do país, sem contar com uma estrutura social e assistencial para a sua manutenção provisória no país.[140].

Destarte, é dever do Estado brasileiro, signatário de importantes tratados internacionais de proteção à pessoa humana, implementar políticas que proporcionem resguardar direitos inerentes à pessoa humana, notadamente aos estrangeiros nestas condições, que sem domicílio no país, aqui se encontram sob o império de sua soberania.

A demora no trâmite do inquérito de expulsão até se obter uma decisão final se dá por inúmeras razões, a exemplo, a falta ou demora da comunicação de condenação do estrangeiro pelas Varas da Justiça Estadual e Federal ao Ministério da Justiça (*art. 68 da Lei 6.815/80*),

---

[139] Tal afirmação é motivada pela experiência profissional do autor junto ao Setor de Retiradas Compulsórias da Superintendência Regional da Polícia Federal em São Paulo, no período de 2008 a 2010, um dos maiores núcleos de expulsão do país, com aproximadamente 500 inquéritos instaurados por ano. E segundo o apurado no setor, tal situação perdura até os dias atuais.

[140] Vide artigo do autor publicado no site do Conjur na data de 22/05/2011, com o título: *Estado do estrangeiro liberto precisa de regularização*, no endereço eletrônico: *http://www.conjur.com.br/2011-mai-22/preciso-regularizar-situacao-estrangeiro-liberto-sistema--prisional*.

onde por vezes o inquérito de expulsão é iniciado após a soltura do estrangeiro condenado; seja ainda pela demora em se obter a sua qualificação e o interrogatório, e demais diligências necessárias no bojo do procedimento expulsório, tendo em vista que o estrangeiro pode se encontrar em unidade prisional afastada das capitais do país, além de outras razões estruturais dos núcleos de retiradas compulsórias espalhadas pelo país, como carência de servidores, falta de verba federal etc.

Cabe ainda discutir se é possível a expulsão de preso estrangeiro durante o cumprimento de sua pena corporal imposta, principalmente durante a progressão de regime, de forma a propiciar a ressocialização em seu país, em um ambiente favorável seja do ponto de vista social, cultural, sentimental ou econômico.

O artigo 67 da Lei 6.815/80 aduz que *"Desde que conveniente ao interesse nacional, a expulsão do estrangeiro poderá efetivar-se ainda que haja processo ou tenha ocorrido condenação"*. Não há notícia da revogação do mencionado artigo e, diga-se de passagem, a própria Corte Suprema tem assim se posicionado, a exemplo do HC nº 97.147/MT (publicado no DJE em 12/02/2010) em que a Turma fundamentou a decisão alegando que é prerrogativa do Poder Executivo decidir o momento em que a expulsão do estrangeiro deveria efetivar-se, independentemente da existência de processo ou de condenação, de modo que se não o faz, é porque reputa adequado que o cumprimento da pena ocorra integralmente em território nacional.

Com efeito, em respeito ao regime democrático, e à separação e independência dos poderes, o Ministério da Justiça tem se posicionado reiteradamente no sentido de respeitar a decisão dos demais poderes, aguardando a liberação do preso estrangeiro pelo Poder Judiciário, após o cumprimento integral da pena corporal imposta, conforme se percebe da fundamentação acima citada.

Tal situação agrava ainda mais as precárias condições dos presos que lotam as insuficientes penitenciárias do país, posicionando o Brasil nas piores estatísticas de administração penitenciária e preservação dos direitos fundamentais dos presos, além da questão da superlotação e suas consequências, conforme o relatório *"World Report 2012: Brazil" da Human Rights Watch*, organização não governamental internacional com sede em Nova Iorque[141].

Mas afinal, segundo a lei penal pátria, quando então o estrangeiro preso poderia ser solto pelo poder Judiciário para ser expulso do país pelo Ministério da Justiça, senão ao cumprimento integral de pena, de forma a não configurar um sentimento de impunidade e desigualdade com o nacional?

Inicialmente, é necessário investigar quais as circunstâncias em que o reeducando fica dispensado do cumprimento da pena, seja por força do código penal ou da lei de execução penal. Há assim duas hipóteses possíveis: com a extinção da punibilidade ou com o livramento condicional. Fora os outros casos elencados na lei penal (*art. 107 do CP*), a extinção da punibilidade ocorre com o cumprimento integral da pena, o que destoa do objeto investigado.

Com efeito, em uma rápida análise, verifica-se que no instituto do *livramento condicional*[142] o preso é submetido a um período de provas, após a exigência do cumprimento de uma fração considerável de pena

---

[141] *Detention Conditions, Torture, and Ill-Treatment of Detainees – Many Brazilian prisons and jails are violent and severely overcrowded. According to the Ministry of Justice's Penitentiary Information Integrated System (INFOPEN), Brazil's incarceration rate tripled over the last 15 years and the prison population now exceeds half a million people. Delays within the justice system contribute to the overcrowding: almost half of all inmates are in pre-trial detention. On July 4, 2011, Congress passed a law prohibiting pre-trial detention for crimes punishable by less than four years in jail. Torture is a chronic problem throughout Brazil's detention centers and police stations. A 2010 report by the Pastoral Prison Commission documented cases of torture in 20 out of 26 Brazilian states. HIV and tuberculosis prevalence rates in Brazilian prisons are far higher than rates in the general population; inhumane conditions facilitate the spread of disease, and prisoners' access to medical care remains inadequate. In early September 2011, hundreds of detainees in Maranhão state rioted against prolonged pre-trial detention, unsanitary facilities, limited access to drinking water, and sexual abuse by prison wards. Rival factions killed at least 18 prisoners.* (Acesso em 09.01.2013, disponível em http://www.hrw.org/world-report-2012/world-report-2012-brazil).

[142] Livramento Condicional: Artigos 83 a 90 do Código Penal e artigos 130 a 146 da Lei de Execução Penal – Lei 7.210/84.

(art. 83 do CP), dentre outros requisitos, porém nesse período de provas não ocorre propriamente um cumprimento de pena, e tampouco ele está vinculado a qualquer estabelecimento penal. E ao final deste período de provas, se não revogado o livramento condicional, extingue-se a pena privativa de liberdade (*art. 90 do CP*).

Em outras palavras, cumprido o lapso temporal, *requisito objetivo*, para ser beneficiado com o livramento condicional (1/3 da pena se primário em crime comum, 1/2 se reincidente em crime comum e 2/3 nos crimes hediondos, salvo se reincidente específico), o estrangeiro que também preencha o requisito subjetivo (bom comportamento), será beneficiado com o livramento condicional, sujeito a determinadas condições. Neste caso, uma vez que o estrangeiro não se encontra em cumprimento de pena, mas em período probatório, é possível que ele seja expulso para seu país de origem, se já houver ordem de expulsão neste sentido.

E assim já entendeu a jurisprudência pátria, a exemplo da decisão proferida em 03/09/1996, pela Primeira Turma do TRF da 2ª Região, no HC nº 96.02.24336-8, onde se afirmou que o livramento condicional se mostra incompatível com a permanência do estrangeiro em território nacional, mas que a expulsão sim atenderia os critérios do livramento condicional, pois não aproveita à Administração a recuperação daquele que aqui não reside[143].

---

[143] Processual Penal – Habeas Corpus – Livramento Condicional – Apenado Estrangeiro. I – O paciente teve seu pedido de livramento condicional indeferido pelo Juízo da Execução, tendo em vista tratar-se de apenado estrangeiro, não residente no País, não estando seu requerimento instruído de forma a embasar o objetivo cumprimento das condições previstas nos §§ 1º e 2º do art. 132 da LEP, em consonância com a Lei 6.815/80. II – O Estatuto dos Estrangeiros veda ao alienígena com visto de turista ou temporário o exercício de atividades remuneradas, significando que, se trabalhar nestas condições, poderá ser expulso, por estar em situação irregular. Não especifica, porém, que deverá ele permanecer preso, quando a lei lhe assegura livramento condicional. *No entanto, dito livramento se mostra incompatível com a permanência. Já a expulsão obedeceria.* Não aproveita à administração a recuperação daquele que aqui não reside. Se se abre

Noutro norte, é comum no Juízo da Execução Penal brasileira a negativa em dispensar o reeducando do cumprimento de pena em progressão de regime para ser expulso do país, em decorrência do princípio da legalidade, com a alegação de inexistência de lei neste sentido, além da questão da desigualdade de tratamento com o nacional, em que pese o dispositivo previsto no artigo 67 da Lei 6.815/80.

Assim, se o Ministro da Justiça não quer fazer uso de sua prerrogativa, invocando o artigo 67 da Lei 6.815/80, por respeito às decisões do Poder Judiciário, e este último alega inexistência de lei que autoriza a liberação do preso estrangeiro para ser expulso, a questão se torna difícil de ser resolvida. Há que se mencionar aqui o Projeto de Lei nº 7.137/2010, do Deputado Federal Carlos Bezerra, cuja proposta é justamente antecipar a expulsão do estrangeiro do país, para os casos em que ele se encontra em progressão de regime ou livramento condicional.

Entende o autor que é plausível, seja para a diminuição da superlotação dos presídios brasileiros, para a diminuição dos custos, e ainda para proporcionar uma adequada ressocialização do preso estrangeiro, que ele já pudesse, se fosse o caso e existisse ordem definitiva de expulsão, ser expulso quando atingisse o lapso temporal para o livramento condicional ou a progressão ao regime semiaberto.

Uma mudança de perspectiva vem transformando o entendimento do Judiciário brasileiro, que através da atuação do Conselho Nacional de Justiça, com a realização de simpósios e reuniões com autoridades brasileiras e estrangeiras, com o objetivo de melhor atender a questão do preso estrangeiro no país, tem decidido que a expulsão antes do cumprimento integral da pena melhor atende a questão da ressocialização do preso estrangeiro, com vistas ao princípio da humanização da pena.

---

mão nesse espaço de tempo, no qual há uma liberdade vigiada, que tome o rumo o estrangeiro do seu país de origem". (grifos nossos). III – Ordem de *Habeas Corpus* concedida. (TRF-2ª Reg. – HC 96.02.24336-8 – Primeira Turma; Rel. Chalu Barbosa. Julg. 03/09/1996; DJU 04/03/1997).

Neste sentido o posicionamento do MM. Juiz Federal da 1ª Vara Federal de Guarulhos/SP, em recente sentença condenatória publicada em 06/12/2012 no Dje., nos autos de nº 0000938-29.2012.4.03.6119, que seguindo orientação de sua corregedoria determinou que se oficiasse ao Ministério da Justiça comunicando a condenação das rés, estrangeiras, opinando favoravelmente à rápida expulsão com vistas ao princípio da humanização da pena, já que a punição atingiria sua melhor finalidade de reeducação se as condenadas cumprissem a pena perto de sua família[144].

---

[144] (...) *EXPULSÃO: Oficie-se ao Ministério da Justiça, com urgência, informando: (a) a condenação das rés, cidadãs húngaras (b) ausência de qualquer óbice por parte deste juízo da condenação para que seja procedida a eventual expulsão da condenada mesmo antes do integral cumprimento da pena ou do trânsito em julgado (Lei 6.815, art. 67), a critério da autoridade competente. Conforme recomendação da Corregedoria (Protocolo 36.716). Consigno que, ainda que se trate de procedimento adstrito a critérios de conveniência e oportunidade do Poder Executivo, este juízo opina favoravelmente à rápida expulsão, tendo em vista o princípio da humanização da pena, já que com certeza a punição atingirá melhor sua finalidade de reeducação se a condenada cumprir a reprimenda perto de sua família.* Disponível em: www.jfsp.jus.br/foruns-federais.

3. A Decretação e a Revogação da Medida Expulsória

3.1. A Autoridade Competente

Segundo a legislação vigente, a autoridade competente para a *decretação* da expulsão é o Presidente da República, consoante se verifica no artigo 66 da Lei 6.815/80, pois envolve matéria de conveniência e oportunidade afeita ao chefe do Poder Executivo. E a forma originalmente prevista para a determinação da medida é por meio de *Decreto Presidencial*, conforme o parágrafo único do supracitado artigo.

Observa-se, contudo, que por força do Decreto nº 3447/2000[145], e desde então, a decretação da expulsão é feita por meio de *Portaria Ministerial* de autoria do Ministro de Estado da Justiça e não mais por *Decreto Presidencial*, como era feito antes. Esta é a forma de concretização do ato expulsório, ou seja, é por meio deste tipo documental que a decisão é determinada. Note-se que a competência continuou a pertencer ao Poder Executivo, apenas foi delegada pelo Presidente da República ao Ministro da Justiça, que o faz por meio de *Portaria Ministerial*.

---

[145] Decreto nº 3447/2000: *Delega competência ao Ministro de Estado da Justiça para resolver sobre a expulsão de estrangeiro do país e sua revogação, na forma do artigo 66 da Lei 6.815, de 19 de agosto de 1980, republicada por determinação do artigo 11 da lei 6.964, de 09 de dezembro de 1981.* Disponível em 25.05.2012 em: http://www.planalto.gov.br/ccivil_03/decreto/D3447.htm.

Há que se observar contudo que há a possibilidade de indefinição da situação esposada, já que o decreto que delegou a competência para o Ministro de Estado da Justiça pode ser manifestamente ilegal. Trata-se, pois, de competência exclusiva e não comum.

O constitucionalista José Afonso da Silva cuida de definir competência como *"a faculdade juridicamente atribuída a uma entidade ou a um órgão ou agente do Poder Público para emitir decisões*[146]*"*. E ainda no entendimento do citado jurista: *"a diferença que se faz entre competência exclusiva e competência privativa é que aquela é indelegável e esta é delegável*[147]*"*. Ambos os conceitos foram introduzidos em nosso ordenamento com a Constituição de 1988, com a finalidade de separar a competência especial, reservada a um órgão ou entidade da competência que poderia ser delegada para outro órgão.

Frise-se que Guimarães[148] se posiciona no sentido de ter fundadas dúvidas sobre a legalidade da delegação de competência do Decreto nº 3447/2000, e por conseguinte, da eficácia e regularidade do ato ministerial que substitui o decreto presidencial, e suas dúvidas se baseiam no termo *"exclusivamente"*.

Ocorre que a própria Constituição Federal de 1988 se equivoca quando procura estabelecer em seu texto uma distinção entre competência privativa e exclusiva. Assim, não se pode condenar desta maneira a delegação feita pelo Decreto nº 3447/2000, eis que tal situação já foi referendada, conforme decisões de tribunais superiores, a exemplo da decisão unânime da 1ª Turma do STF em 03/08/2010, nos autos do HC nº 101.269/DF, que teve como Relatora a Ministra Carmen Lúcia, onde restou consignado que o STF sempre reputou válido o decreto de expulsão de estrangeiro subscrito pelo Ministro da Justiça por delegação do Presidente da República[149].

---

[146] *Curso de Direito Constitucional Positivo*, p. 480.
[147] DA SILVA, José Afonso. Op. cit.
[148] GUIMARÃES, Francisco Xavier da Silva, op. cit., p. 56.
[149] HABEAS CORPUS. CONSTITUCIONAL. DIREITO INTERNACIONAL PÚBLICO. EXPULSÃO DE ESTRANGEIRO. ALEGAÇÃO DE INCOMPETÊNCIA DO MINISTRO DE ESTADO DA JUSTIÇA PARA

É bem verdade que a rigor deveria ter havido uma modificação prévia na legislação de estrangeiros, de forma a prever, de maneira talvez alternativa, as autoridades competentes para decidir sobre a expulsão. Neste sentido explica Guimarães: *"Certas decisões, notadamente as que resultam da prática da soberania que implicam discernir sobre o que convém ou não ao País, tem natureza política de defesa do Estado e, como tal, não podem ser delegadas, por serem privativas, exclusivas da autoridade indicada em lei[150]"*.

Como anteriormente mencionado, a praxe das decisões administrativas e judiciais nos leva a concluir que o Decreto nº 3447/2000 não só se encontra em vigor como é reconhecido pelos Tribunais Superiores em suas decisões. A competência para decretar e revogar a medida compulsória de expulsão é atualmente do Ministro da Justiça, que o faz por meio de Portaria Ministerial.

Tal situação faz com que o *habeas corpus*, eficaz remédio constitucional para o controle judicial relativo à legalidade dos atos de expulsão, visando atacar os atos expulsórios posteriores ao Decreto citado, seja impetrado junto ao STJ, nos termos do que dispõe o artigo 105, I, de nossa Carta Cidadã. Anteriormente, quando a decisão cabia ao

---

EXPULSAR ESTRANGEIRO DO TERRITÓRIO NACIONAL. IMPROCEDÊNCIA. ARGUIÇÃO DE AFRONTA AO PRINCÍPIO DO DEVIDO PROCESSO LEGAL. NÃO OCORRÊNCIA. ORDEM DENEGADA. 1. Não implica disposição de competência legal a delegação pelo Presidente da República do ato de expulsão de estrangeiro. 2. O Supremo Tribunal Federal sempre reputou válido o decreto de expulsão de estrangeiro subscrito pelo Ministro de Estado da Justiça por delegação do Presidente da República. Precedentes. 3. Cabe ao Poder Judiciário apenas a análise da conformidade do ato de expulsão com a legislação em vigor, não podendo incorrer no exame da sua oportunidade e conveniência. 4. Não estando o Impetrante/Paciente amparado por qualquer das circunstâncias excludentes de expulsabilidade, previstas no art. 75 da Lei n. 6.815/80, e inexistindo a comprovação de qualquer ilegalidade no ato expulsório, não há que se falar em contrariedade ao princípio do devido processo legal. 5. Ordem denegada. 1ª Turma do STF, em decisão unânime assim se manifestou em 03/08/2010, no HC nº 101269 DF, que teve como relatora a Excelentíssima Ministra Carmen Lúcia.

[150] GUIMARÃES, Francisco Xavier da Silva, op. cit., p. 57.

Presidente da República, o controle jurisdicional cabia ao Supremo Tribunal Federal, conforme preceitua o artigo 102, I, *"i"*, da Constituição de 1988.

Há que se atentar, pois, qual a autoridade judicante competente para a análise do ato expulsório, pois atualmente, mesmo que a autoridade do Executivo responsável pelo ato expulsório seja o Ministro da Justiça, e ainda que a decisão tenha sido emitida posteriormente ao Decreto nº 3447/2000, o STF tem entendido que a aludida delegação não pode contornar a competência constitucional do Supremo, eis que não implica em disposição da própria competência, em razão de ser ato afeto ao Presidente da República[151].

3.2. A Decretação da Medida Expulsória

A decretação da expulsão pelo Ministro de Estado da Justiça é ato administrativo propriamente dito, determinando ao final de todo o processo expulsório a retirada compulsória do estrangeiro do território nacional, e desde a origem do instituto até o momento atual, sem perspectiva real de retorno.

A medida de retirada compulsória de expulsão é de caráter discricionário, ou seja, ao final do inquérito expulsório, a autoridade competente para determiná-la fará juízo de valor discricionário e decidirá, baseada na oportunidade e conveniência da medida, pela decretação ou não da expulsão. Assim, ainda que o estrangeiro tenha atingido os critérios para tornar-se um expulsável em potencial no curso do processo, pode a autoridade decidir pela não decretação de sua expulsão.

Noutra esteira, é preciso ressaltar que a situação inversa não pode ocorrer, pois apesar de a expulsão ser um ato discricionário, ela está vinculada à lei, em todos os sentidos que ela lhe determina. E se a lei determina que não será procedida a expulsão em certos casos, não

---

[151] Esta questão é retratada no capítulo 3.5 deste trabalho.

poderá ser tomada decisão diferente pela autoridade competente, sob pena de anulação do ato pelo Poder Judiciário.

Após analisar o aspecto da oportunidade e conveniência da medida expulsória, com base no processo de expulsão, o Ministro de Estado da Justiça, caso se decida pela aplicação da medida expulsória, irá editar uma Portaria com sua decisão. Constará desta Portaria o número do processo de expulsão, a fundamentação legal da medida, a qualificação básica do expulsando e o momento de sua efetivação, e deverá ser publicada no D.O.U. para a sua validade[152].

Com referência ao momento da efetivação da expulsão, o artigo 67 da Lei 6.815/80 o permite a qualquer tempo, ainda que haja processo ou tenha ocorrido a condenação, mas em respeito ao princípio democrático de direito, e à obediência às decisões emanadas pelo Poder Judiciário, o Poder Executivo condiciona o cumprimento da medida

---

[152] I – O MINISTRO DE ESTADO DA JUSTIÇA, usando da atribuição que lhe confere o art.1º do Decreto nº 3.447, de 5 de maio de 2000, publicado no Diário Oficial da União do dia 8 de maio do mesmo ano, Seção 1, e tendo em vista o que consta do Processo nº 08018.020491/2009-74, do Ministério da Justiça, resolve Nº 530 – Expulsar do território nacional, em conformidade com os arts. 65 e 71 da Lei nº 6.815, de 19 de agosto de 1980, FATIMA L. A., de nacionalidade espanhola, filha de José V. L. e de Maria A. A., nascida em Córdoba, Espanha, em 18 de dezembro de 1989, ficando a efetivação da medida condicionada ao cumprimento da pena a que estiver sujeita no País ou à liberação pelo Poder Judiciário. Disponível em 25/05/2012, no Diário Oficial da União, Seção 1, p. 70, de 27 de abril de 2011, na página eletrônica: http://www.in.gov.br/autenticidade.html pelo código 00012011042700070. II – O MINISTRO DE ESTADO DA JUSTIÇA, usando da atribuição que lhe confere o art.1o do Decreto nº 3.447, de 5 de maio de 2000, publicado no Diário Oficial da União do dia 8 de maio do mesmo ano, Seção 1, e tendo em vista o que consta do Processo nº 08018.017331/2009-48, do Ministério da Justiça, resolve Nº 531 – Expulsar do território nacional, em conformidade com os arts. 65 e 71 da Lei nº 6.815, de 19 de agosto de 1980, GERHARDUS C. V. M., de nacionalidade sul-africana, filho de Gertruida Susana H. V. M., nascido em Pretória, África do Sul, em 7 de março de 1974, ficando a efetivação da medida condicionada ao cumprimento da pena a que estiver sujeito no País ou à liberação pelo Poder Judiciário Disponível em 25/05/2012, no Diário Oficial da União, Seção 1, p. 70, de 27 de abril de 2011, na página eletrônica: http://www.in.gov.br/autenticidade.html pelo código 00012011042700070.

expulsória ao cumprimento integral da pena cominada ao estrangeiro, ou à liberação pelo Poder Judiciário[153].

Após a publicação da decisão de expulsão no Diário Oficial da União, determina o regulamento do Estatuto Jurídico do Estrangeiro (*art. 106 do Decreto 86.715/81*) que o Ministério da Justiça, por intermédio da Divisão de Medidas Compulsórias, remeta ao Departamento Consular e Jurídico do Ministério das Relações Exteriores os dados de qualificação do expulsando. O aludido documento ainda explicitará os dados da Portaria que determinou sua expulsão do país, a fundamentação legal da medida e os dados constantes do ato expulsório relativos a sua efetivação.

Frise-se ainda que é praxe da DMC/MJ, por seu turno, o envio de ofício comunicando ao Juiz titular da Vara de Execuções Criminais onde o expulsando se encontra preso, da edição da Portaria Ministerial de Expulsão, bem como orientando para que o Poder Judiciário notifique o Departamento de Polícia Federal sessenta dias antes do término do cumprimento da pena do estrangeiro, para que se possa iniciar os procedimentos preparatórios de efetivação da expulsão do país do estrangeiro. É fato que a notificação pelo Poder Judiciário não ocorre a contento, e na maioria das vezes o preso é posto em liberdade do sistema prisional sem o conhecimento do Departamento da Polícia Federal, acarretando inúmeras dificuldades[154].

Ainda após a publicação da decisão de expulsão no D.O.U., é enviada uma comunicação pela Divisão de Medidas Compulsórias do Ministério da Justiça à Divisão de Retiradas Compulsórias do Departamento de

---

[153] Esta questão será tratada com maior abrangência no Capítulo 2.3. *O condenado estrangeiro e a expulsão.*

[154] E aqui se cria um óbice à expulsão do estrangeiro, já que com a extinção da Prisão Administrativa no ordenamento nacional, seja pelo advento da Constituição Federal de 1988 (artigo 5º, Inciso LXI), ou pela Lei 12.403/2011, que revogou o artigo 319 do CPP, posto em liberdade, o estrangeiro só será expulso se concordar em deixar o país, se apresentando voluntariamente, já que muitos Juízes Federais indeferem a representação pela prisão para a expulsão, entendendo ser incabível.

Polícia Federal (DPREC), para que se repasse a informação à Autoridade Policial presidente do inquérito de expulsão precursor da medida, pois será ele(a) quem tomará a iniciativa de executar a efetivação da expulsão do país do estrangeiro afetado pela medida.

Da Portaria Ministerial que determinou a expulsão do estrangeiro do país, sendo ato privativo de Estado, decidido por autoridade a quem a lei atribui competência, não cabe recurso à instância superior. Por outro lado, a Lei 6.8165/80, em seu artigo 72 prevê a possibilidade de o estrangeiro ingressar com *pedido de reconsideração*[155], excluídas as situações que foram submetidas a *procedimento sumário*[156], em razão da prática das infrações listadas no artigo 71 da Lei 6.815/80[157].

Há de se considerar, contudo, que com o advento da Constituição Federal de 1988, o dispositivo anteriormente citado perde sua eficácia, na medida em que o artigo 5º, inciso XXXIV, *"a"*, de nossa Carta Maior assegura a todos, indistintamente, independentemente do pagamento de taxas, o direito de petição aos Poderes Públicos, em defesa de direitos ou contra a ilegalidade ou abuso de poder. E assim o pedido de reconsideração é cabível mesmo nas situações acima excluídas, na medida

---

[155] Art. 72. Salvo as hipóteses previstas no artigo anterior, caberá pedido de reconsideração no prazo de 10 (dez) dias, a contar da publicação do decreto de expulsão, no Diário Oficial da União.

[156] Nos casos de infração contra a segurança nacional, a ordem política ou social e a economia popular, assim como nos casos de comércio, posse ou facilitação de uso indevido de substância entorpecente ou que determine dependência física ou psíquica, ou de desrespeito à proibição especialmente prevista em lei para estrangeiro, o inquérito será sumário e não excederá o prazo de quinze dias, dentro do qual fica assegurado ao expulsando o direito de defesa.

[157] E há decisão judicial neste sentido: *Estrangeiro. Tráfico de substância entorpecente. Expulsão. (...) O art. 72 da Lei 6.815/1980 veda a interposição de pedido de reconsideração na hipótese dos autos. Não há, portanto, violação do contraditório e da ampla defesa, até porque essas garantias foram asseguradas no inquérito que precedeu ao decreto presidencial.* (HC 85.203, Rel. Min. Eros Grau, julgamento em 6-8-2009, Plenário, *DJE* de 16/12/2010.) No mesmo sentido: HC 101.528, Rel. Min. Dias Toffoli, julgamento em 9/12/2010, Plenário, *DJE* de 22-3-2011; HC 68.324, Rel. Min. Sydney Sanches, julgamento em 1º-3-1991, Plenário, *DJ* de 14-6-1991.

em que nada mais é do que uma petição dirigida aos Poderes Públicos, elaborada por um expulsando irresignado com a Portaria Ministerial emitida em seu desfavor, a qual entenda ser ilegal ou impregnada com abuso de poder.

Nesta esteira, entende-se que fica assegurado o pedido de reconsideração na forma do artigo 72 da Lei 6.815/80, extensivo a qualquer estrangeiro afetado pela medida expulsória, desde que o faça tempestivamente. É o atual entendimento do Ministério da Justiça, que acompanha a ordem constitucional, garantindo a análise de todos os pedidos de reconsideração tempestivos, independentemente da infração que motivou a medida. E o prazo decadencial para a apresentação do pedido de reconsideração é de 10 dias, contados da publicação da Portaria no D.O.U., e deverá ser endereçado à autoridade que determinou a expulsão do país.

O pedido de reconsideração deverá ser instruído com os fundamentos de *fato* e de *direito*, e com todas as provas que se deseja produzir, além daquelas já alegadas no processo expulsório. Pelo fato de o pedido tramitar no Ministério da Justiça, em Brasília, o expulsando poderá protocolar seu pedido em uma unidade da Polícia Federal da cidade em que resida.

No que tange ao efeito do pedido de reconsideração, Guimarães ensina em seu magistério que: *"A lei e o regulamento silenciam-se quanto aos efeitos do pedido de reconsideração, entendendo a doutrina que eles são de natureza suspensiva...*[158]*"*, já que um eventual provimento do pedido de reconsideração implicará na revogação da medida expulsória.

3.3. A Revogação da Medida Expulsória

O Direito Administrativo traz a diferença entre a *anulação* e *revogação* de um ato administrativo, e segundo Hely Lopes Meirelles, diferentemente da revogação, que é um ato privativo da Administração e se funda em motivos de conveniência e oportunidade, a anulação é a de-

---

[158] GUIMARÃES, Francisco Xavier da Silva, op. Cit., p.37.

claração de invalidade de um ato administrativo ilegítimo e ilegal, feita pela própria Administração Pública ou pelo Poder Judiciário, e se funda em razões de legitimidade ou legalidade[159].

Com efeito, é anulável a medida expulsória que seja considerada ilegal por meio de decisão judicial. Conforme visto acima, a administração pública também pode anular seus atos por motivo de conveniência e oportunidade, mas a maioria esmagadora dos casos de anulação de medidas expulsórias é feita pelo Poder Judiciário, de forma compulsória. O Poder Judiciário verifica a ilegalidade do ato e o torna nulo, com efeitos incidentes desde quando foi praticado[160].

Conforme já analisado anteriormente, a expulsão de estrangeiros é ato administrativo discricionário de competência do Poder Executivo. A palavra *"discricionário"* dá a ideia de juízo de oportunidade e conveniência, ínsito a uma autoridade pública. E é justamente pelo respeito ao princípio da separação de poderes, princípio democrático moderno, que não pode, em tese, o Judiciário decidir questões afeitas ao mérito do administrador público.

Neste sentido a decisão proferida nos autos do HC nº 56986/SP, na Primeira Seção do STJ, que teve como Relator o Ministro Luiz Fux, julgamento de 22/08/2006, publicada no DJ em 18/09/2006, p. 251, que afirmou que a expulsão de estrangeiros, como ato de soberania, discricionário e político-administrativo de defesa do Estado é competência privativa do Presidente da República, a quem incumbe julgar a conveniência e oportunidade da decretação da medida, e que consequentemente ao Judiciário compete tão somente a apreciação formal e a constatação de vícios de nulidade, mas não o *mérito* da decisão administrativa.

---

[159] *Direito Administrativo*, p. 181.
[160] Neste sentido: *"EXPULSÃO DE ESTRANGEIRO, PROCESSO ADMINISTRATIVO, ANULAÇÃO, DEFESA, INEXISTÊNCIA Expulsão – Defesa considerada inexistente, ante o conteúdo contraproducente da peça apresentada a esse título. Decreto, anulado, sem prejuízo de outro que sobrevenha a processo administrativo regularmente realizado. (HC 79746 SP; STF; Tribunal Pleno; Rel. Min. Octávio Gallotti; Julg. 16/02/2000; DJ 30/06/2000, p. 40)"*.

Nesta esteira, pode o Poder Judiciário exercer o controle dos atos do Executivo, quando estes se mostrarem eivados de ilegalidade. Como exemplo, nos casos de decisão de expulsão de estrangeiros do país, em que eles se encontram acobertados pelas hipóteses de inexpulsabilidade previstas em lei (*art. 75 da Lei 6.815/80*), o Judiciário deve atuar para apontar a ilegalidade do ato, e declará-lo nulo. Cabe ressaltar que não é o mandamento do Poder Judiciário que torna o ato nulo, mas sim a constatação de que ele fora praticado com infração à lei[161].

A *revogação* da medida expulsória só pode ser tomada pela autoridade administrativa competente para decidir sobre a expulsão, no caso, o Ministro da Justiça, desde a edição do Decreto nº 3447/2000, conforme já visto anteriormente, de ofício ou a requerimento do interes-

---

[161] Neste sentido: *"HABEAS CORPUS. DECRETO DE EXPULSÃO DE ESTRANGEIRA. CONDENAÇÃO ANTERIOR POR TRÁFICO DE ENTORPECENTES. NASCIMENTO DE PROLE NACIONAL. MUDANÇA PARA O EXTERIOR ANTES DA EFETIVAÇÃO DA MEDIDA. COMPROVAÇÃO DE DEPENDÊNCIA ECONÔMICA E DO VÍNCULO SÓCIO-AFETIVO. ORDEM CONCEDIDA. 1. Cuida-se de habeas corpus contra ato praticado pelo Ministro de Estado da Justiça que determinou a expulsão da alienígena do território nacional, após o cumprimento de pena por tráfico internacional de drogas. Almeja a anulação do ato impugnado, a fim de inviabilizar sua expulsão, fundamentando o pedido no direito à convivência familiar e no princípio da máxima prioridade da criança, nascida em território nacional. 2. Caracteriza-se situação excludente de expulsabilidade, mesmo na hipótese em que o nascimento da prole nacional ocorre após a condenação criminal ou a edição do Decreto de expulsão, quando há comprovação inequívoca da relação de dependência econômica e do vínculo sócio-afetivo entre estrangeiro e prole nacional, resguardando-se a proteção à unidade familiar e aos interesses da criança. Precedentes. 3. O habeas corpus é ação constitucional que deve ser instruída com todas as provas necessárias à constatação de plano da ilegalidade praticada pela autoridade impetrada, não se admitindo dilação probatória. 4. A proibição de expulsar estrangeiro que tenha prole brasileira objetiva não somente proteger os interesses da criança no que se refere à assistência material, mas também, resguardar os direitos à identidade, à convivência familiar e à assistência pelos pais. 5. Ainda que não haja prova explícita da dependência econômica, essa se presume da situação fática, qual seja, uma criança com três anos incompletos, sem indicação de paternidade no registro de nascimento ou informação de outros parentes, além de sua mãe, ora impetrante e paciente. 6. Ordem concedida".* (STJ; HC 182.834; Proc. 2010/0154483-7; DF; Primeira Seção; Rel. Min. José de Castro Meira; Julg. 27/04/2011; DJE 11/05/2011).

sado. Contrariamente à anulação, que se dá independentemente da vontade da autoridade executora do ato, a revogação é realizada pela própria autoridade que a determinou, por interesse ou conveniência na prática do ato. O ato está perfeito e acabado, só não é mais conveniente ao interesse da administração.

De acordo com a máxima do direito administrativo, a Administração Pública tem o direito de a qualquer tempo rever seus atos, e é justamente dentro desta máxima que poderá inclusive revogá-los. Porém, nos atos administrativos praticados na expulsão de estrangeiros, onde as decisões são muito bem fundamentadas para demonstrar o nocivo convívio do estrangeiro expulso do país, é muito improvável a sua revogação de ofício[162], embora possa ocorrer. Neste sentido a informação prestada pelo chefe da Divisão de Medidas Compulsórias do Ministério da Justiça, que após afirmar não manter estatísticas sobre revogações de ofício naquele órgão, afirmou que: *"observo ser possível a revogação de ofício do ato expulsório, desde que verificada a inoportunidade e inconveniência da manutenção do ato no mundo jurídico. Há em razão da própria natureza do ato, casos de revogações que independem de provocação do interessado"*[163].

Pode, por outro lado, ocorrer de o estrangeiro expulso do país requerer ao Ministro da Justiça a revogação do ato perfeito e legal que foi tomado em seu desfavor, o que deve ser feito de maneira fundamentada e, preferencialmente, por fatos supervenientes aos que levaram a autoridade ministerial à decisão anterior.

O pedido de revogação da decisão de expulsão do país pode ser feito diretamente ao Ministério da Justiça pelo próprio estrangeiro expulso

---

[162] Tal afirmação pode ser comprovada nas Estatísticas colacionadas no Anexo deste trabalho, onde se constatou que no período de 2007 a 2012, no máximo 3,13% das Portarias Ministeriais de expulsão foram revogadas (09 no ano de 2007, contra 287 portarias de expulsão).

[163] Esta afirmação do chefe da Divisão de Medidas Compulsórias do MJ, Dr. Carlos Eugênio Rezende Silva, foi veiculada por e-mail encaminhado (carlos.eugenio@mj.gov.br) ao autor em 22/08/2013.

ou por seu procurador legal. Se a autoridade ministerial entender que deve deferir a revogação da medida expulsória, estará praticando um novo ato, que terá efeito de retirar a validade da expulsão, possibilitando assim que o expulso possa retornar ao país. E neste caso o ato revogador da expulsão deverá obedecer aos trâmites legais, semelhante à determinação da expulsão, inclusive com a sua publicação no Diário Oficial da União, e a partir daí surtirá efeitos.

Quanto aos efeitos do ato expulsório e sua revogação, há que se ter em mente que se o ato expulsório é legal, ele produz efeito a partir de sua publicação no D.O.U., até a data de sua revogação, que terá efeitos *"ex-nunc"*, mas poderá produzir efeitos *"ex-tunc"*, como será visto a seguir.

Frise-se que o momento de existência e validade do ato expulsório ou sua revogação é de vital importância, tendo em vista que caso válido, o ato expulsório poderá ensejar a pretensão persecutória criminal por reingresso de estrangeiro expulso. Por outro lado, a jurisprudência pátria entende que a revogação posterior do ato expulsório ensejador da criminalização por reingresso pode configurar um *"abolitio criminis"*, impondo a anulação do édito condenatório, na situação de reingresso de estrangeiro expulso[164].

---

[164] Neste sentido: *PROCESSUAL PENAL. REVISÃO CRIMINAL. ART. 621, III, DO CPP. REINGRESSO DE ESTRANGEIRO. ART. 338 DO CP. DECRETO PRESIDENCIAL DE EXPULSÃO REVOGADO APÓS SENTENÇA CONDENATÓRIA. ATIPICIDADE FÁTICA SUPERVENIENTE. ABOLITIO CRIMINIS. POSSIBILIDADE. I – Se uma lei posterior deixa de considerar como infração um fato anteriormente considerado crime, ocorre a abolitio criminis pela novatio legis. Da mesma forma quando fato superveniente altera o elemento objetivo fundamental do tipo, mesmo já tendo havido condenação, tal situação afeta a figura típica, haja vista não mais se poder falar em crime. II – Tendo o revisionando sido condenado pelo crime do art. 338 do CP (reingresso de estrangeiro expulso) e, posteriormente, portaria do Ministério da Justiça veio a revogar o Decreto Presidencial de expulsão, operou-se, in casu, uma espécie de abolitio criminis, o que impõe a anulação do édito condenatório. III – Revisão Criminal julgada procedente. (TRF1; RVCR 2006.01.00.006178-5/AM, Rel. Juiz Federal Lino Osvaldo Serra Sousa Segundo (conv), Segunda Seção, DJ p. 8 de 24/08/2007, p. 8).*

3.4. A Medida Judicial Cabível Contra a Expulsão

Conforme tratado anteriormente, não é o mandamento do Poder Judiciário que torna o ato nulo, mas sim a constatação de que ele foi praticado com infração à lei. Apesar da discricionariedade de que é revestido o ato, ele deve ser vinculado à lei, e deve obedecer a todo o procedimento que a lei manda.

O meio utilizado para impugnar o ato expulsório eivado de ilegalidades é o *habeas corpus*, remédio constitucional utilizado para coibir ilegalidades ou abuso de poder que possam restringir o direito de ir e vir, a liberdade de qualquer pessoa, observado previamente o direito de requerer administrativamente a reconsideração do ato expulsório, alegando os impedimentos previstos em lei, nos termos dos artigos 72 e 75, II, da Lei 6.815/80[165].

No que diz respeito à competência para o julgamento do remédio jurídico citado, vale mencionar que este deve se insurgir contra o ato da autoridade administrativa que expediu o ato expulsório, e se o Decreto nº 3447/2000 delegou a competência para a expulsão ao Ministro de Estado da Justiça, a competência para julgar as ações de *habeas corpus* cabe ao Superior Tribunal de Justiça, nos termos do disposto no artigo 105, I, de nossa Carta Maior.

Assim, a ação citada deve ser levada ao conhecimento do Poder Judiciário sempre que o expulsando ou seu procurador entender que o ato expulsório se encontra eivado de nulidade. Destarte, os efeitos do simples ingresso da ação não garantem a suspensão da eficácia da medida expulsória, senão por medida liminar concedida, e a execução da medida poderá se operar a qualquer tempo. Uma vez concedida a

---

[165] E Segundo o STF: "*O remédio de habeas corpus não constitui instrumento processual adequado à invalidação do procedimento administrativo de expulsão regularmente instaurado e promovido pelo Departamento de Polícia Federal, especialmente se o súdito estrangeiro interessado – a quem se estendeu, de modo pleno, a garantia constitucional do direito de defesa – não invocou, em momento algum, por inocorrentes, quaisquer das causas de inexpulsabilidade previstas em lei. Precedentes.*" (HC 72.851, Rel. Min. Celso de Mello, julgamento em 25-10-1995, Plenário, *DJE* de 28-11-2008.).

medida liminar em *habeas corpus*, sendo ela procedente em favor do estrangeiro, haverá a suspensão da eficácia da decisão expulsória, frustrando temporariamente a execução da medida, até a decisão final do *"writ"*.

Uma vez concedida a ordem de *habeas corpus*, anula-se a medida expulsória, e o processo deve acontecer novamente, se for o caso, como ocorre na ausência de defesa[166], e desta feita o processo deve ocorrer em observância às normas legais, livre de vícios que o tornem ilegal.

Com efeito, a ação do Poder Judiciário é muito importante para não permitir que um ato arbitrário seja tomado como um ato discricionário. Ao sistema de freios e contrapesos, nenhum ato pode escapar ao controle externo, principalmente em seu aspecto de legalidade.

Revestido de ato discricionário, o ato expulsório é vinculado aos preceitos legais e constitucionais, e embora regulado por lei emitida em um período ditatorial, deve se voltar à nova ordem jurídica e constitucional dos dias atuais. E neste sentido, o Poder Judiciário exerce o importante papel de dar às suas decisões, a interpretação à lei de expulsão em consonância com a nossa Carta Cidadã, que é orientada pelo princípio da dignidade da pessoa humana.

Nesta esteira, entende-se que o Poder Judiciário deve ser mais atuante às questões cruciais atinentes à expulsão de estrangeiros do país que atentem contra a Constituição Federal de 1988, mormente no que diz respeito à natureza perpétua da medida expulsória, já que *para sempre* pode ser uma concepção drástica se limitar os direitos previstos em nossa Carta Cidadã, justamente em razão de sua desproporcionalidade e ausência de crença no poder de recuperação do ser humano.

3.5. Casos de Expulsão em Curso no Supremo Tribunal Federal

Os tribunais brasileiros que tratam as questões ligadas à expulsão de estrangeiros são essencialmente, o Superior Tribunal de Justiça, em

---

[166] Ver o HC 79.746 SP, anteriormente citado.

razão da regra de competência estabelecida pela nossa Constituição Federal, conforme já elucidado anteriormente, artigo 105, I, de nossa Carta Maior, e o Supremo Tribunal Federal, naqueles casos em que o Presidente da República tenha emitido o Decreto Expulsório, artigo 102, I, "i", da Constituição de 1988, ou ainda por ofensa aos dispositivos da Constituição Federal de 1988.

Ocorre, todavia, que conforme se tem visto na jurisprudência do Supremo Tribunal Federal, o fato de o Presidente da República delegar ao Ministro de Estado da Justiça, mediante ato administrativo, o exercício da competência legal da expulsão de estrangeiros, não implica disposição da própria competência, razão pela qual os ministros do STF tem entendido que o órgão de cúpula é competente para conhecer dos *habeas corpus* ali impetrados na questão da expulsão de estrangeiros[167].

O STF também tem sido o local da impetração de *habeas corpus* no caso de denegação prévia da ordem por quaisquer das Seções do Superior Tribunal de Justiça, conforme se tem verificado em alguns *habeas corpus* que tiveram seu trâmite no STF, a exemplo do HC 101.269 (Dje 20/08/2010), HC 110.849 (Dje 30/05/2012), HC 114.901 (Dje 26/11/2012), dentre outros, evidentemente contra os acórdãos dos ministros do STJ na questão da expulsão de estrangeiros.

Frise-se, todavia, que embora haja *habeas corpus* impetrados no STF contra acórdãos dos Ministros do STJ que denegaram ordens de *habeas corpus* no caso de estrangeiros expulsos, é possível dizer sem sombra de dúvidas, que o Superior Tribunal de Justiça, tem levado em consideração o princípio do melhor interesse da criança, mantendo no país o estrangeiro expulso que possua filho brasileiro, desde que comprovada de plano a dependência econômica ou afetiva, e tem sido a corte supe-

---

[167] Nesta questão, verificar o voto do Relator Min. Dias Toffoli no HC 101.528, que teve o julgamento em 09/12/2010, Plenário, publicado no DJE em 22/03/2011. Também verificar o voto da Relatora Min. Cármen Lúcia no HC 101.269, que teve o julgamento em 03/08/2010, Primeira Turma, publicado no DJE em 20/08/2010.

rior mais procurada quando se trata de expulsão de estrangeiro, envolvendo crianças ou adolescentes brasileiros[168].

Assim, verifica-se que a jurisprudência do STJ flexibilizou a interpretação da lei (artigo 75, II, da Lei 6.815/80) para manter no país o estrangeiro que possui filho brasileiro, mesmo que nascido posteriormente à condenação penal e ao decreto expulsório, contrariamente ao dispositivo anteriormente citado. Mas veja-se que é necessário comprovar cabalmente, no momento da impetração, a dependência econômica ou a convivência sócio afetiva do estrangeiro com a prole brasileira, a fim de que o melhor interesse do menor seja protegido. E uma vez que o rito do *habeas corpus* pela sua celeridade não permite dilação probatória, alguns *habeas corpus* são indeferidos por ausência de comprovação cabal, como já citado anteriormente, sendo a motivação da ampla maioria dos casos de denegação da ordem.

---

[168] Neste sentido o seguinte acórdão do STJ: "*HABEAS CORPUS. DECRETO DE EXPULSÃO. PACIENTE COM FILHOS NASCIDOS NO BRASIL. IMPOSSIBILIDADE. DEPENDÊNCIA ECONÔMICA E AFETIVA. COMPROVAÇÃO. 1. A jurisprudência desta Corte firmou-se quanto à impossibilidade de expulsão de estrangeiro que possua filho brasileiro, desde que comprovada a dependência econômica ou afetiva. 2. No direito brasileiro, que prestigia a dignidade da pessoa humana ao ponto de elevá-la, constitucionalmente, ao patamar de fundamento da República (CF, art. 1º, III), a dependência familiar não é necessariamente econômica, podendo ser tão só afetiva. Num e noutro caso, deve estar razoavelmente comprovada para que possa impedir os efeitos de Decreto de Expulsão. 3. O fato de o pai ou a mãe encontrar-se preso – situação que pode impedir a contribuição para o sustento do menor – em nada afeta o reconhecimento da dependência familiar afetiva, que prescinde do componente financeiro, sobretudo quando o apoio material está inviabilizado pelo exercício legítimo do jus puniendi do Estado, na forma de limitação do direito de ir e vir, e de trabalhar, do estrangeiro. 4. No plano da justiça material, é irrelevante o ato ilícito que deu origem ao Decreto de Expulsão haver sido praticado antes do nascimento do menor dependente, pois os laços econômicos ou afetivos não reverberam na caracterização do prius (o crime), mas, sim no posterius (as consequências administrativo-processuais); sem falar que o sujeito que se protege com a revogação do ato administrativo não é o expulsando, mas a criança e o adolescente. 5. In casu, demonstrado o vínculo efetivo e afetivo com o Brasil – o paciente mantém união estável com mulher brasileira e possui filhos menores brasileiros –, impõe-se o acolhimento do pedido de revogação do Decreto de Expulsão. 6. Ordem concedida*" (HC 104.849, Rel. Min. Herman Benjamin, Primeira Turma – STJ, DJ 23/10/2008).

A Jurisprudência brasileira com referência ao tempo de afastamento do estrangeiro do país, em virtude do ato expulsório, é ainda muito tímida, tendo em vista a conjunção de outros fatores que envolvem a própria situação do estrangeiro no país, como cônjuge e filhos brasileiros, que lhe proporcionam a possibilidade de anulação imediata do ato expulsório, sem a necessidade de se discutir o período de afastamento do país. Com efeito, dos 95 processos em que se discutiu a expulsão de estrangeiros no STF, desde a vigência da Lei 6.815/80, na sua maioria em *habeas corpus*, não houve sequer um caso em que se discutisse a questão da perenidade dos efeitos da expulsão de estrangeiros no país. A esmagadora maioria dos casos diz respeito ao nascimento ou reconhecimento de filho brasileiro por expulsando posteriormente ao fato motivador da expulsão.

O Supremo Tribunal Federal, órgão de cúpula do judiciário do país, tem refletido posição mais restritiva quanto à expulsão de estrangeiros do país, reputando como legítimo o ato de expulsão se, não obstante a existência de filho brasileiro, este houver sido reconhecido, concebido ou tiver nascido após a prática do delito ensejador da medida expulsória, conforme se percebe, a exemplo, o HC 80.493/SP, Rel. Min. Ellen Gracie, HC 82.893/SP, Rel. Min. Cezar Peluso, o HC 85.203/SP, Rel. Min. Eros Grau, o HC 99.742/SP, Rel. Min. Joaquim Barbosa, o HC 110.849/SP, Rel. Min. Ricardo Lewandowski, dentre outros.

Essa orientação se respalda na circunstância legal de que os motivos impedientes da expulsão hão de ser anteriores aos fatos que motivaram o ato expulsório, conforme o previsto no artigo 75, II, da lei 6.815/80. Frise-se que a extrema relevância jurídica e social da questão levou o Supremo Tribunal Federal a reconhecer a existência de repercussão geral da controvérsia constitucional no tema, no Recurso Extraordinário nº 608.898-RG/SP, que tem como Relator o Ministro Marco Aurélio[169].

---

[169] *ESTRANGEIRO – EXPULSÃO – FILHO BRASILEIRO – SOBERANIA NACIONAL 'VERSUS' FAMÍLIA – REPERCUSSÃO GERAL CONFIGURADA.* "*Possui repercussão geral a controvérsia acerca da possibilidade de expulsão de estrangeiro cujo filho brasileiro nasceu posteriormente ao fato motivador do ato expulsório*".

O HC 115.603/SP, que originou o recurso extraordinário em pauta, teve seu trâmite perante o STJ, na ocasião com ampla participação do autor, que à época era o Coordenador do Setor de Retiradas Compulsórias em SP (2008-2010), tendo empreendido inúmeras diligências para a comprovação do vínculo familiar do indivíduo tanzaniano E.A.M., bem como de sua real identidade haja vista ter ele se utilizado de documento passaporte materialmente falso em nome de K.T.K.[170] (razão de sua condenação).

Das diligências realizadas pelo autor restaram comprovadas a existência de vínculo familiar e dependência econômica do estrangeiro E.A.M. com seu filho menor (Relatório de Missão Policial 239/09-NO), o que culminou com a concessão da ordem de *habeas corpus* pelo Ministro Relator da 1ª Seção do STJ, Teori Albino Zavascki. Irresignada, a Advogada Geral da União interpôs o presente Recurso Extraordinário no STF, que em razão de controvérsia constitucional no tema, foi reconhecido como repercussão geral.

Em que pese a posição mais restrita citada, adotada pela maioria dos Ministros do STF[171], é possível vislumbrar uma mudança significativa

---

[170] Ver HC 115.603/SP: *http://redir.stf.jus.br/paginadorpub/paginador.jsp?docTP=TP&docID=643234*. Neste link é possível acessar as peças integrantes da decisão do HC citado.

[171] Houve uma época da história recente do país, precisamente em 17/07/1936, em que o STF possuía uma visão ainda mais restrita quanto ao impedimento da expulsão, conforme se vê na petição inicial do caso da expulsão da alemã Olga Benário, ou Maria Prestes, e a consequente decisão do Relator, Ministro Bento de Faria: *"Se a lei considera na gestante duas pessoas distintas, a mãe e o nascituro; se a Constituição estatui que nenhuma pena passará da pessoa o delinquente [...] – se a expulsão é uma pena; se tal pena alcançará em seus efeitos o filho da expulsanda, embora ainda não nascido: segue-se que o decreto de expulsão, além de ferir o preceito constitucional protetor da maternidade, ofende ainda o princípio da personalidade da pena. [...] Maria Prestes sustenta que o seu filho é brasileiro, foi concebido no Brasil, quer nascer e viver no Brasil. Como brasileiro, tem o direito de não ser expulso do Brasil".* (LIMA, Heitor. Petição inicial do HC 26.155/DF, STF, 1936). *"Vistos, relatados e discutidos estes autos de habeas corpus impetrado pelo Dr. Heitor Lima em favor de Maria Prestes, que ora se encontra recolhida à Casa de Detenção, afim de ser expulsa do território nacional,como perigosa à ordem pública e nociva aos interesses do país. A Corte Suprema, indeferindo não somente a requisição dos autos do respectivo processo administrativo, como também o comparecimento da paciente e bem assim a perícia médica afim de constatar*

à vista, com vistas aos ditames constitucionais do artigo 226 da CF, assegurando-se o princípio constitucional que consagra a obrigação do Poder Público de velar pela proteção da família e de preservar sua unidade, conforme o enunciado no HC 114.901 MC/DF, da relatoria do min. Celso de Mello[172].

Destarte, parece surgir assim, a exemplo do já adotado pelo Superior Tribunal de Justiça, a possibilidade de o Supremo Tribunal Federal firmar o entendimento de proteção integral à criança e ao adolescente, cujo interesse, vinculado ao resguardo da convivência familiar e à obtenção de assistência efetiva por parte dos seus pais, inclusive estrangeiros, carece de ser considerado de maneira preponderante.

Em que pese a esperança no fortalecimento do entendimento supracitado, não há notícia na jurisprudência do STJ ou do STF, de decisões que tenham discutido a redução ou o afastamento do período *ad aternum* como efeito da expulsão de estrangeiros, ainda que tal disposição vigente seja contrária à orientação dos princípios de nossa Constituição Federal de 1988, conforme já amplamente anunciado.

E isso de fato é surpreendente, tendo em vista que o STF até mesmo já se pronunciou sobre a questão do *nascituro* como impedimento à expulsão de estrangeiro do país, conforme curiosa decisão proferida

---

o seu alegado estado de gravidez, e Atendendo a que a mesma paciente é estrangeira e a sua permanência no país compromete a segurança nacional, conforme se depreende das informações prestadas pelo Exmo. Sr. Ministro da Justiça: Atendendo a que, em casos tais não há como invocar a garantia constitucional do habeas corpus, à vista do disposto no art. 2 do decreto n. 702, de 21 de março deste ano: Acordam por maioria, não tomar conhecimento do pedido. Custas pelo impetrante. Corte Suprema, 17 de junho de 1936. – E. Lins, presidente. – Bento de Faria, relator." (STF, Pleno, HC 26.155, rel. Bento de Faria, j. em 17/06/1936).

[172] EMENTA: "HABEAS CORPUS". MEDIDA LIMINAR. EXPULSÃO DE ESTRANGEIRO. A RELAÇÃO SÓCIO-AFETIVA COMO CAUSA OBSTATIVA DO PODER EXPULSÓRIO DO ESTADO. DEVER CONSTITUCIONAL DO ESTADO DE PROTEGER A UNIDADE E DE PRESERVAR A INTEGRIDADE DAS ENTIDADES FAMILIARES FUNDADAS EM RELAÇÕES HÉTERO OU HOMOAFETIVAS. NECESSIDADE DE PROTEÇÃO INTEGRAL E EFETIVA À CRIANÇA E/OU AO ADOLESCENTE NASCIDOS NO BRASIL. PLAUSIBILIDADE JURÍDICA DA PRETENSÃO CAUTELAR. CONFIGURAÇÃO DO "PERICULUM IN MORA". MEDIDA CAUTELAR DEFERIDA (Medida cautelar deferida no *habeas corpus* 114.901//DF, em 26/11/2012, Rel. Ministro Celso de Mello).

em julgamento plenário realizado em 1947 (RT 182/438-442), quando entendeu dispensável, para o efeito de impedir a expulsão de estrangeiro, que já tivesse ocorrido o próprio nascimento de seu filho brasileiro, bastando para tanto, o mero fato da concepção; de tal modo que a simples existência de um nascituro revelar-se-ia suficiente para suspender a efetivação do ato expulsório, que só ocorreria se não registrasse o nascimento com vida[173].

---

[173] *"ESTRANGEIRO – Indivíduo casado com brasileira – Expulsão do país – Inadmissibilidade se a esposa se acha grávida (...). NASCITURO – Respeito aos seus direitos antes do nascimento – Expulsão pretendida do seu pai do Brasil, sendo a mãe brasileira (...). Suspende-se o processo de expulsão de estrangeiro casado com brasileira que se encontra grávida. O nascimento com vida torna, na mesma ocasião, o ente humano sujeito de direito e, em consequência, transforma em direitos subjetivos as expectativas de direito, que lhe tinham sido atribuídas na fase de concepção." (HC 29.873/SP, Rel. Min. LAUDO DE CAMARGO)*

4. Os Efeitos da Decisão de Expulsão de Estrangeiro

4.1. A origem da proibição de reingresso

Se como citado anteriormente, a expulsão é um instituto eficaz, decorrente da soberania[174] do Estado Brasileiro para a retirada compulsória do estrangeiro que aqui se mostrar pernicioso e nocivo aos interesses nacionais, cabe indagar qual o lapso temporal que estaria ele impedido de reingressar no país, após a efetivação de sua saída compulsória pela expulsão.

Ressalte-se que das abordagens históricas feitas anteriormente acerca da expulsão de estrangeiros no Brasil, não se fez referência a qualquer discussão sobre o período de vigência do estigma expulsório, mas apenas foram apresentadas as espécies normativas que regularam a matéria e seus impedimentos, e em nenhuma delas se observou a questão temporal da medida, e a expulsão por si só não se afirmaria como medida severamente tão drástica, sem a proibição de retorno do estrangeiro expulso.

Em uma análise histórica temos que a proibição de reingresso de estrangeiro expulso do Brasil foi pioneiramente atribuída ao Decreto Lei nº 727, de 06 de janeiro de 1921, em seu artigo 6º que, aliás, foi

---

[174] Ver nota de rodapé nº 8, sobre: BENHABIB, Seyla. *Los derechos de los otros. Extranjeros, residentes y ciudadanos.* Op. cit., p. 39/40.

incluído na Consolidação das Leis Penais de Piragibe de 1932, e previa: *"O estrangeiro expulso que voltar ao país, antes de revogada a expulsão, ficará, pela simples verificação do fato, sujeito à pena de dois anos de prisão, após o cumprimento do qual será novamente expulso*[175]*".*

O Projeto Alcântara Machado, que em tese inspiraria o Código Penal de 1939, com nítida influência do Código Penal Italiano, trouxe no artigo 193, redação muito semelhante ao artigo 108, § 10, da Consolidação de Piragibe, anteriormente citado, além de consignar que *a expulsão deveria se dar por decreto judicial*, o que acertadamente não foi repetido pelo atual código penal[176].

O anteprojeto do Código Penal de 1940 consignou, em sua parte especial, nos artigos 341 (Reingresso de Estrangeiro Expulso) e 342 (Trânsito Ilegal de Pessoa), o delito de reingresso de estrangeiro expulso entre os crimes praticados por particulares contra a administração em geral[177].

Posteriormente, o virtual Código Penal de 1969, que nem sequer entrou em vigência, em seu título XI, Capítulo II, artigo 365, também colocava a infração de reingresso de estrangeiro expulso entre os crimes praticados por particulares contra a administração em geral, com o seguinte texto: *"Reingressar no território nacional o estrangeiro que dele foi expulso: Pena – reclusão, até quatro anos, sem prejuízo de nova expulsão após o cumprimento de pena".*

---

[175] NORONHA, Edgard Magalhães de. *Direito Penal*, vol. 4, 22ª ed. atual. São Paulo: Saraiva, 2000, p. 356.

[176] NORONHA, E. M., op. cit.

[177] Código Penal brasileiro de 1940 – anteprojeto – *Reingresso de Estrangeiro Expulso: Art. 341 – Reingressar, no território nacional, estrangeiro que dele foi expulso: Pena: reclusão, de 01 (um) a 04 (quatro) anos. Trânsito Ilegal de Pessoa: Art. 342 – Promover ou facilitar a imigração, permanência no território nacional ou a emigração ilegal de pessoa: Pena: detenção, de 06 (seis) meses a 02 (dois) anos. Trânsito Ilegal de Pessoa Qualificado. § 1º Se o crime é cometido mediante violência, grave ameaça ou fraude: Pena: reclusão, de 01 (um) a 04 (quatro) anos. Aumento de Pena. § 2º Aumenta-se a pena do dobro, além de multa, se o crime é cometido com o fim de lucro. Isenção de Pena. § 3º Se o agente é cônjuge, companheiro, ascendente, descendente, ou pessoa a quem esteja ligado por laços de especial feição, salvo nos casos dos parágrafos anteriores, é isento de pena.*

Com efeito, o atual código penal brasileiro prevê em seu artigo 338, o mesmo texto do código virtual de 1969, acrescentando apenas a pena mínima de um ano de reclusão, além de inserir o delito em comento entre os crimes contra a *Administração da Justiça*.

Ressalte-se que o Estatuto do Estrangeiro, Lei 6.815/80, em seu artigo 66, tratou da expulsão de estrangeiros, e reforçou a ideia de ser um ato político-administrativo e discricionário exclusivo do chefe do Executivo Federal, como um ato administrativo e não jurisdicional[178], portanto, não atenta contra a *Administração da Justiça*, mas sim contra a *Administração em geral*, não afastando do Poder Judiciário a possibilidade de análise de sua regularidade, nos termos do inciso XXXV, do artigo 5º da Constituição Federal.

4.2. A Penalização Criminal do Reingresso

O artigo 338 do código penal brasileiro é o único dispositivo que proíbe, e *criminalmente*, o reingresso do estrangeiro ao território nacional e prevê que *"Reingressar no território brasileiro o estrangeiro que dele foi expulso: Pena – reclusão de 1 (um) a 4 (quatro) anos, sem prejuízo de nova expulsão após o cumprimento da pena"*. É, portanto, um tipo penal que prevê a conduta que se subsume no novo ingresso ao território nacional, ou seja, no retorno ilegal do estrangeiro expulso ao país. E se o verbo reingressar compõe o núcleo do tipo penal em comento, é necessária a saída do estrangeiro expulso do país, para a ocorrência do tipo penal.

A expulsão é assim, conforme já visto anteriormente, um ato coativo de retirar o estrangeiro do território nacional por ter ele praticado um delito ou atos que o torne inconveniente ao interesse nacional, e baseia-se na necessidade de defesa e conservação da ordem interna, ou nas relações internacionais do Estado brasileiro, trazendo como consequência a impossibilidade de seu retorno, por ausência de previsão legal neste sentido.

---

[178] Art. 66. Caberá exclusivamente ao Presidente da República resolver sobre a conveniência e a oportunidade da expulsão ou de sua revogação.

Assim, de acordo com o atual sistema legal vigente, o estrangeiro que atentar contra a segurança nacional, a ordem política e social, a tranquilidade ou a moralidade pública, a economia popular, e praticar o tráfico de drogas, será passível de expulsão, e após ser formalmente expulso (*termo de expulsão*) e retirado do território nacional não poderá jamais retornar ao país antes de revogada a portaria ministerial que determinou a sua expulsão, sob pena de incorrer nos preceitos do artigo 338 do Código Penal brasileiro.

E a palavra jamais aqui traz a ideia de perenidade, eternidade, já que em raríssimos casos a portaria ministerial de expulsão é revogada (*conforme mostrado no item 3.3*), e ainda não há qualquer diploma legal vigente que estabeleça um prazo razoável para a revogação automática da citada portaria expulsória.

A jurisprudência brasileira se divide quanto à classificação do delito de *reingresso de estrangeiro expulso do país*, artigo 338 do Código Penal pátrio, e parte entende ser *crime permanente*[179], e portanto passível de autuação em flagrante a qualquer tempo, mas parte dela entende ser *crime instantâneo*, passível de flagrante somente no exato

---

[179] Neste sentido: "*PROCESSO PENAL. APELAÇÃO. REINGRESSO DE ESTRANGEIRO EXPULSO NO TERRITÓRIO NACIONAL. ARTIGO 338 DO CÓDIGO PENAL. CRIME PERMANENTE. TEMPO DE PERMANÊNCIA IRREGULAR. APELAÇÃO MINISTERIAL PROVIDA. SENTENÇA REFORMADA. 1. O crime tipificado no artigo 338 do Código Penal é de natureza permanente, tendo em vista que a sua consumação se prolonga no tempo, perdurando o ilícito e o estado de flagrância do delito enquanto o estrangeiro anteriormente expulso se mantiver ilegalmente em território nacional, para onde retornou depois de expulso. 2. O acusado permaneceu por mais de 07 (sete) anos irregularmente em território nacional, utilizando-se de nomes falsos e voltando a incidir na prática do delito de tráfico que havia motivado sua anterior expulsão. 3. Ante o pleno conhecimento do agente acerca da irregularidade de sua situação, inclusive se utilizando de documento falso para reingressar em território nacional, resta comprovada a intensidade do dolo em sua conduta. 4. A longa duração da permanência ilegal em território nacional, a utilização de documentos falsos e outros ardis para aqui permanecer e a finalidade de praticar tráfico de entorpecentes importam majoração da pena base por reingresso de estrangeiro expulso. 5. Negado provimento à apelação da defesa. Apelação da acusação provida*". (TRF3, APELAÇÃO CRIMINAL: ACR 11255 SP, Autos nº 0011255-02.2009.4.03.6181/SP, 2ª Turma, Rel. Juíza Convocada Eliana Marcelo, Julg. 31/08/2010, DJ 10/09/2010).

momento do ato de reingresso de estrangeiro expulso do país, no ato de sua nova entrada no país, não sendo cabível a partir das fronteiras brasileiras[180]. De certo que tal posição é importante porque define a competência para o julgamento dos crimes de reingresso de estrangeiro expulso como sendo o local em que o estrangeiro reingressou no país e não o de sua prisão[181], quando encontrado em território nacional.

4.3. O Caráter Perpétuo da Expulsão

O artigo 5º, Inciso XLVII, "b", da Constituição Federal de 1988, veda a aplicação de pena de caráter perpétuo, assim entendido pelos nacionais como proibição de prisão perpétua, cuja crítica versa sobre sua desproporcionalidade e pela ausência de crença no poder de recuperação do ser humano.

---

[180] Neste sentido: PENAL. REINGRESSO DE ESTRANGEIRO EXPULSO. ART. 338 DO CP. DECRETO DE EXPULSÃO. JUNTADA DE CÓPIAS. NULIDADE. INOCORRÊNCIA. CONSTITUIÇÃO DE FAMÍLIA E PROLE NO PAÍS. ATIPICIDADE DO FATO. INVIABILIDADE. CRIME INSTANTÂNEO. PRESCRIÇÃO RETROATIVA. EXTINÇÃO DE PUNIBILIDADE. 1. *Inviável falar-se em qualquer cerceamento de defesa em decorrência da juntada aos autos de cópias dos documentos relativos à expulsão do acusado, na medida em que as informações neles contidas, conjugada com aquela fornecida pelo próprio réu, tornam certo que o decreto de expulsão acabou por atingir seu objetivo, tendo em vista que o acusado acabou saindo do país, e nele indevidamente reingressando. 2. A circunstância de o acusado ter constituído família após seu reingresso deverá ser considerada em seu favor ao pleitear a permanência em território nacional, mas não é capaz de tornar atípico o crime praticado. 3. Para a consumação do delito basta ao sujeito ativo reingressar em território nacional, ciente do ato de expulsão, que não pode estar revogado, mostrando-se irrelevante para fins penais a sua permanência em território nacional, em razão de que tal circunstância não protrai sua consumação no tempo, de modo que se trata de crime instantâneo, e não permanente.* (TRF-4a Região – 8a Turma – ACR 3503, Autos nº 2003.72.02.003503-9 – Rel.Des.Fed. Tadaaqui Hirose – Julg. 27/05/2008, DJ 04/06/2008).

[181] Neste sentido: *"Evidenciada a Cidade de Corumbá/MS como o local em que o estrangeiro reingressou no País, consumando a infração, sobressai a competência do Juízo daquela localidade para o processo e julgamento do feito. Conflito conhecido para declarar a competência do Juízo Federal da 1ª Vara de Corumbá – SJ/MS, o Suscitante."* (CC 40.112/MS, rel. Min. GILSON DIPP, DJ 16-02-2004)."

Com efeito, aplicando-se a interpretação extensiva ao supracitado dispositivo da Constituição Federal de 1988, não há como restringir a proibição de pena de caráter perpétuo apenas às penas restritivas de liberdade, como já retratado, pois quaisquer penas de caráter perpétuo devem ser consideradas inconstitucionais, inclusive aquelas cominadas pela área administrativa, como é o caso da expulsão de estrangeiro; e aí também não cabe falar somente em *medida administrativa* já que o próprio artigo 125 da Lei 6.815/80, anteriormente citado, trata a expulsão tanto como *pena* e como *medida administrativa* em várias oportunidades.

Assim, qualquer pena ou medida aflitiva perpétua levada a termo contra um indivíduo que cause a ele um sofrimento ou dor, amputando ou restringindo perpetuamente sua esfera de direitos, deve ser considerada inconstitucional por contrariar o prescrito no artigo 5º, Inciso XLVII, "b", da nossa Carta Maior.

E já houve decisão judicial indicando a *desproporcionalidade da medida perpétua de expulsão*, em que pese de maneira reflexa. Neste sentido, o voto do Relator no Recurso em Sentido Estrito nº 2008.33.00.010668-7, do TRF da 1ª Região, 3ª Turma, Desembargador Federal Cândido Ribeiro, em 10/11/2009, que ratificou a sentença do Magistrado da 2ª Vara Federal da Bahia (*colacionado no item 2.4.1., Expulsão como Pena ou Medida Administrativa*)[182], que em síntese aborda a vedação constitucional relativa a penas de caráter perpétuo (*art. 5º, inciso XLVII, "b", da CF*) em questão relativa à expulsão de estrangeiro, e alega que se a vedação é aplicável na seara criminal, por maior razão não pode ser ignorada no âmbito das relações administrativas.

---

[182] PENAL E PROCESSUAL PENAL. REINGRESSO DE ESTRANGEIRO EXPULSO. ART. 338 DO CP. REJEIÇÃO DE DENÚNCIA. CONFIRMAÇÃO DA SENTENÇA. 338CP – I – *Decorridos mais de 30 (trinta) anos do ato de expulsão, não há mais de se falar em tipificação da conduta imputada ao recorrido, já que a Carta vigente impede a imposição de penalidade de caráter perpétuo, nos termos do art. 5º, XLVII, b.II – Recurso desprovido.* (10668 BA 2008.33.00.010668-7, Relator: DESEMBARGADOR FEDERAL CÂNDIDO RIBEIRO, Data de Julgamento: 10/11/2009, TERCEIRA TURMA, Data de Publicação: 27/11/2009 e-DJF1 p.66).

E o Juiz *a quo* citado continua, explicando que o ato expulsório, por se tratar de medida administrativa de polícia, não lhe retira a natureza de sanção, já que esta é ínsita ao exercício do poder de polícia, qualificando-a como sanção de polícia. O magistrado finaliza citando o magistério de Carvalho Filho: *"são sanções, na verdade, todos os atos que representam a punição aplicada pela Administração, pela transgressão de normas de polícia"*.

Neste mesmo sentido há decisões judiciais com interpretação extensiva, afastando o caráter permanente das sanções administrativas, como por exemplo, a inabilitação permanente dos diretores de instituições financeiras que cometem infrações contra a economia nacional, a exemplo do RE154134/SP, julgado no STF em 15/12/1998, e do Mandado de Segurança nº 1119/DF, julgado no STJ em 18/12/1991[183].

---

[183] "Ementa: – Direito Constitucional, Administrativo e Processual Civil. Pena de Inabilitação Permanente para o Exercício de Cargos de Administração ou Gerência de Instituições Financeiras. Inadmissibilidade: Art. 5, XLVI, "e", XLVII, "b", e § 2, da C.F. Representação da União, pelo Ministério Público: Legitimidade para Interposição do R.E. Recurso Extraordinário. (...) 2. *No mérito, é de se manter o aresto, no ponto em que afastou o caráter permanente da pena de inabilitação imposta aos impetrantes, ora recorridos, em face do que dispõem o art. 5, XLVI, "e", XLVII, "b", e § 2 da C.F. 3. Não é caso, porém, de se anular a imposição de qualquer sanção, como resulta dos termos do pedido inicial e do próprio julgado que assim o deferiu. 4. Na verdade, o Mandado de Segurança é de ser deferido, apenas para se afastar o caráter permanente da pena de inabilitação, devendo, então, o Conselho Monetário Nacional prosseguir no julgamento do pedido de revisão, convertendo-a em inabilitação temporária ou noutra, menos grave, que lhe parecer adequada. 5. Nesses termos, o R.E. é conhecido, em parte, e, nessa parte, provido.*" (Supremo Tribunal Federal – RE 154134/SP, julgado em 15/12/1998)". "Constitucional. Mandado de Segurança. Diretor de Instituição Financeira. Pena de Inabilitação Permanente. Impossibilidade. Art. 5., XLVII, Par. 2., e XLVI, Letra E, da CF. Deferimento. I. Os Direitos e Garantias Expressamente Previstos na Constituição Federal Não Excluem Outros Tantos Decorrentes do Regime e dos Principios Nela Adotados (Art. 5., XLVII, Par. 2). II. A Vedação as Penas de Carater Perpétuo Não Pode Ser Interpretada Restritivamente, Estendendo-se as Penalidades de Suspensão e Interdição de Direitos Capitulados no Inciso LXVI, Letra E, do Mesmo Artigo. III. Segurança Conhecida." (Superior Tribunal de Justiça –1119/DF, julgado em 18/12/1991).

Também neste sentido o comentário de J. J. Gomes Canotilho sobre o artigo 30 da Constituição Portuguesa, que veda a aplicação de penas de caráter perpétuo:

> "*II – O princípio da natureza temporária, limitada e definida das penas, (bem como das medidas de segurança privativas ou restritivas de liberdade) (nº 1) é expressão do direito à liberdade (art. 27), da ideia de proibição de penas crueis, degradantes ou desumanas (art. 25º-2), e finalmente, da ideia de proteção de segurança, ínsita no princípio do Estado de Direito.*
>
> *O teor do preceito parece abranger (e a alteração da 1ª revisão constitucional vai nesse sentido) todas as penas, não somente as privativas de liberdade (proibindo a prisão perpétua), mas também todas as outras (proibindo todas as que se traduzam em amputar ou restringir, perpetuamente a esfera de Direitos das pessoas)*"[184].

Com efeito, conclui-se assim, que a vedação constitucional de determinadas sanções, entre elas as de caráter perpétuo, não pode restringir-se tão somente às sanções penais aplicadas jurisdicionalmente, mas há de aplicar-se às sanções administrativas, na medida em que estas sejam admissíveis no regime constitucional vigente.

---

[184] CANOTILHO, J. J. Gomes. *Constituição da República Portuguesa Anotada*, 2ª Ed., v. 1, Coimbra. Coimbra Editora: 1993.

5. A Visão do Governo Brasileiro sobre a Expulsão

5.1. A Discricionariedade do Governo Brasileiro como Justificativa
Observado o disposto nas declarações internacionais de direitos humanos, quanto à expulsão de estrangeiros[185], as teorias tradicionais do direito internacional público ainda afirmam que a expulsão de estrangeiros é competência exclusiva dos Estados, como expressão máxima de sua soberania[186].

É evidente, porém, que se existe a discricionariedade do Estado, não se pode confundi-la com poder absoluto, mesmo porque a própria concepção de soberania dos Estados hoje é mitigada em favor dos mecanismos internacionais de proteção ao indivíduo, que regula a presença de estrangeiros em seus territórios. A própria igualdade formal dos Estados no plano internacional depende de que eles subscrevam valores e princípios comuns, como direitos humanos, legalidade e autodeterminação democrática.

---

[185] A exemplo o disposto no artigo 22, § 8º do Pacto de San Jose da Costa Rica, que afirma: "Em nenhum caso o estrangeiro pode ser expulso ou entregue a outro país, seja ou não de origem, onde seu direito à vida ou à liberdade pessoal esteja em risco de violação em virtude de sua raça, nacionalidade, religião, condição social ou de suas opiniões políticas"; e o § 9º do mesmo artigo que proíbe a expulsão coletiva de estrangeiros.
[186] Ver a nota de rodapé nº 8 que trata do avanço na concepção *Westfaliana* de soberania.

Com efeito, não só o direito internacional deve impor limites à discricionariedade estatal, mas o próprio conceito de discricionariedade deve ser interpretado à luz dos princípios gerais de direito. A atuação discricionária não pode estar desvinculada da finalidade em vista da qual se decidiu politicamente atribuir a própria discricionariedade: encontrar, entre vários caminhos possíveis, o que melhor conduza ao bem comum.

No caso brasileiro, o legislador constituinte originário optou por refletir uma sociedade fraterna, pluralista e sem preconceitos, e direcionou o princípio da dignidade da pessoa humana como um dos fundamentos da sociedade brasileira, a orientar todos os demais dispositivos constitucionais. Assim, promover o bem de todos, sem preconceitos de origem, raça, sexo, cor, idade e quaisquer outras formas de discriminação, são diretrizes ao administrador público, que deve tomar decisões de forma a incluir a todos, nacionais e estrangeiros na promoção do bem comum.

Se a complexidade das relações sociais torna impossível a previsão legal de todas as situações que porventura possam ocorrer no meio social, ao administrador público é conferido certo grau de liberdade para decidir em determinadas situações, tendo como limite o ordenamento pátrio, e desde que observados os princípios constitucionais, dentre eles os acima elencados.

Nesta esteira, se por um lado o governo brasileiro tem se utilizado da discricionariedade como justificativa para decidir sobre os motivos ensejadores da expulsão, já que a legislação pertinente apresenta conceitos indeterminados e abertos, outros aspectos que possam configurar lesão ou ameaça a direito não podem ficar fora da análise do poder judiciário[187], como assegurar a ampla defesa e o contraditório em processo administrativo[188], assegurar a aplicação das causas impedientes[189] à expulsão etc., conforme já visto anteriormente[190].

---

[187] Artigo 5º, Inciso XXXV da Constituição Federal de 1988.
[188] Artigo 5º, Inciso LV da Constituição Federal de 1988.
[189] Artigo 75 da Lei 6.815/80, c.c. com os artigos 226 e 227 da Constituição de 1988, e dispositivos do ECA.

Assim, outras lesões ou ameaças ao direito tampouco podem ficar fora da análise do Poder Judiciário, que por seu órgão de cúpula, em ação de Arguição de Descumprimento de Preceito Fundamental[191], pode questionar a compatibilidade (*ilegalidade*) de normas preexistentes com a Constituição, que atentem contra os princípios constitucionais anteriormente elencados, mormente o artigo 338 do código penal pátrio, em respeito à garantia prevista no art. 5º, inciso XLVII da CF/88.

---

[190] Neste sentido a jurisprudência da Suprema Corte brasileira: "*Crime de tráfico de entorpecentes praticado por estrangeiro – Aplicabilidade da Lei 6.815/1980 – Estatuto do Estrangeiro – Súdito colombiano – Expulsão do território nacional – Medida político-administrativa de proteção à ordem pública e ao interesse social – Competência exclusiva do Presidente da República – Ato discricionário – Análise, pelo Poder Judiciário, da conveniência e da oportunidade do ato – Impossibilidade – Controle jurisdicional circunscrito ao exame da legitimidade jurídica do ato expulsório – Inocorrência de causas de inexpulsabilidade – Art. 75, II, da Lei 6.815/1980 – Inexistência de direito público subjetivo à permanência no Brasil – Plena regularidade formal do procedimento administrativo instaurado – Pedido indeferido. A expulsão de estrangeiros – que constitui manifestação da soberania do Estado brasileiro – qualifica-se como típica medida de caráter político-administrativo, da competência exclusiva do Presidente da República, a quem incumbe avaliar, discricionariamente, a conveniência, a necessidade, a utilidade e a oportunidade de sua efetivação. Doutrina. Precedentes. O julgamento da nocividade da permanência do súdito estrangeiro em território nacional inclui-se na esfera de exclusiva atribuição do chefe do Poder Executivo da União. Doutrina. Precedentes. O poder de ordenar a expulsão de estrangeiros sofre, no entanto, limitações de ordem jurídica consubstanciadas nas condições de inexpulsabilidade previstas no Estatuto do Estrangeiro (art. 75, II, a e b). O controle jurisdicional do ato de expulsão não incide, sob pena de ofensa ao princípio da separação de poderes, sobre o juízo de valor emitido pelo chefe do Poder Executivo da União. A tutela judicial circunscreve-se, nesse contexto, apenas aos aspectos de legitimidade jurídica concernentes ao ato expulsório. Precedentes. (...) Para efeito de incidência da causa de inexpulsabilidade referida no art. 75, II, b, da Lei 6.815/1980, mostra-se imprescindível, no que concerne à pessoa do filho brasileiro, a cumulativa satisfação dos dois requisitos fixados pelo Estatuto do Estrangeiro: (a) guarda paterna e (b) dependência econômica. Precedentes.*" (HC 72.851, Rel. Min. Celso de Mello, julgamento em 25-10-1995, Plenário, *DJE* de 28-11-2008.) No mesmo sentido: **HC 85.203**, Rel. Min. Eros Grau, julgamento em 6-8-2009, Plenário, *DJE* de 16-12-2010; HC 82.893, Rel. Min.Cezar Peluso, julgamento em 17-12-2004, Plenário, *DJ* de 8-4-2005. Vide: **HC 101.269**, Rel. Min. Cármen Lúcia, julgamento em 3-8-2010, Primeira Turma, *DJE* de 20-8-2010.

[191] Artigo 102, § 1º, da Constituição Federal de 1988, e artigo 1º da Lei 9.882/99.

Não é demais lembrar que tal consenso já permeia os atos dos Poderes Executivo e Legislativo, tendo em vista o Projeto de Lei do *novel* Estatuto jurídico do estrangeiro, de nº 5655/2009, elaborado pelo Ministério da Justiça, e que atualmente se encontra aguardando parecer na Comissão de Relações Exteriores e de Defesa Nacional (CREDN). No aludido projeto, o artigo 111 ainda mantém aberta a conduta que pode ensejar a expulsão, já que persiste a hipótese de atentar contra o interesse nacional, mas trouxe também a previsão de cometimento de crimes em território nacional como motivação da expulsão.

Por outro lado, inovou o citado projeto ao incluir a previsão temporal para a revogação dos efeitos da expulsão, eis que o artigo 121 do aludido projeto citado prevê o prazo de dez anos da efetivação da expulsão para a sua revogação, desde que solicitada pelo interessado, que deverá comprovar a ausência de outras condenações penais, a sua reintegração social, e o exercício de atividade laboral.

A Comissão de Juristas para a elaboração do anteprojeto de Código Penal, criada pelo requerimento nº 756 de 2011, pelo Senador Pedro Taques, cujo Relator Geral é o Procurador Regional da República Luiz Carlos dos Santos Gonçalves, encaminhou ao Presidente do Senado, José Sarney, em 18/06/2012 o Relatório Final que inclui o anteprojeto de novo Código Penal e a exposição de motivos das propostas efetuadas.

Segundo o aludido relatório, os critérios ali estabelecidos formam um conjunto que concebe um direito penal mais voltado para a sua funcionalidade social, em sentido forte, conjuntamente com respeito à dignidade da pessoa humana; um sistema em perfeita sintonia com a Constituição de 1988, e que traduz uma leitura rigorosa do constitucionalismo penal.

A novidade do anteprojeto foi prever no título XV os crimes relativos a estrangeiros, a partir de uma releitura da legislação vigente, porém com um enfoque constitucional. O próprio Estatuto do Estrangeiro – Lei 6.815/80, foi elaborado, conforme já tratado neste trabalho, com a tônica da segurança nacional ditada pela Lei 7.170/83 (crimes contra a segurança nacional), e é informado com o ideal persecutório do estrangeiro pela doutrina da segurança nacional, hoje mitigada no país.

Segundo o relator, cada crime previsto na parte especial do Código Penal ou na legislação extravagante foi submetido a um triplo escrutínio, a saber: a) se permanece necessário e atual; b) se há figuras assemelhadas previstas noutra sede normativa; e finalmente: c) se as penas indicadas são adequadas à gravidade relativa do delito.

Com efeito, esta tarefa de revisão resultou em forte descriminalização de condutas outrora tipificadas, em regra por serem consideradas desnecessárias para a sociedade brasileira atual, insuscetíveis de tratamento penal ou incompatíveis com a Constituição Federal de 1988.

E como não poderia deixar de ocorrer, o anteprojeto de Código Penal previu a descriminalização do delito de *reingresso de estrangeiro expulso*, descrita atualmente no artigo 338 do Código penal brasileiro, eis que segundo o relatório, além de carecer de *dignidade penal*, a conduta mostra-se contraditória em relação ao fim a que se presta, pois o estrangeiro que foi expulso do território nacional, de acordo com o delito previsto no CPB de 1940, recebe pena de prisão de um a quatro anos, que em tese pode ser substituída por pena restritiva de direitos, alternativa. Nessa medida, o estrangeiro que não pode permanecer em território nacional devido ao efeito expulsório, aqui ficará em razão da condenação. A Comissão de Juristas optou, portanto, pela descriminalização da conduta em questão, devendo o estrangeiro que reingressar no país após sua expulsão, receber a mesma sanção a ele anteriormente imposta: *o seu afastamento do país*.

Em que pese tenha andado bem a Comissão de Juristas na descriminalização da conduta citada, eis que não atende os fins a que se presta, percebe-se do relatório elaborado pelo enfoque constitucional que em nenhum momento houve menção ao período *ad eternum* do afastamento do estrangeiro do país como efeito da expulsão, eis que se pretende a sua continuidade, embora expurgada a criminalização da conduta.

5.2. A Criminalidade Internacional e o Terrorismo

A globalização, caracterizada pela intensificação dos fluxos de pessoas, informações e mercadorias, intensifica também os padrões de estabelecimento de novos vínculos jurídicos, novas cidadanias, novos trânsitos, gerando demandas cotidianas cada vez mais complexas, para uma população de pessoas que circulam fora de seus países de origem.

Igualmente, o caráter transnacional das relações humanas perpassa toda a vida social, inclusive dando enorme complexidade às relações criminosas. E como fato da vida social, torna-se, historicamente, objeto de políticas restritivas dos Estados, para fazer frente a este fenômeno da criminalidade transnacional. Compete ao Estado munir-se de instrumentos adequados para paralisar a ação de grupos criminosos, e no plano das relações intergovernamentais e supranacionais, impõe-se a cooperação investigativa, de reforço da legalidade, de promoção da devolução de pessoas condenadas, enfim, a atuação firme em resposta à organização do crime para além das fronteiras.

O processo de integração por que passa o mundo globalizado impõe aos Estados especial atenção ao movimento migratório em seus territórios, cujo aumento vertiginoso do fluxo proporciona terreno fértil ao acesso e à escalada da criminalidade organizada internacional nos mais diversos planos. Os operadores do crime se utilizam de recursos tecnológicos e econômicos para subsidiar as atividades ilícitas e articulam-se em forma de organizações para implementá-las nos Estados, que se tornam alvos em suas estruturas econômicas, sociais e até mesmo culturais.

Em resposta a este fenômeno, alguns países como a Espanha, o Reino Unido, os Estados Unidos, dentre outros, se tornaram mais rigorosos em seus controles migratórios, negando a admissão em seus territórios aos estrangeiros que ostentam antecedentes criminais, classificando-os como *indesejáveis*. Um exemplo recente, na América do Sul, é o da República do Peru, que por meio do *Decreto Supremo nº 001-2013-IN*, de 28/02/2013, decidiu proibir a admissão em seu território, de estrangeiros que possuam quaisquer antecedentes criminais, segundo eles, como forma de combater o crime organizado no país, o que nada mais é do que conferir aos estrangeiros os efeitos de uma medida expulsória, sem contudo oferecer aos mesmos as garantias do devido processo legal.

Com efeito, o caráter organizado e transnacional do fenômeno criminoso que subestima as fronteiras constitui uma séria ameaça à soberania dos Estados, gerando crises políticas, colocando em causa a democracia, as instituições e os poderes públicos legitimamente estabelecidos. Os ganhos obtidos ilicitamente pela criminalidade organizada criam injustiça social, desestabilizam os sistemas financeiros e mercados, o que resulta em graves crises econômicas sistemáticas e estruturais. A natureza violenta e desumana do crime transnacional organizado desestrutura as sociedades, causa sofrimento, dor e luto nos cidadãos e nas famílias, constituindo um verdadeiro entrave para o desenvolvimento econômico e social dos povos.

Várias são as vertentes em que a criminalidade internacional está inserida, a exemplo da prática da corrupção, que contamina as estruturas do Estado e compromete o bem comum, as diversas fraudes a inviabilizar a estabilidade econômica, o tráfico de drogas que ceifa vidas, adoece e desestrutura a sociedade como um todo, o tráfico de armas, que estimula a violência, e o tráfico de pessoas, dentre outros, que escraviza vidas e que atemoriza a humanidade.

A experiência empírica indica que a *cooperação entre os países* é o veículo mais eficaz de enfrentamento e desarticulação dessas atividades criminosas, e o fortalecimento dos canais de comunicação tem demonstrado que o trabalho coletivo não pode ser preterido por ações unilaterais, sob pena de não resultar na esperada eficácia da atividade estatal.

O esforço coletivo dos Estados está presente em diversas áreas do conhecimento, das quais se podem destacar as cooperações policial e jurídica, a difusão de dados, a extradição e a expulsão. No entanto, as limitações verificadas no sistema legal dos mais diversos países reclamam exaustiva atividade administrativa em busca da harmonização legislativa, a fim de que seja emprestada a necessária agilidade nos procedimentos de expulsão, extradição, persecução criminal e demais medidas, cujas regras sejam claras o suficiente a ponto de atender satisfatoriamente às necessidades dos Estados em reduzir a atividade criminosa transnacional.

Embora o Brasil, a exemplo de outros países, não tenha um controle de admissão de estrangeiros com base em antecedentes criminais, não se admite em seu território a presença de criminosos foragidos da Justiça internacional, ao que, à vista da extensão continental de suas fronteiras, necessita dispor de meios capazes de proporcionar a imediata retirada de criminosos de seu território e devolvê-los à jurisdição do Estado que os reclama. Preocupada com a escalada da criminalidade internacional, a Organização das Nações Unidas aprovou, no mês de dezembro de 2000, a Convenção de Palermo sobre o Crime Transnacional Organizado, reservando capítulo específico para o instituto da *extradição*.

No que tange à expulsão de estrangeiros no Brasil, o Conselho Nacional de Justiça tem promovido simpósios e seminários, com vistas a sensibilizar o Judiciário, o Ministério Público, os Órgãos Estrangeiros, o Ministério da Justiça, dentre outros, no sentido de adequar os normativos que permitem a expulsão de estrangeiros do país, tendo em vista a grande escalada de crimes perpetrados por estrangeiros no país, notadamente o trafico de drogas.

A exemplo, há que se mencionar o *Seminário sobre Presos Estrangeiros* realizado pelo CNJ, que teve como palco a Escola Paulista da Magistratura em São Paulo, em 09/03/2012, em que o autor participou como palestrante, e que teve como objetivo discutir aspectos polêmicos sobre a prisão de estrangeiros e o processo de expulsão no Brasil. Deste evento surgiu um consenso no sentido de que a superlotação dos presídios, a cooptação dos estrangeiros pelas organizações criminosas no Brasil, e até mesmo a questão da ressocialização do preso estrangeiro, dentre outros, surgem como fatores que demandam esforços para priorizar a expulsão de estrangeiro ao seu país de origem, ainda que este se encontre em regime inicial de cumprimento de pena no Brasil.

E assim foi a orientação preconizada ao Judiciário brasileiro, a exemplo da decisão exarada pelo MM. Juiz Federal da 1ª Vara Federal de Guarulhos/SP, em recente decisão condenatória publicada em 06/12/2012 no Dje., nos autos de nº 0000938-29.2012.4.03.6119, que seguindo orientação de sua Corregedoria determinou que se oficiasse ao Ministério da Justiça comunicando a condenação das rés, estrangeiras, opinando favoravelmente à rápida expulsão com vistas ao princípio da humanização da pena[192], já que a ressocialização atingiria sua melhor finalidade de reeducação se as condenadas cumprissem a pena perto de sua família[193].

Mas de certo que ao se abordar a questão da criminalidade internacional, não há de se deixar de fora o *Terrorismo*, fenômeno mundial que assola a humanidade com a publicidade ao terror, seja pela sua dificuldade ou impossibilidade de controle, ou pela falta de visibilidade do inimigo. Destarte, ao se abordar a questão do *terrorismo*, há que se pautar inicialmente o contexto em que o mesmo poderia se inserir no presente trabalho[194], tendo em vista se tratar de objeto afeto à segurança internacional, como uma ameaça à paz e à segurança dos Estados na órbita internacional.

---

[192] E há de se citar aqui o interesse do autor na questão, tendo em vista ter sido ele próprio a autoridade policial que prendeu ambas as estrangeiras no aeroporto internacional de Guarulhos/SP, por tráfico internacional de drogas, nos autos do IPL nº 41/2012, em 14/02/2012, e portanto verificando que dez meses após suas prisões, ambas podem ser expulsas de volta ao seu país, a Hungria, junto de seus familiares, onde melhor função cumprirá a ressocialização da pena.

[193] (...) EXPULSÃO: Oficie-se ao Ministério da Justiça, com urgência, informando: (a) a condenação das rés, cidadãs húngaras (b) ausência de qualquer óbice por parte deste juízo da condenação para que seja procedida a eventual expulsão da condenada mesmo antes do integral cumprimento da pena ou do trânsito em julgado (Lei 6.815, art. 67), a critério da autoridade competente. Conforme recomendação da Corregedoria (Protocolo 36.716). Consigno que, ainda que se trate de procedimento adstrito a critérios de conveniência e oportunidade do Poder Executivo, este juízo opina favoravelmente à rápida expulsão, tendo em vista o princípio da humanização da pena, já que com certeza a punição atingirá melhor sua finalidade de reeducação se a condenada cumprir a reprimenda perto de sua família. Disponível em: www.jfsp.jus.br/foruns-federais.

[194] Neste sentido faz-se referência ao Projeto de Lei nº 2.443/2011, que proíbe a concessão de visto brasileiro e dá início aos processos de expulsão ou de extradição do estrangeiro durante sua entrada ou já residente em território nacional, desde que condenado em outro país pela prática, participação ou financiamento de atos terroristas, conforme será visto adiante.

Com efeito, foi visto em capítulos anteriores que a tendência expansionista do direito penal em nome da guerra contra o terrorismo entra em domínios que antes pertenciam a outros órgãos de fiscalização, como o direito civil e o administrativo. A absoluta falta de segurança que tem caracterizado as sociedades modernas, após inúmeros ataques terroristas, tem sido amplificada pela mídia para legitimar a implementação de políticas de tolerância zero, essencialmente na questão envolvendo o estrangeiro, sob o pretexto de *fornecer segurança para a sociedade*.

O processo de incorporação da luta contra o terrorismo pelo Conselho de Segurança da ONU não é recente, e data do final da década de 80, devido aos ataques à bomba que derrubaram aviões na região de Lockerbie, na Escócia[195]. Segundo André de Carvalho Ramos, em 1999 o Conselho de Segurança reforçou o combate ao terrorismo internacional com a Resolução nº 1.269, conclamando os Estados a agirem em conjunto para combater os terroristas e suas organizações, com medidas que são mantidas até hoje como a sustação do financiamento, a restrição da movimentação dos suspeitos e ao acesso a material sensível[196].

Mas o marco da nova fase de combate ao terrorismo foi a edição da Resolução nº 1.373 do Conselho de Segurança, de 28/09/2001, adotada de acordo com o capítulo VII da Carta da ONU, como uma medida vinculante para preservar a paz mundial, que dentre as medidas exigidas pelo Conselho de Segurança estão o rastreamento de contas, bloqueio de ativos, controle de fronteiras e fluxo de pessoas, troca de informações e cooperação entre setores policiais e de inteligência, edição de leis penais, enfim, todas as medidas possíveis contra atos de terrorismo.

---

[195] Os eventos marcantes para essa tomada de posição foram os atentados à bomba que derrubaram, na região de Lockerbie (Escócia), o avião da Pan Am (Voo 103) em 1988 e, em 1989, o avião da UTA (Union de Transports Aeriens, voo 772) em Níger. CARVALHO RAMOS, André. Processo Internacional de Direitos Humanos. 2ª Ed. São Paulo: Ed. Saraiva, 2012, p. 83.

[196] CARVALHO RAMOS, André, op. cit.

Segundo André de Carvalho Ramos[197], o Relator Especial sobre a Promoção e a Proteção de Direitos Humanos e Liberdades Fundamentais em tempos de terrorismo, Martin Scheinin fez um relatório em 2010 onde aponta especialmente a (in)compatibilidade entre a legislação e atividades antiterroristas dos Estados e a proteção internacional de direitos humanos, direito internacional humanitário e direito internacional dos refugiados.

Há que se dizer, todavia, que justamente por dar ênfase à solução pacífica dos conflitos em suas relações internacionais, adotando o princípio da não intervenção, e por reger-se pela prevalência dos direitos humanos, e pela autodeterminação dos povos, é que o Brasil não se insere no contexto dos países alvos de ataques terroristas, como os Estados Unidos, a Espanha, França, o Reino Unido etc.

Podemos dizer que por uma escolha legislativa, em sintonia com os princípios elencados na Constituição Federal de 1988, o Brasil não possui até o momento legislação penal[198] que versa sobre o crime de terrorismo, em que pese tenha aceitado a ordem jurídica internacional, e incorporado *o repúdio ao terrorismo* como princípio em suas relações internacionais (*art. 4º, VIII, da CF/88*).

A Comissão de Relações Exteriores e de Defesa Nacional do Congresso brasileiro, com vistas aos grandes eventos que terão como palco o território nacional, e por pressão dos governos estrangeiros e dos organismos internacionais, elaborou o *Projeto de Lei nº 2.443/2011*, que proíbe a concessão de visto brasileiro e dá início aos processos de expulsão ou de extradição do estrangeiro durante sua entrada ou já residente em território nacional, desde que condenado em outro país pela prática, participação ou financiamento de atos terroristas.

---

[197] CARVALHO RAMOS, André, op. cit.
[198] Frise-se que o Brasil até o momento não possui legislação penal específica para o combate ao terrorismo, eis que tipos penais relativos ao porte ilegal de armas, munições, explosivos, ameaça etc. são utilizados neste caso. Há ainda o artigo 20 da Lei de Segurança Nacional, que menciona o terrorismo, porém não de forma específica, já que ali aparece apenas como atentado à segurança do país, e sem a previsão de ideologia radical religiosa, mas apenas ideologia política.

De certo que quando ouvimos falar em ataques terroristas, lembramos logo dos atentados à bomba, do sequestro de aviões, e de outras ações violentas praticadas por grupos extremistas, contra vítimas inocentes, tendo em vista os fatos recentes deste século, que tomaram a agenda internacional e foram assuntos na imprensa mundial. De uma maneira geral, *o terrorismo é o uso da violência sistemática, como forma de impor uma ideologia política ou religiosa, de subverter uma ordem instalada, tornando o povo e o governo reféns de uma nova ordem imposta*[199].

O terrorismo, que adquiriu sua maior relevância neste início do século XXI, tem sido considerado como a principal ameaça à humanidade, seja pela sua imprevisibilidade, pela dificuldade ou impossibilidade de controle, e pela falta de visibilidade do inimigo. Ninguém consegue prever onde e quando poderá ocorrer um novo atentado, mas o fato é que conforme citado anteriormente, o repúdio ao terrorismo já faz parte dos princípios adotados por inúmeros países democráticos[200], dentre eles o Brasil, que mesmo não sofrendo tal ameaça, dis-

---

[199] Há que se dizer aqui, que durante o período da Guerra Fria, o terrorismo adquiriu dimensão internacional; grupos terroristas de diversas matizes ideológicas (de oposição a governos, ditatoriais ou não, nacionalistas em luta pela independência e pela autonomia nacional, e religiosos) foram formados em todos os continentes. Na maioria dos casos, esses grupos eram apoiados ou pelos Estados Unidos ou pela União Soviética, que forneciam armas, treinamento, suporte logístico e dinheiro. LUCCI, E. A., *et all*. *Território e sociedade no mundo globalizado: geografia geral e do Brasil*. São Paulo: Saraiva, 2005. p. 408--420.

[200] Os Estados Unidos foram os primeiros a adotarem medidas antiterroristas, e em 26/10/2001, o Congresso norte-americano adotou a lei batizada como *Patriot Act* (*Provide Appropriate Tools Required to Intercept and Obstruct Terrorism*). Essa lei concede poderes excepcionais à polícia e ao serviço secreto americano, reduz o papel da defesa judicial e questiona o *habeas corpus*, garantia das liberdades individuais. Autoriza ainda a detenção, deportação e prisão incomunicável de cidadãos considerados suspeitos – as autoridades podem manter presos estrangeiros por um tempo indeterminado. Por fim, a citada lei elimina a necessidade de autorização, por parte do poder judiciário, para proceder a buscas, instalar grampos telefônicos, violar a correspondência e as comunicações pela Internet.

corda do uso da violência e da imposição à força a um Estado, de determinada ideologia.

Sabe-se que o combate ao terrorismo não é uma tarefa a ser realizada em curto prazo, e muitos acreditam que esta guerra jamais será vencida, pois como já mencionado, trata-se de um inimigo invisível, que pode ter qualquer nacionalidade, e que programa suas ações com o objetivo de causar o maior impacto e publicidade possível, por meio de ataques surpresa, e muitas vezes, indiferentes aos alvos que serão atingidos.

Ainda que o Estado brasileiro não seja alvo em potencial de ataques terroristas como citado anteriormente, não estamos aqui descartando totalmente a possibilidade de ataques terroristas em território nacional, tendo em vista a presença, em solo brasileiro, de muitas representações diplomáticas estrangeiras que frequentemente tem sido alvos de ataques mesmo fora de seus territórios. E é neste sentido que, conforme já citado anteriormente, a Comissão de Relações Exteriores e de Defesa Nacional do Congresso brasileiro, elaborou o Projeto de Lei nº 2443/2011, que proíbe a concessão de visto brasileiro e dá início aos processos de *expulsão* ou de extradição do estrangeiro em entrada ou já residente em território nacional, desde que condenado em outro país pela prática, participação ou financiamento de atos terroristas.

Ao leitor atento, há que se destacar a hipótese de que o projeto de lei citado se aplica tão somente ao estrangeiro condenado no exterior pela prática, participação ou financiamento de atos terroristas, já que como citado anteriormente, o ordenamento brasileiro ainda não prevê como crime a prática, participação ou financiamento de atos terroristas, mas apenas os atos preparatórios (posse de armas, explosivos, ameaça etc.) e a lavagem de dinheiro eventualmente promovida por tais organizações.

A grande inovação do projeto de lei nº 2.443/2011, que pretende alterar a lei 6.815/80, se encontra no artigo 70, que prevê a hipótese de instauração de ofício de processo de expulsão pelo Juiz Federal da circunscrição onde residir o estrangeiro, quando de posse da sentença condenatória do tribunal estrangeiro; relativizando inclusive a necessidade do trânsito em julgado na ação principal acerca dos atos terroristas, exceto se couber e for aceito, no juízo estrangeiro, o efeito suspensivo do recurso[201].

A gravidade com que se retrata a questão do *terrorismo* no projeto citado é enorme, tendo em vista que as hipóteses de inexpulsabilidade do artigo 75 (II) da lei 6.815/80, ali são relativizadas, conforme prevê a alteração do mencionado artigo (*art. 12 do projeto*), e a possibilidade de o estrangeiro ter contra si um processo de expulsão, mesmo se absolvido no processo principal do tribunal estrangeiro sobre a prática de atos terroristas[202].

---

[201] "*Art. 70. Compete ao Ministro da Justiça, de ofício ou mediante acolhimento de solicitação fundamentada, determinar a instauração de inquérito para a expulsão do estrangeiro. Entretanto, nos casos em que o estrangeiro ingressara no Brasil na condição de indiciado e, posteriormente, fora condenado em outro país pela prática, participação direta ou indireta ou pelo financiamento de atos terroristas, caberá ao Juiz Federal da região onde se situa a comarca em que se encontra domiciliado o estrangeiro dar início ao processo de expulsão deste de ofício, quando de posse da sentença condenatória. O trânsito em julgado nestes casos somente será observado se o recurso impetrado pelo estrangeiro comportar o efeito suspensivo e este for atendido pela relatoria do tribunal julgador, situação em que o processo de expulsão deste ficará suspenso, até o julgamento do recurso. Ainda que absolvido na fase recursal, será observado o disposto no parágrafo 3º do artigo 75 desta lei, situação em que poderá ser expulso ou extraditado.*" (NR).

[202] "*Art. 75 (...) § 3º Havendo fortes indícios de autoria e materialidade, aditado a conjuntos probatórios e testemunhais sólidos, as hipóteses constantes no inciso II deste artigo não constituem impedimento ao início do processo de expulsão do estrangeiro condenado em outro país pela prática, pela participação direta ou indireta ou pelo financiamento de atos terroristas. Sendo o estrangeiro absolvido, é facultado ao Estado brasileiro observar ou não a aplicabilidade da sentença prolatada pelo Estado julgador, caso a parte inicial deste parágrafo seja consubstanciada. Neste caso, o Estado brasileiro procederá com a solicitação de todo o processo para análise, proferindo sentença que determinará ou não a permanência do estrangeiro em território nacional. A análise e o julgamento caberão aos Juízes Federais, nos moldes do artigo 109, inciso X da CF/88. (NR). § 4º Havendo condenação transitada em julgado do estrangeiro que ingressara em território nacional na condição de indiciado em outro país pela prática, pela participação direta ou indireta ou pelo financiamento de atos terroristas, dar-se-á início ao processo de expulsão deste, nos moldes do artigo 65 e seguintes da lei 6.815/80 ora em tratamento. Em caso de reciprocidade entre os Estados Soberanos e mediante pedido formal, proceder-se-á com a extradição do estrangeiro (I), na forma do artigo 76 e seguintes desta mesma lei.*" (NR).

Vale ainda mencionar a modificação prevista ao artigo 77 da lei 6.815//80, que insere o § 3º, determinando que o Supremo Tribunal Federal estará impedido de considerar como *crimes políticos* os atentados contra Chefes de Estados ou quaisquer autoridades, bem como os atos de *anarquismo, terrorismo, sabotagem, sequestro de pessoa*, e de *processos violentos que subvertam a ordem política e social*, e que tais práticas deverão ser classificadas conforme sua tipificação penal correlata no direito brasileiro, e na inexistência, conforme preconiza o Tribunal Penal Internacional[203].

O Projeto de Lei 2.443/2011, em regime de tramitação ordinária, se encontra atualmente aguardando os pareceres das Comissões de Segurança Pública e Combate ao Crime Organizado e de Constituição e Justiça e de Cidadania.

Com efeito, em uma análise perfunctória ao projeto de lei citado, é possível perceber que o legislador nacional, pressionado por governos estrangeiros e organismos internacionais pretende impor todo o rigor necessário para *expurgar* do território nacional, *em definitivo*, o estrangeiro condenado ou acusado por práticas terroristas no exterior, relegando a segundo plano, as hipóteses de inexpulsabilidade (*filho ou cônjuge brasileiro*) e as garantias do artigo 5º da CF/88, principalmente a *presunção de inocência*.

Conclui-se aqui que apesar da gravidade dos efeitos dos atos terroristas, há que se tomar cuidado para não se retroagir, abrindo mão dos direitos e garantias conquistados a duras penas, criando-se precedentes para crimes correlatos em território nacional, que seriam submetidos ao rigor da nova lei.

---

[203] "*Art. 77 (...) § 3º O Supremo Tribunal Federal não considerará como crimes políticos os atentados contra Chefes de Estado ou quaisquer autoridades, bem como os atos de anarquismo, terrorismo, sabotagem, sequestro de pessoa, ou que importem em propaganda de guerra ou de incitação desta, ou ainda, de processos violentos para subverter a ordem política e social. Tais práticas delituosas deverão ser classificadas conforme sua tipificação penal correlata no direito brasileiro. Inexistindo correlação e, dependendo da gravidade e do repúdio comum ante ao ato praticado, o crime deverá ser considerado conforme preconiza o Tribunal Penal Internacional. Nos casos de práticas, participações, financiamento ou fomento de atividades terroristas, tal prática deverá ter o tratamento conferido aos crimes hediondos, na forma da lei 8.072/90.*" (NR).

Parte II
A Medida de Afastamento de Estrangeiro Expulso à Luz dos Direitos Humanos

6. A Internacionalização dos Direitos Humanos e seu Impacto em todos os Atos do Estado

O âmbito de abrangência dos direitos humanos tem evoluído através dos séculos, como consequência de uma busca incansável pela plena realização do ser humano, de seu desenvolvimento completo em busca da felicidade.

A primeira menção a direitos universais no ocidente, comuns ao gênero humano, segundo o professor Comparato, surgiu com a filosofia grega, onde Aristóteles (*Retórica, I, 1368 b, 8-10*) distingue as *leis comuns*, reconhecidas pelo consenso universal, em oposição às *leis particulares*, próprias de cada povo, observando que estas são as que cada *polis* adota para si, enquanto que aquelas, embora não escritas, são admitidas em todas as partes[204].

Ainda no campo filosófico nos reportamos aos direitos humanos a partir de bases morais e éticas, na concepção do dever ser, do direito e das obrigações. Ao longo da história muitas foram as tentativas de fundamentar os direitos inalienáveis do ser humano.

No século XVII, os direitos humanos foram evidenciados a partir do jusnaturalismo de Locke, para quem o homem naturalmente tem direito à vida e à igualdade de oportunidades. Este pensamento é

---

[204] COMPARATO, F. K. *A Afirmação Histórica dos Direitos Humanos*. 7ª Ed. São Paulo: Saraiva, 2010, p. 26.

seguido por Rousseau no século XVIII, ao anunciar que todos os homens nascem livres e iguais por natureza, pois são na sua origem, bons. Neste mesmo caminho segue Kant, para quem o homem tem direito à liberdade a qual deveria ser exercida de forma autônoma e racional.

Apesar de a Filosofia ter sido importante para a construção da consciência coletiva dos valores de direitos humanos e a consequente positivação destes direitos, Norberto Bobbio afirma que: *"O problema fundamental em relação aos direitos do homem, hoje, não é tanto o de justificá-los, mas o de protegê-los*[205]". A filosofia tem, por assim dizer, o embasamento teórico para se consolidar os direitos humanos no seio da sociedade e demonstrar a necessidade de se proclamar esses direitos inalienáveis, mas cabe a cada Estado e suas autoridades, o dever de protegê-los.

No campo religioso, extrai-se dos postulados do Cristianismo, Judaísmo, Islamismo, Budismo, Taoísmo, Confucionismo, e das tradições religiosas dos povos indígenas, a afinação de valores éticos, morais e filosóficos, com o conjunto de princípios que denominamos *Direitos Humanos*.

Desde os primórdios da humanidade o homem luta contra as arbitrariedades desse ente subjetivo chamado *Estado*, encarnado sobre a forma de um soberano, chefe político ou de uma instituição, criado pela própria vontade dos homens para governá-los, mas que se apresenta, não raras vezes, como o maior violador de seus direitos.

Inúmeros embates ocorreram durante a marcha civilizatória da humanidade para que se conseguisse do Estado, um mínimo de disposição para distribuir seu poder com o povo, e para que tal concessão fosse consolidada em formato de uma carta de direitos que se opusesse a ele próprio. Até os primeiros mandamentos jurídicos, os governantes exerciam seu poder de acordo com sua vontade e humor do momento, sendo a justiça e o respeito à dignidade humana, qualidades pessoais que garantiam aos súditos, naquele dado momento, o direito.

---

[205] BOBBIO, Norberto. *A Era dos Direitos*. Rio de Janeiro: Ed. Campus, 1992, p. 24.

A evolução histórica dos direitos humanos teve o seu impulso principalmente através das revoluções liberais burguesas, onde inicialmente se pretendia a *limitação do poder soberano do monarca*, mormente quanto à tirania e cobrança exarcebada de impostos, partindo posteriormente para a busca de direitos considerados conaturais à condição humana, como a vida, a liberdade e a busca da felicidade[206], conforme se proclamou na Declaração de Independência dos Estados Unidos (1776).

A primeira proposta de universalização dos direitos nasceu na França revolucionária, durante os debates da Assembleia Nacional, sobre a redação de uma declaração de direitos, iniciada em 04/07/1789. Os apóstolos de um novo mundo, revolucionários, preconizavam o fim de um regime absoluto de tirania, pela sua morte natural[207]. Ainda em um estilo abstrato e generalizante, a Declaração dos Direitos do Homem e do Cidadão de 1789 teve a pretensão de ser anunciada a todos os povos e em todos os tempos vindouros. Neste contexto, Comparato ensina que Pétion, que era prefeito de Paris considerou normal que a Assembleia se dirigisse a toda a humanidade: *"Não se trata aqui de se fazer uma declaração de direitos unicamente para a França, mas para o homem em geral[208]"*.

O momento que se seguiu a partir das declarações americana e francesa, representou a emancipação histórica do indivíduo em uma sociedade liberal, fulcrada na liberdade e igualdade, e embora por um lado houvesse a aniquilação da classe operária com fundamento na igualdade formal perante a lei, por outro lado representou o reconhecimento da necessidade de existência dos direitos humanos de caráter econômico e social, idealizados através dos movimentos socialistas que se iniciaram na primeira metade do século XIX, direitos estes que se

---

[206] Segundo Bobbio: *"(...) os direitos do homem nascem como direitos naturais universais, desenvolvem-se como direitos positivos particulares, para finalmente encontrarem sua plena realização como direitos positivos universais"*. BOBBIO, Norberto. *Op. cit.*, p. 30.
[207] COMPARATO, F. K. *Op. cit.*, p. 146.
[208] Ibid.

consolidariam mais tarde, por meio da Constituição Mexicana de 1917 e a Constituição de Weimar de 1919.

Com o advento do totalitarismo a as atrocidades do nazismo na 2ª Guerra Mundial, cujos atos desprezaram e desrespeitaram os direitos da pessoa humana, ultrajando a consciência da humanidade, o mundo passou a repensar a proteção dos direitos humanos com medo de um novo acontecimento trágico. É neste contexto que é proclamada a *Declaração Universal dos Direitos Humanos* pela Assembleia Geral das Nações Unidas em 10/12/1948, por meio da Resolução 217-A (III), constituindo um marco à *internacionalização dos direitos humanos*.

A Declaração Universal dos Direitos Humanos constituiu o principal marco no desenvolvimento da ideia contemporânea de direitos humanos[209]. Os direitos ali inscritos constituem um conjunto indissociável e interdependente de direitos individuais e coletivos, civis, políticos, econômicos, sociais e culturais sem os quais o desenvolvimento da pessoa humana não se realiza por completo.

A Declaração de 1948 vem dessa forma, consolidar uma ética universal, na medida em que consagra um consenso sobre valores universais, a serem seguidos pelos Estados, irradiando-se como uma fonte de inspiração para a elaboração de diversas cartas constitucionais e tratados internacionais voltados à proteção dos direitos humanos na segunda metade do século XX, a exemplo de nossa Constituição Federal de 1988, onde nas palavras de Flávia Piovesan, *"os direitos humanos surgem como tema global*[210]*"*.

---

[209] O Marco de fato se deu com a Carta Internacional dos Direitos Humanos, que possui alcance universal e abrange várias espécies de direitos, sendo constituída pela Carta de São Francisco, o Pacto Internacional de Direitos Civis e Políticos, o Pacto Internacional de Direitos Econômicos, Sociais e Culturais, e pela Declaração Universal dos Direitos Humanos. CARVALHO RAMOS, André de. *O Supremo Tribunal Federal e o Direito Internacional dos Direitos Humanos*. In: SARMENTO, Daniel & SARLET. I. W. (Coord.). *Direitos Fundamentais no Supremo Tribunal Federal: Balanço e Crítica*. Rio de Janeiro: Ed. Lumen Juris, 2011, p. 4-5.

[210] "Enfatize-se que a Constituição brasileira de 1988, como marco jurídico da institucionalização dos direitos humanos e da transição democrática no país, ineditamente, consagra

Segundo André de Carvalho Ramos, de acordo com a Carta da ONU, uma resolução da Assembleia Geral sobre tal tema não possui força vinculante, e assim a *Declaração Universal dos Direitos Humanos* é reconhecida como espelho de norma costumeira de direitos humanos, enunciando *princípios fundamentais*, conforme decidido pela Corte Internacional de Justiça em 1980, no caso envolvendo o pessoal diplomático e consular norte-americano em Teerã[211]. Apesar disso, precedentes judiciais internacionais reconhecem apenas parte dos direitos previstos na Declaração Universal como norma costumeira ou princípios gerais de direito internacional[212].

E foi assim que no seio da Organização das Nações Unidas, inúmeros tratados internacionais foram surgindo, buscando chamar a responsabilidade dos Estados para a preservação dos direitos humanos, inicialmente com dois Pactos Internacionais, o de Direitos Civis e Políticos e o de Direitos Econômicos, Sociais e Culturais em 1966, num total de mais de 140 tratados e protocolos adicionais de direitos humanos, que impõe obrigações jurídicas aos Estados. E segundo André de Carvalho Ramos, *"O Brasil ratificou e já incorporou internamente todos os tratados inter-*

---

o primado do respeito aos direitos humanos como paradigma propugnado para a ordem internacional. Esse princípio invoca a abertura da ordem jurídica brasileira ao sistema internacional de proteção dos direitos humanos e, ao mesmo tempo, exige uma nova interpretação de princípios tradicionais como a soberania nacional e a não-intervenção, impondo a flexibilização e relativização desses valores. Se para o Estado brasileiro a prevalência dos direitos humanos é princípio a reger o Brasil no cenário internacional, está-se consequentemente admitindo a concepção de que os direitos humanos constituem tema de legítima preocupação e interesse da comunidade internacional. Os direitos humanos, para a Carta de 1988, surgem como tema global". PIOVESAN, Flávia. *O Direito Internacional dos Direitos Humanos e a Redefinição da Cidadania no Brasil*. Artigo baseado na tese de Doutorado "A Constituição Brasileira de 1988 e a Proteção Internacional dos Direitos Humanos". 1996, PUC/SP.

[211] CARVALHO RAMOS, André de. *O Supremo Tribunal Federal e o Direito Internacional dos Direitos Humanos*. In: SARMENTO, Daniel & SARLET. I. W. (Coord.). *Direitos Fundamentais no Supremo Tribunal Federal: Balanço e Crítica*. Rio de Janeiro: Ed. Lumen Juris, 2011, p. 5-7.
[212] CARVALHO RAMOS, André de. *Teoria Geral dos Direitos Humanos na Ordem Internacional*, São Paulo: Ed. Saraiva, 2012, p. 57-58.

nacionais acima citados, tendo ainda dado seu apoio à edição da Declaração Universal de Direitos Humanos[213]".

Destarte, não é a simples adesão a tratados internacionais de direitos humanos, sustentando a alegação de que o tema direitos humanos é *competência exclusiva de cada Estado*, e que intervenção externa nessa área *viola a soberania estatal* que garante a efetividade dos direitos humanos[214].

E conforme já visto no início deste capítulo, a *instituição das instituições*, o Estado, tem sido o maior violador dos direitos fundamentais dos indivíduos em seu território, sob sua proteção. Por esta razão, é cada vez mais importante o reconhecimento por parte dos Estados, da jurisdição dos órgãos internacionais, de forma a evitar o que André de Carvalho Ramos[215], chama de *"truque de ilusionista"* dos Estados no plano internacional, quando eles assumem obrigações internacionais e as descumprem com desfaçatez, alegando que as estão cumprindo, de acordo com sua própria interpretação.

No caso brasileiro, as cortes reiteradamente tem priorizado em suas decisões a jurisprudência nacional, deixando a jurisprudência das Cortes Internacionais em segundo plano. André de Carvalho Ramos chama de *"Era da Ambiguidade"*, a dualidade existente entre o enorme esforço

---

[213] CARVALHO RAMOS, André de. *O Supremo Tribunal Federal e o Direito Internacional dos Direitos Humanos*. In: SARMENTO, Daniel & SARLET. I. W. (Coord.). *Direitos Fundamentais no Supremo Tribunal Federal: Balanço e Crítica*. Rio de Janeiro: Ed. Lumen Juris, 2011, p. 6.

[214] Nas Palavras de André de Carvalho Ramos: "Retrato acabado da internacionalização da temática dos direitos humanos é a crescente adesão dos Estados a mecanismos internacionais judiciais ou quase-judiciais, que analisam petições de vítimas de violação de direitos humanos, interpretam o direito envolvido e determinam reparações adequadas, que devem ser cumpridas pelo Estado". CARVALHO RAMOS, André de. *O Supremo Tribunal Federal e o Direito Internacional dos Direitos Humanos*. In: SARMENTO, Daniel & SARLET. I. W. (Coord.). *Direitos Fundamentais no Supremo Tribunal Federal: Balanço e Crítica*. Rio de Janeiro: Ed. Lumen Juris, 2011, p. 20.

[215] CARVALHO RAMOS, André de. *Crimes da ditadura militar: A ADPF e a Corte Interamericana de Direitos Humanos*. In: GOMES, Luiz Flávio & MAZZUOLI, Valério de Oliveira (Organ.). *Crimes da Ditadura Militar – Uma análise à luz da jurisprudência atual da Corte Interamericana de Direitos Humanos*. São Paulo: Ed. Revista dos Tribunais, 2011, p. 175.

nacional para assegurar o estatuto normativo dos tratados internacionais de direitos humanos ratificados pelo Brasil, e a interpretação destes direitos pelas cortes brasileiras[216].

Destarte, todos os atos do Estado brasileiro devem ser pensados e interpretados a partir da Constituição Federal de 1988, que enquanto um sistema aberto de regras e princípios fundamentais deve ser vista como um filtro, em que todas as normas do sistema devem passar para serem aplicadas. E esta filtragem tem como pressuposto a preeminência normativa da Constituição[217], *dos direitos fundamentais nela elencados*.

Denise Neves Abade[218] ensina que a jusfundamentalização do direito exige que toda a interpretação seja conforme os direitos fundamentais elencados na própria Carta Constitucional. Com isso, ela cita os três conceitos importantes difundidos por Alexy: no primeiro conceito, há o novo papel dos direitos fundamentais, que extravasa a simples definição de garantia – ao melhor estilo dos direitos defensivos, do cidadão contra o Estado. Segundo ela *os direitos fundamentais revelam uma ordem objetiva de valores, que se espalha por todo o ordenamento jurídico*, e não mais apenas na relação indivíduo-Estado. Em um segundo conceito, há a constatação de um efeito irradiante dos direitos fundamentais sobre todo o sistema jurídico, de forma onipresente. E finalmente, segundo Denise Neves Abade, o terceiro conceito de Alexy, que é o reconhecimento da necessidade de ponderação, que para Alexy torna-se conceito

---

[216] *"(...) muita energia é despendida para assegurar o estatuto normativo dos tratados internacionais de direitos humanos, mas não se busca que a interpretação desses direitos – em plena era do reconhecimento de sua força expansiva e hierarquia superior – seja conforme ao já decidido pelo Direito Internacional por intermédio de suas Cortes Internacionais e órgãos quase judiciais de direitos humanos"*. CARVALHO RAMOS, André de. *O Supremo Tribunal Federal e o Direito Internacional dos Direitos Humanos*. In: SARMENTO, Daniel & SARLET. I. W. (Coord.). *Direitos Fundamentais no Supremo Tribunal Federal: Balanço e Crítica*. Rio de Janeiro: Ed. Lumen Juris, 2011, p. 4.

[217] SCHIER, Paulo Ricardo. *Filtragem constitucional: construindo uma nova dogmática jurídica*. Porto Alegre: Sérgio Antonio Fabris editor, 1999, p. 106.

[218] ABADE. Denise Neves. *Direitos Fundamentais na Cooperação Jurídica Internacional*. São Paulo: Ed. Saraiva, 2013, pp. 83/84.

central na interpretação dos direitos fundamentais, que como reúnem uma ordem de valores, tendem a colidir.

Com efeito, a força expansiva dos Direitos Humanos, com o apoio dos tribunais internacionais gera um efeito em nosso Direito interno, criando uma *vigilância internacional* de direitos humanos, que pode fazer com que os órgãos internos, em especial os órgãos judiciais venham a sair de sua posição de conforto de sempre dar a última palavra sobre o conteúdo dos direitos humanos no Brasil[219].

Nessa esteira, a alegação de prevalência do direito interno por parte de alguns Estados é prática rechaçada por muitos Estados e Cortes Internacionais, que reiteradamente tem negado o caráter jurídico de tais normas, considerando que o direito interno é um *mero fato*. O direito interno só será utilizado se a norma internacional lhe fizer menção. E continua o professor André de Carvalho Ramos: *"Para as Cortes Internacionais, cabe analisar se o Estado cumpriu (ou não) seus compromissos internacionais, não aceitando escusas típicas do direito interno, como por exemplo, superioridade da Constituição sobre os tratados*[220]*"*.

E foi neste mesmo sentido o voto concorrente de Cançado Trindade no julgamento da Corte Interamericana de Direitos Humanos no caso dos *Haitians and Haitian Origin in the Dominican Republican Republic*, de 18 de agosto de 2000, onde foi declarado que o modelo de soberania *Westifaliano* de ordem internacional já se encontra definitivamente esgotado, e assim os Estados não podem eximir-se de responsabilidade na questão global do *desenraizamento (deportação, expulsão)*, quando aplicam seus próprios critérios de ordenamento jurídico doméstico[221].

---

[219] CARVALHO RAMOS, André de. Artigo: *A pluralidade das ordens jurídicas e a nova centralidade do Direito Internacional*. In: MENEZES, Wagner (Org.). Boletim da Sociedade Brasileira de Direito Internacional. São Paulo: Arraes Editores, 2013, pp. 19-45.

[220] O Supremo Tribunal Federal e o Direito Internacional dos Direitos Humanos, p. 22.

[221] *"(...) uprootedness continues to be treated in an atomized way by the States, with the outlook of a legal order of a purely inter-State character, without apparently realizing that the Westphalian model of such international order is, already for a long time, definitively exhausted. It is precisely for this reason that the States cannot exempt themselves from responsibility in view of the global character of*

Segundo Cançado Trindade, a própria dinâmica da vida internacional contemporânea tem evoluído no sentido de mudar o entendimento tradicional de que as relações internacionais se regem pela livre vontade dos Estados, pautado em um positivismo voluntarista, para um *processo de humanização do Direito Internacional* pautado na *consciência jurídica universal*, passando a se ocupar mais diretamente da identificação e realização de valores e metas comuns superiores, onde o Direito Internacional evolui, se expande, se fortalece, se aperfeiçoa e em última análise, se legitima[222].

Assim, por razões diversas[223], os Estados aceitaram a relativização de suas soberanias, incentivando o desenvolvimento acelerado da internacionalização dos Direitos Humanos, que transcendem as fronteiras do Estado, permitindo a formação de um sistema que reflete a consciência ética contemporânea de um *"mínimo ético irredutível"*[224].

A partir desta lógica, Cançado Trindade posiciona como ponto central o *"despertar de uma consciência jurídica universal"*, preconizando a

---

the uprootedness, since they continue to apply to this latter their own criteria of domestic legal order. (...) The State ought, thus, to respond for the consequences of the practical application of the norms and public policies that it adopts in the matter of migration, and in particular of the procedures of deportations and expulsions" (parágrafos 11-12). Em Corte Interamericana de Direitos Humanos. *Julgamento do caso dos Haitians and Haitian Origin in the Dominican Republican Republic* em 18/08/2000.

[222] CANÇADO TRINDADE, Antônio Augusto. *A humanização do Direito Internacional*. Belo Horizonte: Ed. Del Rey, 2006, p. 96.

[223] Segundo ANDRÉ DE CARVALHO RAMOS, distintos de outros tratados comerciais, os tratados de Direitos Humanos contém deveres aos Estados contratantes, mas o incremento destes tratados se deu devido, dentre outros fatores, ao horror às barbáries da 2ª Guerra e à perseguição nazista, ao anseio dos Estados de legitimidade política no cenário internacional, a instituição de projetos comuns entre Estados e diálogos entre os povos, à motivação econômica, à atuação de ONGs no cenário internacional, inclusive inserindo na agenda política temas relativos à proteção de Direitos Humanos em outros Estados: a chamada *"mobilização da vergonha"* e o exercício do *"poder do embaraço"*. CARVALHO RAMOS, André de. *Teoria Geral dos Direitos Humanos na Ordem Internacional*, São Paulo: Ed. Saraiva, 2012, p. 59-68.

[224] PIOVESAN, Flávia. *Direitos Humanos*. Vol. I. Curitiba: Ed. Juruá, 2006, p. 19.

reconstrução do Direito Internacional com base em um novo paradigma, não mais estatocêntrico, mas situando o *ser humano* em *posição central*, e tendo presentes os problemas que afetam a humanidade como um todo[225].

Segundo André de Carvalho Ramos, consagra-se, então, a existência de uma normatividade internacional sobre os direitos humanos através de uma dupla lógica: *a lógica da supremacia do indivíduo*, como ideal do Direito Internacional, e *a lógica realista da busca da convivência e cooperação pacífica entre os povos*, capaz de ser encontrada através do diálogo na proteção de direitos humanos[226].

Com efeito, adotada como valor central na proteção dos direitos humanos, a lógica da *supremacia da pessoa humana* tem orientado as decisões da Corte Europeia de Direitos Humanos que provocada, tem entendido que o *período indefinido de afastamento do estrangeiro de um Estado viola o artigo 8º da Convenção Europeia dos Direitos Humanos*, que tutela o respeito à vida familiar e privada[227].

O julgamento do caso *Emre v. Switzerland*[228], em 11/10/2011, aborda a reclamação do nacional da Turquia, senhor *Emre*, perante a Corte

---

[225] CANÇADO TRINDADE, Antônio Augusto. *O Direito internacional em um mundo em transformação*, Rio de Janeiro: Ed. Renovar, 2002, pp. 1039-1109. Cançado Trindade explica que no domínio da proteção dos direitos humanos, interagem o direito internacional e o direito interno movidos pelas mesmas necessidades de proteção, prevalecendo as normas que melhor protejam o ser humano. A primazia é da pessoa humana. TRINDADE, Antônio Augusto Cançado. *A Proteção Internacional dos Direitos Humanos: Fundamentos e Instrumentos Básicos*. São Paulo: Saraiva, 1991, pp. 3-4.

[226] CARVALHO RAMOS, André de. *Teoria Geral dos Direitos Humanos na Ordem Internacional*, São Paulo: Ed. Saraiva, 2012, pp. 67/68.

[227] Neste sentido os julgamentos proferidos pela Corte Europeia de Direitos Humanos nos casos: *Moustaquim v. Belgium* (1991), *Amrollahi v. Denmark* (1997), *Dalia v. France* (19/02/1998), *Ezzouhdi v. France* (2001), *Al-Nashif and others v. Bulgaria* (2002), *Yilmaz v. Germany* (2003), *Radovanovic v. Austria* (2004), *Keles v. Germany* (2005), *Maslov v. Austria* (2008), *Ali Raza v. Bulgaria* (2010), *Kaushal and others v. Bulgaria* (2010), *Emre v. Switzerland* (2008 e 2011), dentre outros.

[228] Semelhante julgamento no caso *Maslov v. Austria* de 23/06/2008, perante a Corte Europeia de Direitos Humanos, onde consta que o senhor *Maslov*, nacional da Bulgária, se

Europeia de Direitos Humanos, acerca da ordem de seu afastamento do território suíço, inicialmente por um *período indefinido*, e sucessivamente com a redução para 10 anos e 05 anos de exclusão. De acordo com o caso, tendo ingressado no país em 1986 com sua família, após várias condenações criminais graves ocorridas no período entre 1994 e 2000, *Emre foi expulso da Suíça por um período indefinido de afastamento do país*.

A decisão de seu afastamento indefinitivo[229] do país foi considerada violação ao artigo 8º da Convenção, pela Corte Europeia de Direitos Humanos em 2008[230], e posteriormente, em outra corte europeia, o afastamento definitivo foi convertido para o período de 10 anos. Com a intenção de retornar a Suíça após seu casamento em 2009 na Alemanha, *Emre* então apelou novamente à Corte Europeia de Direitos Humanos, em 11/01/2010, tendo obtido decisão favorável em 11/10/2011, com seu período de afastamento do país reduzido de dez para cinco anos[231].

---

mudou para a Áustria aos seis anos de vida, e cometeu algumas ofensas criminais aos 14 e 15 anos de idade, e aos 16 anos obteve em seu desfavor uma decisão de expulsão do governo austríaco, determinando seu afastamento do país por 10 anos. A Corte Europeia de Direitos Humanos declarou que 10 anos de afastamento não tem sido razoável em uma sociedade democrática, e constitui uma interferência na vida privada e familiar, determinando a suspensão da decisão, por ofensa ao artigo 8º da Convenção Europeia. Ver em: MOLE, Nuala, MEREDITH, Catherine. *Asylum and the European Convention on Human Rights*. Council of Europe Publishing, 2010, p. 187.

[229] Ver o julgamento do caso *Keles v. Germany*, de 27.10.2005, na Corte Europeia de Direitos Humanos. A Corte declarou que a expulsão do cidadão turco Suca Keles, após sua condenação pela prática de oito crimes, com a exclusão por tempo ilimitado da Alemanha violava o seu direito ao gozo da vida familiar e privada, previsto no artigo 8º da Convenção.

[230] Ver o caso *Amrollahi v. Denmark*, de 1º de outubro de 1997, na Corte Europeia de Direitos Humanos. *Amrollahi*, um cidadão iraniano, foi preso por tráfico de drogas e sentenciado a três anos de prisão e expulsão em definitivo da Dinamarca sem possibilidade de retorno. A Corte declarou que a decisão de expulsão por período indefinido afetava o seu direito à vida familiar e privada, do artigo 8º da Convenção Europeia.

[231] This is clear from two relatively recent judgments of the European Court of Human Rights in *Emre v. Switzerland (No.1)*(2008) and *Emre v. Switzerland (No.2)*(2011) that life

Nesta decisão, a Corte Europeia de Direitos Humanos[232] entendeu que a Suíça violou a Convenção Europeia de Direitos Humanos e seu Protocolo, declarando ao Estado suíço uma obrigação não apenas de pagar uma quantia por indenização (*5.000 Euros*), como também tomar medidas jurídicas individuais ou gerais de ordem interna, para por termo à violação e reparar os efeitos, com o objetivo de colocar o requerente na situação em que ele estaria, se as exigências da Convenção não tivessem sido desconsideradas[233]. A Suíça não teve alternativa, senão acatar os termos da decisão[234].

---

long expulsion orders of this kind will be subjected to particularly rigorous examination for compliance with the right to family life in Article 8. The Court held that the ban on re-entering Switzerland for ten years, which was a considerable period in an individual's life, could not be said to have been necessary in a democratic society. Disponível em http://hudoc.echr.coe.int.

[232] O artigo 41 da Convenção Europeia de Direitos Humanos prevê que a Corte Europeia de Direitos Humanos pronuncia uma sentença declaratória que pode constatar a violação da Convenção pelo Estado requerido, direcionada para o direito interno do Estado, principalmente com a reparação pecuniária do dano, e a observância da Convenção. Somente após o Estado demonstrar estar impossibilitado de restaurar o *status quo ante* ou oferecer uma justa indenização é que a Corte decidirá, podendo se chegar a um acordo amigável, mas por provocação do requerente, já que a indenização não é examinada ex-officio. Disponível em: http://conventions.coe.int. Acesso em 15/01/2013.

[233] Segundo André de Carvalho Ramos, "*No sistema da Convenção Europeia de Direitos Humanos, cabe a reparação da violação constatada ao Estado, sendo possível a fixação de uma satisfação equitativa pecuniária pela Corte europeia, quando o Direito interno não possibilita o retorno ao status quo ante de maneira integral. Assim, admite-se que uma decisão internacional, no caso da Corte Europeia de Direitos Humanos, não possa ser cumprida em sua integridade pelo Estado e isso não acarretará nova responsabilização internacional, mas apenas a outorga de uma indenização pecuniária à vítima*". CARVALHO RAMOS, André de. *Processo Internacional de Direitos Humanos*. 2ª Ed. São Paulo: Ed. Saraiva, 2012, p. 146.

[234] Neste caso, há o interesse de legitimidade dos governantes suíços no plano internacional, conforme explica o professor Celso Lafer: "(...) *os direitos humanos, como tema global, significam, ao internacionalmente deles se tratar, no âmbito da jurisdição de cada Estado, em tempos de paz, que somente a garantia efetiva dos direitos humanos da população confere legitimidade plena aos governantes no plano mundial*". LAFER, Celso. "Prefácio" in LINDGREN ALVES, J. A. *Os Direitos Humanos como tema global*. São Paulo: Ed. Perspectiva, 1994, p. XXVI.

Consoante se infere, os Estados, ao ratificarem os tratados internacionais de direitos humanos, neste texto exaustivamente citados, aderem a mecanismos de controle que emitem deliberações internacionais ou até sentenças internacionais cogentes ao Estado[235].

Assim, a evolução dos direitos humanos através dos séculos tem se mostrado cada vez mais uma realidade, uma escolha dos Estados em se unir em favor da proteção internacional do *indivíduo*, tema central do sistema global e regional de proteção, mitigando a soberania dos Estados para uma efetiva ação dos mecanismos internacionais de proteção, quando os mecanismos internos não se mostrarem eficientes para por termo à violação de direitos humanos, contrariamente à prática exercida no passado[236].

Conclui-se aqui no sentido de que o Estado brasileiro deve adequar seu direito interno e a jurisprudência de seus tribunais aos direitos fundamentais declarados em sua Carta Maior, e aos dispositivos de direitos humanos elencados nos tratados internacionais em que é parte, no sentido de impor um *prazo razoável* ao *afastamento de estrangeiro do país como efeito da expulsão*[237], em consonância com as decisões dos órgãos internacionais de proteção ao ser humano, notadamente

---

[235] CARVALHO RAMOS, André de. *O Supremo Tribunal Federal e o Direito Internacional dos Direitos Humanos*. In: SARMENTO, Daniel & SARLET. I. W. (Coord.). *Direitos Fundamentais no Supremo Tribunal Federal: Balanço e Crítica*. Rio de Janeiro: Ed. Lumen Juris, 2011.

[236] Segundo André de Carvalho Ramos, "*nenhuma atividade humana escapa da avaliação de respeito aos direitos humanos, uma vez que estes são redigidos de forma ampla e genérica e representam o essencial da vida em sociedade*", fazendo nascer desta forma "*uma força expansiva e atrativa dos direitos humanos internacionais, o que permite que os órgão internacionais de supervisão e controle das obrigações de respeito aos direitos humanos possam apreciar todas as facetas da vida social interna*". CARVALHO RAMOS, André de. Artigo: *A pluralidade das ordens jurídicas e a nova centralidade do Direito Internacional*. In: MENEZES, Wagner (Org.). Boletim da Sociedade Brasileira de Direito Internacional. São Paulo: Arraes Editores, 2013, pp. 19-45.

[237] De acordo com Cristina Maria Machado de Queiroz, "*os direitos fundamentais apresentam-se, genericamente, como limite ao poder do Estado, e ainda como fim da própria actividade público estatal*". QUEIROZ, Cristina M. M. *Direitos Fundamentais: Teoria Geral*. Coimbra: Ed. Coimbra, 2002, p. 221.

a Corte Interamericana de Direitos Humanos e a Corte Europeia de Direitos Humanos, para evitar a responsabilização do Brasil no plano internacional por violação de direitos humanos, principalmente na questão de proteção à vida familiar e privada[238], no direito de crença na recuperação moral e social do indivíduo, sem discriminação de qualquer natureza etc.

---

[238] A Comissão de Direito Internacional em seu 64º Relatório emitido em Dezembro de 2012, em seu artigo 20, aborda a questão do respeito à vida familiar, com vistas às discussões da Comissão sobre o tema "Expulsão de estrangeiros": *"Obligation to respect the right to family life – 1. The expelling State shall respect the right to family life of an alien subject to expulsion. 2. The expelling State shall not interfere with the exercise of the right to family life, except where provided by law and on the basis of a fair balance between the interests of the State and those of the alien in question"*. Disponível em: http://www.un.org/law/ilc/ (p. 7). Acesso em 12/08/2013.

7. A Expulsão de Estrangeiro nos Tratados e Sistemas Internacionais de Proteção aos Direitos Humanos

7.1. Tratados de Direitos Humanos do Sistema Global de Proteção
Uma das garantias obtidas com as inúmeras revoluções através dos séculos, e presente em tratados de direitos humanos da atualidade, é o fato de que o cidadão de um país tem o direito de entrar, sair e permanecer naquele país[239]. Enquanto nenhum Estado pode expulsar seus nacionais, é a prerrogativa de soberania dos Estados, hoje mitigada em favor dos mecanismos internacionais de proteção ao indivíduo, que regula a presença de estrangeiros em seu território[240].

---

[239] O artigo XIII da declaração Universal dos Direitos Humanos prevê que todos tem o direito de deixar qualquer país, inclusive o próprio e a ele regressar. O Artigo 12(2) do Pacto Internacional de Direitos Civis e Políticos contém uma previsão similar, enquanto que o artigo 12(4) garante que ninguém será arbitrariamente privado de entrar em seu próprio país. Além disso, o artigo 3º do 4º Protocolo da Convenção Europeia de Direitos Humanos, o artigo 22(5) da Convenção Americana de Direitos Humanos, o artigo 12(2) da Carta Africana dos Direitos Humanos e dos Povos, e o artigo 27(2) da Carta Árabe de Direitos Humanos proíbem a expulsão de nacionais.

[240] Em 1869, o Secretário de Estado americano, Mr. Fish, afirmou que: "*the control of the people within its limits, and the right to expel from its territory persons who are dangerous to the peace of the State are too clearly within the essential attributes of sovereignty to be seriously contested*". Ver em M. M. Whiteman, *Digest of International Law*, vol. 8, p. 620.

Conforme já tratado anteriormente, esta prerrogativa não é ilimitada e o Direito Internacional dos Direitos Humanos[241] determina quando e como exercitar este poder pelos Estados. Com relação à expulsão, alguns tipos de proteção se encontram disponíveis em tratados internacionais e na jurisprudência das cortes internacionais de direitos humanos, seja quanto ao retorno ao país do estrangeiro, em face de graves violações de direitos humanos, às garantias processuais durante os procedimentos de expulsão, proteção aos métodos de expulsão, bem como oposição ao período indefinido de afastamento do estrangeiro expulso, objeto da presente pesquisa.

As garantias processuais não protegem o indivíduo da expulsão, em sua essência, mas elas ajudam a garantir que a proteção processual contra a expulsão seja fornecida e que nenhuma decisão de expulsão seja tomada de forma arbitrária[242]. Em primeiro lugar, é necessário observar que o dispositivo sobre o direito a um julgamento justo (*fair Trial*) não parece ser de todo aplicável aos procedimentos de expulsão, já que tem sido jurisprudência constante da Corte Europeia de Direitos Humanos que "*as decisões relativas à entrada, permanência e deportação/expulsão de estrangeiros não dizem respeito à determinação dos direitos civis ou obrigações de um indivíduo ou de uma acusação criminal contra ele, na acepção do § 1º do artigo 6º da Convenção Europeia*[243]".

Por outro lado, nos casos de extradição, a Corte Europeia de Direitos Humanos reconheceu que "*uma questão pode excepcionalmente ser levantada, nos termos do artigo 6º da Convenção, por uma decisão de extradição, em circunstâncias em que o fugitivo tenha sofrido ou possua riscos de sofrer uma*

---

[241] O Direito Internacional dos Direitos Humanos consiste no conjunto de direitos e faculdades que protege a dignidade do ser humano e se beneficia de garantias internacionais institucionalizadas. CARVALHO RAMOS, André de. *Processo Internacional de Direitos Humanos*. 2ª Ed. São Paulo: Ed. Saraiva, 2012, p. 19.

[242] Neste sentido, ver em Corte Europeia de Direitos Humanos o julgamento do caso do brasileiro: *de Souza Ribeiro v. France*, de 13/12/2012.

[243] Ver como exemplo, em Corte Europeia de Direitos Humanos, o julgamento *Maaouia v. France* (§ 40), de 05 de outubro de 2000.

negativa flagrante de ampla defesa no país requerente[244]". O recente acórdão da Corte Europeia de Direitos Humanos no caso *Abu Qatada* se refere a esta situação, e mais uma vez, destaca a ligação intrínseca entre os direitos humanos e a extradição[245].

O Comitê de Direitos Humanos por sua vez, não tem aplicado o artigo 14 do Pacto Internacional sobre os Direitos Civis e Políticos (*ampla defesa e presunção de inocência*) aos procedimentos de expulsão[246], ao contrário, tem aplicado o artigo 13, das garantias processuais, embora não parece ter excluído aquela possibilidade inteiramente[247].

A aparente recusa de aplicar as disposições gerais sobre ampla defesa aos procedimentos de expulsão pode ser explicada pelo fato de que há algumas disposições específicas em instrumentos internacionais e regionais de direitos humanos que lidam com as normas processuais que devem ser aplicadas no caso de expulsões.

Para além da proteção geral proporcionada a todos os estrangeiros, a certas categorias de estrangeiros, como refugiados e trabalhadores migrantes são observadas proteções adicionais contra expulsões e/ou garantias processuais suplementares.

Inicialmente é necessário notar que muitos Estados se referem à expulsão como deportação, exclusão, remoção etc., com regras e procedimentos distintos, e suas ações muitas vezes destoam dos tratados internacionais de direitos humanos em que são partes, principalmente quando afetam a vida familiar e privada dos estrangeiros, sendo necessária, nesses casos, a intervenção dos órgãos e mecanismos internacionais de proteção, para por termo à violação de direitos humanos.

---

[244] Ver em Corte Europeia de Direitos Humanos, o julgamento *Soering X United Kingdom* (§ 113), de 07de julho de 1989.

[245] Ver em Corte Europeia de Direitos Humanos, o julgamento de *Othman (Abu Qatada) v. the United Kingdom*, de 17 de janeiro de 2012.

[246] Ver em Comitê de Direitos Civis e Políticos, a decisão no caso *Mansour Ahani v. Canada* (§ 10.9), de 15 de junho de 2004.

[247] Ver em Comitê de Direitos Civis e Políticos, a decisão no caso *V.R.M.B. v. Canada* (§ 6.3), de 18 de julho de 1988.

E é isto que veremos ao estudar os tratados internacionais de direitos humanos e os sistemas de proteção.

7.1.1. A Convenção dos Refugiados

A Convenção dos Refugiados de Genebra de 1951 é o primeiro instrumento internacional a estabelecer restrições legais ao poder dos Estados de expulsar estrangeiros. O artigo 33 prevê a proibição ao *refoulement*[248], o qual nenhum Estado-parte pode expulsar or repatriar um refugiado ou solicitante de refúgio, seja de que maneira for, para as fronteiras dos territórios onde sua vida ou liberdade estejam ameaçadas em virtude de sua raça, religião, nacionalidade, filiação a um determinado grupo social ou opinião política.

Considerando que todos os solicitantes de refúgio são presumidamente refugiados, até prova em contrário, eles se beneficiam da proteção prevista no artigo 33 citado, a menos que sua solicitação seja rejeitada. Tal proteção contra o *refoulement* (*repulsão*) pode, todavia, não ser invocada pelos refugiados que representam uma ameaça à segurança do país, ou que tenham cometido crimes particularmente graves. Esse princípio do *non-refoulement* tornou-se uma pedra angular do Direito Internacional dos Refugiados, e tem-se argumentado que ele agora é parte do direito consuetudinário internacional, vinculando assim todos os Estados, incluindo aqueles que ainda não sejam parte da Convenção de 1951 ou do Protocolo de 1967[249].

---

[248] O termo *refoulement* tem origem francesa e representa, para o direito internacional, o ato jurídico por meio do qual um determinado Estado devolve um indivíduo que se encontra em sua jurisdição a um outro Estado. Portanto, *non-refoulement* (não-devolução) determina a impossibilidade, diante de certas circunstâncias, de devolução do estrangeiro para um outro Estado. ARAÚJO, Nádia de; ALMEIDA, Guilherme de Assis. *O direito internacional dos refugiados: uma perspectiva brasileira*. Rio de Janeiro: Renovar, 2001, p. 180.

[249] Ver ACNUR, *Nota de orientação sobre extradição e proteção internacional de refugiados*. Seção de Políticas de Proteção e Assessoria Legal: Genebra, abril, 2008. Disponível no endereço: http://www.acnur.org/t3/portugues/recursos/documentos/?

Um refugiado que se encontra irregularmente no território de um Estado-parte se beneficia da proteção adicional do artigo 32 da Convenção, que proíbe expulsões, exceto por razões de segurança nacional ou de ordem pública. O citado artigo 32 também contém algumas garantias processuais uma vez que determina, por exemplo, que tais expulsões somente poderão ocorrer em cumprimento a uma decisão tomada em conformidade com o devido processo legal, e que o refugiado tem o direito de apresentar provas capazes de ilibá-lo de culpa, apelar e fazer-se representar para esse efeito perante uma autoridade competente ou perante uma ou mais pessoas especialmente designadas pela autoridade competente[250].

7.1.2. A Convenção contra a Tortura de 1984

Enquanto o artigo 33 da Convenção dos Refugiados de 1951 se aplica somente aos refugiados, o artigo 3º da Convenção contra a tortura ampliou o âmbito de proteção contra a expulsão, uma vez que proíbe explicitamente os Estados-partes de expulsar, retornar (*refouler*) ou extraditar para outro país um indivíduo, quando houver razões substanciais para crer que ele esteja em perigo de ser submetido à tortura.

Há que se notar aqui que em contraste com o artigo 33 citado, o artigo 3º da Convenção contra a Tortura não inclui qualquer exceção

---

[250] A expulsão de uma pessoa a um país onde tenha sido reconhecida como refugiado (*primeiro país de refúgio*) procede unicamente quando tenha sido questionado primeiro que a pessoa será aceita em seu regresso e que continuará desfrutando de proteção efetiva neste país. O retorno a um país de trânsito (*terceiro país seguro*) com o objetivo de apresentar um pedido de reconhecimento da condição de refugiado neste é apropriada, somente quando a responsabilidade de avaliar o mérito do pedido de refúgio em particular é assumida pelo terceiro país, se o solicitante de refúgio receberá proteção contra a devolução e se este poderá solicitar, e no caso de ser concedido, de desfrutar do refúgio conforme as normas de aceitação internacional. Ver ACNUR, Processos de Refúgio, nota 13 supra, parágrafos 7-18 y 50(b)-(c). Ver também ACNUR, Conclusão do Comitê Executivo No. 15 (XXX) de 1979 sobre refugiados sem país de refúgio, disponível em: http://www.acnur.org/biblioteca/pdf/0526.pdf.

de segurança pública: *qualquer pessoa é protegida contra a expulsão quando houver iminente risco de tortura, independentemente do que ele ou ela possa ter feito no passado.* Além disso, de acordo com o artigo 3º citado, os maus tratos não precisam estar conectados a um dos cinco motivos enumerados na definição de refugiado de 1951, quais sejam: raça, religião, nacionalidade, filiação a um determinado grupo social ou opinião política.

Por outro lado, uma vez que o artigo 1º da Convenção define tortura como sendo cometida por ou com consentimento de autoridades públicas, o indivíduo deve temer os maus tratos por parte das autoridades públicas a fim de invocar a proteção do artigo 3º citado[251]. O Comitê contra a Tortura fez a sua primeira alusão à violação do artigo 3º em 1994, no caso *Balabou Mutombo v. Switzerland* de 27 de abril de 1994[252].

A esmagadora maioria das comunicações apresentadas ao Comitê contra a Tortura se refere ao artigo 3º. Como resultado, a Comissão adotou seu primeiro e único Comentário Geral sobre a implementação do artigo 3º, no contexto do artigo 22. O artigo 3(2) da Convenção contra a Tortura prevê que para efeitos de determinação de tais razões, as autoridades competentes devem levar em conta todas as considerações relevantes incluindo, se for o caso, a existência no Estado em questão, de um quadro de violações sistemáticas, graves e maciças de direitos humanos.

O Comentário Geral do artigo 3º discorre sobre quais considerações são relevantes na análise do caso. O ônus da prova recai sobre o autor para demonstrar que ele ou ela tem razões sérias para crer que há um risco de tortura em seu retorno ao país. Este perigo deve ser pessoal e presente.

---

[251] Ver em Corte Europeia de Direitos Humanos o julgamento do caso *G.R.B v. Sweden*, no 20º Comitê contra a Tortura – CAT/C/20/D/83/1997, de 15.05.1998.
[252] MOLE, Nuala, MEREDITH, Catherine. *Asylum and the European Convention on Human Rights*. Council of Europe Publishing, 2010, p. 84.

Além do histórico de direitos humanos do país no qual o autor é devolvido, o Comitê também analisará se o autor tinha sido torturado ou maltratado em passado recente, se há evidência médica ou outra evidência para corroborar esta afirmação, se a situação de direitos humanos do país mudou desde esses eventos, se o autor continuou suas atividades políticas ou outras atividades, se o autor é confiável e se existem inconsistências factuais em suas reivindicações[253]. O Comitê enfatizou que um remédio jurídico eficaz para uma reclamação consistente sob o artigo 3º deve estar disponível antes da expulsão[254].

Desde 1994, muitas violações ao artigo 3º da Convenção tem sido contestadas, o que levou alguns Estados-partes a modificar seus procedimentos de expulsão.

7.1.3. Pacto Internacional de Direitos Civis e Políticos de 1966

O Pacto Internacional de Direitos Civis e Políticos não contém qualquer previsão específica proibindo certos tipos de expulsões. Antes de desenvolver a sua jurisprudência sobre expulsões, o Comitê de Direitos Humanos cautelosamente mencionou o fato de que em certas circunstâncias, o estrangeiro pode gozar da proteção do Pacto mesmo em relação à entrada e residência, por exemplo, quando considerações acerca de não discriminação, proibição de tratamento desumano e respeito pela vida familiar surgem[255].

Alguns anos após a sua vigência, o artigo 7º do Pacto Internacional dos Direitos Civis e Políticos foi pela primeira vez interpretado, como

---

[253] *General Comment* nº 01, de 21/11/1997, MOLE, Nuala, MEREDITH, Catherine. *Op. cit.*, p. 84.

[254] MOLE, Nuala, MEREDITH, Catherine. *Op. cit.* Ver em Corte Europeia de Direitos Humanos o julgamento do caso *Agiza v. Sweden*, CAT/C/34/D/233/2003, de 20/05/2005, parágrafos 13(6) a 13(8).

[255] Ver o *General Comment* nº 15/27 de 22 de julho de 1986, § 5. Disponível em: http://www 2.ohchr.org/english/bodies/hrc/comments.htm. Acesso em 17/01/2013.

incluindo uma proibição de expulsão onde houvesse um risco de tortura. Na verdade, ao comentar o artigo 7º citado, o Comitê de Direitos Humanos afirmou que os Estados-partes não devem expor os indivíduos ao perigo de tortura ou tratamento cruel, desumano ou degradante ou punição em seu retorno para outro país por meio de sua expulsão, extradição ou *refoulement*[256].

Ao longo dos anos, o Comitê tem desenvolvido sua jurisprudência sobre o artigo 7º, e encontrou violações desta disposição nos casos em que o autor seria enviado para um país onde ele teria de enfrentar a tortura ou tratamento cruel, desumano ou degradante.

Casos anteriores envolveram o processo de extradição para países onde o autor da comunicação enfrentaria pena de morte. Na famosa decisão inovadora do caso *Joseph Kindler v. Canada (1991)*[257], o Comitê afirmou que se um Estado-parte remove uma pessoa fora de sua jurisdição, e a consequência necessária e previsível é a violação dos direitos humanos daquela pessoa sob o Pacto Internacional dos Direitos Civis e Políticos em outra jurisdição, o Estado-parte pode estar cometendo uma violação ao Pacto[258].

Em um caso mais recente, o Comitê decidiu que o Estado-parte que tivesse abolido a pena de morte violaria o artigo 6º (direito à vida) quando expulsasse ou extraditasse uma pessoa para outro Estado onde ele enfrentaria a pena de morte[259]. O Comitê também decidiu que uma pessoa não deve ser devolvida a um país onde sua doença, no todo ou em parte foi causada pela violação de seus direitos pelo Estado-parte[260].

---

[256] Ver o *General Comment* nº 20/44 de 3 abril de 1992, § 9. Disponível em http://www2.ohchr.org/english/bodies/hrc/comments.htm. Acesso em 17/01/2013.
[257] Disponível em http://www1.umn.edu/humanrts/undocs/html/dec470.htm. Acesso em 18/01/2013.
[258] Ver a Seção nº 48 do Comitê de Direitos Civis e Políticos de 18/11/1993, § 13.2.
[259] Ver o caso *Roger Judge v. Canada*, de 4 de agosto de 2003, no CDCP.
[260] Ver o caso *C. v. Austrália*, de 28 de outubro de 2002, no CDCP.

A jurisprudência do Comitê foi reforçada pelo *Comentário Geral* nº 31 de 29/03/2004[261], pela natureza legal das obrigações impostas aos Estados-partes do Pacto. De fato, o comitê afirmou que a obrigação do artigo 2º exige que os Estados-partes respeitem e garantam os direitos do Pacto para todas as pessoas nos seus territórios e todas as pessoas sob seu controle, o qual implica uma obrigação de não expulsar, deportar, extraditar ou remover uma pessoa de seu território, onde haja razões suficientes para crer que há um risco de dano irreparável, como aquela contemplada pelos artigos 6º e 7º do Pacto, tanto no país para onde a remoção será cumprida ou qualquer país em que a pessoa possa ser posteriormente removida. No mesmo Comentário Geral (§ 12), o Comitê acrescentou que as autoridades judiciais e administrativas competentes devem estar cientes da necessidade de assegurar o cumprimento das obrigações do pacto na matéria.

Deve-se também notar que o Comitê sugeriu que as mulheres não devem ser enviadas de volta aos Estados onde elas são suscetíveis de serem submetidas à mutilação genital feminina forçada, e que essas expulsões ou remoções equivaleriam à violação do artigo 7º do Pacto[262].

O Comitê recebeu muitas comunicações sobre crianças ou seus pais, os quais teriam recebido uma ordem de expulsão, e seriam separadas de um ou ambos os pais se a ordem fosse executada. A posição geral do Comitê é que o simples fato de um membro da família ter o direito de permanecer no território de um Estado não significa necessariamente que a exigência de outros membros da família de deixar o país envolva uma interferência com a vida familiar. No entanto, o Comitê também considera que pode haver casos em que a recusa em permitir a perma-

---

[261] Disponível em http://www1.umn.edu/humanrts/gencomm/hrcom31.html. Acesso em 18/01/2013.
[262] Neste sentido, ver as *Observações Conclusivas* da Holanda (§ 11), no CDCP de 27/08//2001.

nência de um membro da família pode envolver interferência com a vida familiar desta pessoa[263].

O artigo 13 do Pacto Internacional de Direitos Civis e Políticos dispõe que *"um estrangeiro que se ache legalmente no território de um Estado-parte do presente pacto só poderá dele ser expulso em decorrência de decisão adotada em conformidade com a lei e, a menos que razões imperativas de segurança nacional a isso se oponham, terá a possibilidade de expor as razões que militem contra sua expulsão e de ter seu caso reexaminado pelas autoridades competentes, ou por uma ou várias pessoas especialmente designadas pelas referidas autoridades, e de fazer-se representar com esse objetivo"*.

Embora o CDH tenha asseverado que *"o artigo 13 regula diretamente apenas o procedimento e não as razões para a expulsão"*, a distinção entre os dois tipos de proteção nem sempre é clara e os efeitos do artigo 13 é, obviamente, para evitar expulsões arbitrárias[264].

É importante notar também que o artigo 13 só se aplica aos estrangeiros que estão *legalmente no território*. Como resultado, o Comitê sublinhou que *os imigrantes ilegais e os estrangeiros que tenham ficado mais tempo do que a lei ou suas licenças permitam não podem invocar a proteção do artigo 13 (§ 9º do Comentário Geral nº 15/27)*[265]. A disposição também contém uma exceção: a proteção conferida pelo artigo 13 não está disponível onde há *"razões imperiosas de segurança nacional*[266]*"*. O Comitê tem interpretado a frase *"em conformidade com a lei"* como estando em conformidade com a legislação nacional do Estado-Parte

---

[263] Ver o caso *Winata v. Australia* (§ 7.1), de 4 de agosto de 2003, no CDCP.

[264] Ver o *General Comment* nº 15/27 (§ 10) de 22 de julho de 1986. Disponível em: http://www2.ohchr.org/english/bodies/hrc/comments.htm. Acesso em 17/01/2013.

[265] Esta é uma posição no mínimo questionável do Comitê, ao entender que os estrangeiros ilegais não se encontram sob o abrigo da proteção do art. 13 do PIDCP, tendo em vista o discutido no bojo da Opinião Consultiva nº 18. Neste ponto ver o artigo 22 da *Convenção Internacional sobre a Proteção dos Direitos de Todos os Trabalhadores Migrantes e Membros das suas Famílias*, no ponto 7.1.7 deste trabalho.

[266] Ver a decisão no caso *V.R.M.B. v. Canada* (§ 6.3), de 18 de julho de 1988, e *Salah Karker v. France* (§ 9.3) de 26 de outubro de 2000, no CDCP.

envolvido[267]. Em sua jurisprudência no âmbito do Protocolo Opcional, não encontrou violações do artigo 13, a menos que ocorressem defeitos processuais[268].

A fim de se beneficiar das garantias processuais previstas no artigo 13, a pessoa submetida a uma ordem de expulsão deve ter acesso à representação legal, a fim de apresentar as razões contra a sua expulsão[269]. Enquanto a pessoa tem o direito de ter essas razões examinadas quando a decisão de expulsão é tomada, não está claro se o artigo 13 implica o direito de revisão desta decisão inicial[270]. Contudo, ao comentar os relatórios dos Estados, tem-se recomendado que aos recursos emergenciais apresentados por requerentes de asilo contra ordens de expulsão, seja dado o efeito suspensivo[271].

---

[267] Ver a decisão no CDCP do caso *Anna Maroufidou v Sweden* (§ 9.3), de 09 de abril de 1981.

[268] Ver os casos: *Hammel v. Madagascar* de 3 de abril de 1987, *Giry v. República Dominicana*, de 20 de julho de 1990, e o caso *Cañon Garcia v. Ecuador* de 12 de novembro de 1991. No caso *Mansour Ahani v. Canada* (§ 10.8), de 15 de junho de 2004, observou-se que ao autor da comunicação não era permitido "submeter razões contra sua expulsão à luz da análise das autoridades administrativas no caso em seu desfavor, e ter suas razões analisadas por uma autoridade competente, o que implica a possibilidade de comentar sua contestação apresentada àquela autoridade. Tendo o autor alegado que ele poderia enfrentar tortura após o seu regresso, o Comitê considerou uma violação ao artigo 13, combinado com o artigo 7º da Convenção".

[269] O Comitê recomendou que "o Estado Parte deve fornecer informações quanto às fases do procedimento de aplicação em que a assistência jurídica pode ser fornecida, e se a assistência é gratuita em todas as fases para aqueles que não podem pagar". Ver as *Observações Conclusivas* da Dinamarca (§ 17), de 31/10/2001. Disponível em: http://www.unhchr.ch/tbs/doc.nsf/0/24c26f5a34820eaec125698c003a5a24?Opendocument. Acesso em 17/01/2013.

[270] No julgamento do caso *Anna Maroufidou v Sweden*, o autor recorreu da decisão inicial de expulsão, mas só depois é que ela foi expulsa. Neste caso o Comitê não encontrou qualquer violação ao artigo 13 do Pacto.

[271] Ver as *Observações Conclusivas* da Bélgica (§ 23) de 12 de agosto de 2004. Disponível em: http://www.unhchr.ch/tbs/doc.nsf/0/5521fe7631cba75fc1256efc0054e18d?Opendocument. Em 17/01/2013.

É importante notar também que a Comissão afirmou que às mulheres, deve ser dado, numa base de igualdade com os homens, o direito de apresentar razões contra a sua expulsão e de ter o seu caso reexaminado, tal como previsto no artigo 13. Em particular, elas devem ser capazes de apresentar razões de violações de direitos humanos baseadas no gênero específico, como estupro, aborto forçado ou esterilização forçada[272].

Neste ponto, destaca-se ainda o artigo 12(4) do Pacto Internacional de Direitos Civis e Políticos, que prevê que *"ninguém será arbitrariamente privado do direito de entrar no seu próprio país"*[273]. O Comitê ressaltou que a disposição não se restringe aos nacionais e que poderia também se aplicar aos residentes de longa duração, que podem considerar o país de residência como seu *próprio país*. Segue-se que tais pessoas não podem ser expulsas arbitrariamente do país[274].

No entanto, o Comitê tem sido cauteloso ao interpretar o artigo 12(4) como abrangendo residentes de longa duração. Por exemplo, no caso *Charles E. Stewart v. Canada*, o autor tinha sido condenado por crimes diversos, tinha vivido no país por mais de 30 anos, cresceu lá desde a idade de 7 anos, casou-se e divorciou-se lá, mas ele ainda tinha cidadania britânica e família na Escócia. O Comitê decidiu que o Canadá não poderia ser considerado como seu *próprio país* para os fins do artigo 12(4)[275].

---

[272] Ver o *General Comment* nº 28/68 (§ 17), de 27 de março de 1992. Disponível em http://www.unhchr.ch/tbs/doc.nsf/0/13b02776122d4838802568b900360e80. Acesso em 17/01/2013.

[273] Estranho o fato de ver, ainda nos dias atuais, que países, como Cuba, ainda negam a entrada de seus nacionais no país, quando ausentes por determinado período descrito em lei, com a alegação de que eles perderam o *status* de residentes, e como tal necessitam de um visto para a admissão e permanência no país. Caso recente em que o autor atuou junto às autoridades diplomáticas brasileiras e cubanas, bem mostra que apesar da evolução dos seres humanos, algumas práticas abomináveis ainda continuam a ser defendidas por governos, em pleno século XXI.

[274] Ver o *General Comment* nº 27/67 (§ 20), de 02 de novembro de 1999. Disponível em http://www.unhchr.ch/tbs/doc.nsf/0/13b02776122d4838802568b900360e80. Acesso em 17/01/2013.

[275] Ver a decisão no CDCP do caso *Charles E. Stewart v. Canada* (§ 12.9), de 01 de novembro de 1996. Ver também o julgamento *Giosue Canepa v. Canada*, de 03 de abril de 1997.

O Pacto também não proíbe explicitamente as expulsões coletivas de estrangeiros. No entanto, o Comitê de Direitos Humanos afirmou que o direito de cada estrangeiro a uma decisão em seu próprio caso e a apresentar razões contra sua expulsão, faz com que as expulsões em massa ou coletiva sejam incompatíveis com o artigo 13 do Pacto[276].

O Comitê fez várias observações condenando expulsões em massa como sendo incompatível com as disposições do Pacto. Por exemplo, tem afirmado que: *"expulsões em massa de não nacionais é uma violação do Pacto, uma vez que não é levada em conta a situação dos indivíduos para os quais a República Dominicana é o seu próprio país, à luz do artigo 12, parágrafo 4, nem de casos em que a expulsão pode ser contrária ao artigo 7º, dado o risco de tratamento cruel, desumano ou degradante subsequente, nem tampouco de casos em que a legalidade da presença de um indivíduo no país está em disputa e deve ser resolvida no âmbito de processos que satisfaçam os requisitos do artigo 13"*[277]. Isso sugere que a proteção contra expulsões em massa não se limita àqueles que residam legalmente no país.

Há que se mencionar neste aspecto, que as expulsões coletivas ou em massa de estrangeiros são inequivocadamente proibidas nas convenções internacionais de direitos humanos, conforme se percebe no artigo 4º do protocolo nº 4 da Convenção Europeia de Direitos Humanos[278], no artigo 22(9) da Convenção Americana de Direitos Humanos,

---

Disponível em: http://www1.umn.edu/humanrts/undocs/558-1993.html. Acesso em 17/01/2013.

[276] Ver o *General Comment* nº 15/27 (§ 10º), de 22 de julho de 1986.

[277] Ver o *Concluding Observation on the Dominican Republic* (§ 16), de 26 de abril de 2001, disponível em: http://www1.umn.edu/humanrts/hrcommittee/dominicanrepublic2001.html.

[278] MOLE, Nuala, MEREDITH, Catherine. *Asylum and the European Convention on Human Rights*. Council of Europe Publishing, 2010, p. 114. A Corte Europeia de Direitos Humanos definiu expulsões coletivas como: "todas as medidas que forçam os estrangeiros, como um grupo, a deixar o país, exceto quando tais medidas são tomadas com base em um exame razoável e objetivo do caso particular de cada indivíduo estrangeiro do grupo". Ver o caso *Andric v. Sweden* (§ 1º), de 23/02/1999, e o caso *Conka v. Belgium* (§ 63), de 05/02/2002.

no artigo 12(5) da Carta Africana de Direitos Humanos e dos Povos[279], e artigo 26(2) da Carta Árabe dos Direitos Humanos.

7.1.4. A Convenção Internacional sobre a Eliminação de todas as Formas de Discriminação Racial de 1966

A Convenção sobre a Eliminação da Discriminação Racial não contém disposições especificas sobre a expulsão. No entanto o Comitê sobre a Eliminação da Discriminação Racial aprovou uma *Recomendação Geral* sobre a discriminação contra não cidadãos, em que fez pronunciamentos sobre expulsões. O Comitê recomendou que as leis nacionais em matéria de expulsão não devem discriminar a finalidade ou o efeito entre os estrangeiros, com base em raça, cor ou origem étnica ou nacionalidade, e que os estrangeiros devem ter igual acesso ao direito de contestar as ordens de expulsão[280].

Nesta mesma recomendação, o Comitê reiterou que os estrangeiros não devem ser devolvidos para países onde correm o risco de sofrer graves violações de direitos humanos (§ 27). Por fim, recomendou que os Estados-partes evitem expulsar estrangeiros, especialmente residentes de longa duração, o que resultaria em interferência desproporcional ao direito à vida familiar (§ 28).

7.1.5. A Convenção sobre os Direitos da Criança de 1989

Embora a Convenção sobre os Direitos das Crianças não contenha disposições específicas sobre a expulsão, o Comitê sobre os Direitos das Crianças adotou um *Comentário Geral* detalhado sobre o tratamento de crianças desacompanhadas e separadas, fora de seu país de origem, que aborda o assunto. Nesse *Comentário Geral*, o Comitê afirmou que os Estados-partes não devem expulsar ou retornar uma criança para um país onde haja razões suficientes para acreditar que há um risco real

---

[279] O artigo 12(5) da Carta Africana de Direitos Humanos e dos Povos define expulsão em massa como sendo destinada a grupos nacionais, raciais, étnicos, ou religiosos.
[280] Ver o *General Recommendation* nº 30 (§ 25), de 1º de outubro de 2004.

de danos irreparáveis à criança, tais como os contemplados nos artigos 6º (*direito inerente à vida*) e 37 (*proibição de tortura, penas de morte ou tratamentos crueis ou degradantes*)[281].

Também é especificado neste *Comentário*, que é irrelevante o fato de o dano ser causado por atores não estatais. Ele acrescenta que a avaliação de risco de tais violações deve ser conduzida de maneira sensível, levando em conta a idade e o gênero da criança, e deve, por exemplo, ter em conta as consequências particularmente graves para as crianças da provisão insuficiente de alimentos ou serviços de saúde.

Com referência ao artigo 38 da Convenção, em sintonia com os artigos 3º e 4º do Protocolo Facultativo à Convenção sobre os Direitos da Criança, relativo ao envolvimento de crianças em conflitos armados, o Comitê também sugeriu que os Estados devem se abster de expulsar ou devolver de qualquer forma uma criança para as fronteiras de um Estado onde haja um risco real de recrutamento não apenas como um combatente, mas também para prestar serviços sexuais aos militares, ou quando há um risco real de participação direta ou indireta em hostilidades, quer como um combatente, ou através da realização de outras tarefas militares (*Comentário Geral* nº 6, § 28).

7.1.6. A Convenção Internacional para a Proteção de todas as Pessoas do Desaparecimento Forçado de 2010

O artigo 16 desta Convenção proíbe expressamente qualquer Estado parte de "expulsar, retornar (*refouler*), entregar ou extraditar uma pessoa para outro Estado quando existam motivos sérios para crer que ela estaria em perigo de ser submetido ao desaparecimento forçado[282]". Tal disposição acrescenta que "com a finalidade de determi-

---

[281] MOLE, Nuala, MEREDITH, Catherine. *Op. cit.*, p. 187. Ver o *General Comment* nº 6 (§ 27), de 1 de setembro de 2005.

[282] Convenção Internacional para a Proteção de todas as Pessoas de Desaparecimento Forçado. Artigo 16. Disponível em http://www2.ohchr.org/english/law/disappearance-convention.htm. Acesso em 18/01/2013.

nar se existem tais motivos, as autoridades competentes devem levar em conta todas as considerações pertinentes, incluindo, quando aplicável, a existência no Estado, de um padrão consistente de violações graves, flagrantes ou massivas dos direitos humanos ou de violações graves do direito humanitário internacional" (parte II do art. 16). Isto segue a prática do Comitê contra a Tortura.

7.1.7. A Convenção Internacional sobre a Proteção dos Direitos de todos os Trabalhadores Migrantes e Membros das suas Famílias de 2003

Enquanto o artigo 13 do Pacto Internacional dos Direitos Civis e Políticos se aplica somente aos estrangeiros que se encontram legalmente no território de um Estado-parte, o artigo 22 da *Convenção Internacional sobre a Proteção dos Direitos de Todos os Trabalhadores Migrantes e Membros das suas Famílias* se aplica a todos os trabalhadores migrantes e membros de suas famílias, independentemente de sua condição migratória. As garantias processuais previstas no artigo 22 são muito mais extensas que aquelas contidas no artigo 13 do Pacto, pois protegem os trabalhadores migrantes e suas famílias de decisões arbitrárias, expulsão coletiva, e garantem a defesa contra a expulsão, a indenização por decisões de expulsão anuladas, e o recebimento de salários e prestações devidas[283].

---

[283] Artigo 22: 1) Os trabalhadores migrantes e os membros das suas famílias não poderão ser objeto de medidas de expulsão coletiva. Cada caso de expulsão será examinado e decidido individualmente; 2) Os trabalhadores migrantes e os membros das suas famílias somente poderão ser expulsos do território de um Estado Parte em cumprimento de uma decisão tomada por uma autoridade competente em conformidade com a lei; 3) A decisão deverá ser comunicada aos interessados no idioma que compreendam. A seu pedido, se não for obrigatório, a decisão será comunicada por escrito e, salvo em circunstâncias excepcionais, por razões de segurança nacional, devidamente fundamentada. Os interessados serão informados deste direito antes, ou no mais tardar, no momento em que a decisão for tomada; 4) Salvo nos casos de uma decisão definitiva emanada de uma autoridade judicial, o interessado terá o direito de fazer valer as razões que militam contra a sua expulsão e de recorrer da decisão perante a autoridade competente, salvo imperativos de segurança nacional. Enquanto o seu recurso estiver sendo apreciado, o interessado terá o direito de

Menção também deve ser feita ao artigo 23 que trata da proteção diplomática ou consular. Ele prevê que, no caso de expulsão, o interessado deve ser informado sem demora do seu direito de recorrer à proteção e assistência das autoridades consulares ou diplomáticas do Estado de origem, e que as autoridades do Estado expulsor devem facilitar o exercício de tal direito. Assim como o artigo 22, o artigo 23 se aplica a todos os trabalhadores migrantes e membros das suas famílias, independentemente da sua condição de regularidade no país.

Em contrapartida, o artigo 56 aplica-se apenas aos trabalhadores migrantes e aos membros das suas famílias que estejam documentados ou em situação regular. Ele prevê que eles não podem ser expulsos de um Estado onde exercem o emprego, exceto por razões definidas na legislação nacional desse Estado, e sujeitas às garantias listadas acima. Este artigo também proíbe as expulsões que se recorram ao objetivo de privar um trabalhador migrante ou membro da sua família dos direitos decorrentes da autorização de residência e a permissão de trabalho. Finalmente, o artigo 56 prevê que ao se chegar a uma decisão de expulsão, devem ser levadas em conta as considerações humanitárias e ao período de tempo em que a pessoa em causa já residia no país de seu emprego.

procurar obter a suspensão da referida decisão de expulsão; 5) Se uma decisão de expulsão já executada for subsequentemente anulada, a pessoa interessada terá direito a obter uma indenização de acordo com a lei, não podendo a decisão anterior ser invocada para impedi-lo de regressar ao Estado em causa; 6) No caso de expulsão, a pessoa interessada deverá ter a oportunidade razoável, antes ou depois da partida, de obter o pagamento de todos os salários ou prestações que lhe sejam devidos, e de cumprir eventuais obrigações pendentes; 7) Sem prejuízo da execução de uma decisão de expulsão, o trabalhador migrante ou membro da sua família objeto desta decisão poderá solicitar a admissão num Estado diferente do seu Estado de origem; 8) Em caso de expulsão, as despesas ocasionadas por esta medida não serão assumidas pelo trabalhador migrante ou membro da sua família. O interessado poderá, no entanto, ser obrigado a custear as despesas da viagem; 9) A expulsão do Estado em que exerce o emprego, em si, não prejudicará os direitos adquiridos, em conformidade com a lei desse Estado, pelo trabalhador migrante ou membro da sua família, incluindo o direito de receber os salários e outras prestações que lhe sejam devidos.

7.1.8. O Protocolo Adicional à Convenção das Nações Unidas contra o Crime Organizado Transnacional relativo à Prevenção, Repressão e Punição ao Tráfico de Pessoas de 2000

O Protocolo de 2000[284], para prevenir, reprimir e punir o tráfico de pessoas, especialmente mulheres e crianças, que complementa a Convenção contra o Crime Organizado Transnacional (*Palermo*), contém muito poucas disposições que tratam do retorno da vítima.

O artigo 7º do Protocolo apenas prevê que os Estados-partes "deverão considerar a adoção legislativa ou outras medidas adequadas que permitam às vítimas de tráfico de pessoas permanecerem em seu território, temporária ou permanentemente, em casos apropriados". Ao fazer isso, os Estados-Partes "dão a devida atenção aos fatores humanitários e de compaixão".

O artigo 8º do Protocolo lida principalmente com a cooperação interestatal, para facilitar a repatriação das vítimas de tráfico. Mais uma vez, prevê apenas que *"tal retorno estará relacionado com a segurança da pessoa e as condições de procedimentos legais relacionados ao fato de que a pessoa é uma vítima de tráfico, e deve preferencialmente ser voluntário"*.

7.1.9. A Comissão de Direito Internacional da Assembleia Geral da ONU– Relatoria Especial

A Comissão de Direito Internacional foi estabelecida pela Assembleia Geral das Nações Unidas em 1948, com o objetivo de dar seguimento ao desenvolvimento progressivo e à codificação do direito internacional, sob o artigo 13(1)(a) da Carta da ONU. Atualmente ela é composta de 34 membros eleitos pela Assembleia Geral, e possui em pauta temas relevantes para o Brasil, como recursos naturais transfronteiriços, reservas a tratados, responsabilidade de organizações internacionais, efeitos de conflitos armados sobre tratados, e a *expulsão de estrangeiros*.

---

[284] Internalizado no Brasil por meio do Decreto nº 5017 de 12/03/2004, disponível em: http://www.planalto.gov.br/ccivil_03/_ato2004-2006/2004/decreto/d5017.htm.

A Comissão foi estabelecida como um corpo jurídico especializado, e sua tarefa essencial é preparar projetos de convenções internacionais sobre temas que ainda não tenham sido regulamentados pela legislação internacional, e codificar as regras do direito internacional nos campos onde já existe uma prática do Estado, aí se inserindo justamente a *expulsão de estrangeiros*, que muito embora seja prática corriqueira dos Estados, não encontra sua regulamentação plena na legislação internacional, mormente quanto ao tempo de afastamento como efeito da medida expulsória.

A recomendação da criação de um grupo de discussão para um programa de trabalho *"long-term"* sobre a expulsão de estrangeiros surgiu durante os trabalhos da 52ª Sessão da Comissão de Direito Internacional no ano de 2000[285], onde se discutia em pauta a definição, conteúdo, formalidade, efeito e abrangência dos *Atos Unilaterais dos Estados*, além de *Responsabilidade dos Estados, Proteção Diplomática*, e finalmente, *Reservas aos Tratados*. Mas foi enfim na 56ª Sessão da Comissão de Direito Internacional no ano de 2004, que foi endossada a criação de um tópico reservado à *expulsão de estrangeiros*, tendo sido indicado como Relator Especial da matéria o camaronense Maurice Kamto[286].

Em muitos casos analisados, preocupações foram reveladas pelo Relator Especial sobre os procedimentos e métodos de expulsões. Em visita a alguns países, como o Marrocos, o Relator Especial observou recomendação anterior no sentido de estabelecer medidas para prote-

---

[285] A 52ª Sessão ocorreu entre 01 de maio e 9 de junho e entre 10 de julho e 18 de agosto, em Genebra, na Suíça, e teve a participação do embaixador brasileiro João Clemente Baena Soares, como membro da Comissão, eleito para o período de 1997-2007. De 2007 a 2011, o embaixador brasileiro dos países-baixos, Gilberto Vergne Saboia foi eleito como membro da CDI. Nesta 52ª Sessão foi aprovada a inclusão do tema: *Expulsão de Estrangeiros*, conforme constou do documento elaborado durante os trabalhos. Disponível em: http://untreaty.un.org/ilc/reports/2000/english/annex.pdf.

[286] Ver em: *Resolution 59/41*, adopted by the General Assembly (on the report of the Sixth Committee – A/59/510), de 02/12/2004. Report of the International Law Commission on the work of its fifty-sixth session. Disponível em: http://www.un.org/law/ilc/.

ger menores e mulheres grávidas, que muito embora houvesse previsão legal impedindo que fossem expulsos do país, tecnicamente ainda era possível que isso ocorresse. O Relator Especial recomendou que cursos de formação fossem oferecidos às autoridades responsáveis pela expulsão de estrangeiros no país, que lhe permitissem desempenhar suas funções, respeitando os direitos e a dignidade humana do indivíduo afetado pela expulsão.

Muitos foram os casos de expulsão coletiva levados ao conhecimento do Relator Especial da Comissão de Direito Internacional. Em 07/12/2004, o Relator Especial enviou um apelo urgente às autoridades da Malásia sobre informações recebidas alegando o risco iminente de expulsão de centenas de milhares de migrantes em situação irregular, tais como trabalhadores migrantes, requerentes de asilo e vítimas de tráfico de seres humanos. Em junho de 2005, o Relator Especial recebeu informações sobre o regresso forçado de 180 pessoas da Itália para a Líbia, e a possível devolução de mais de 1000 outros indivíduos. Em outubro de 2005, o Relator Especial enviou um apelo urgente a Marrocos sobre possível expulsão coletiva de migrantes e requerentes de asilo, muitos abandonados no deserto, sem comida e sem água.

A 57ª Sessão da Comissão de Direito Internacional adotou um "Relatório Preliminar sobre a expulsão de estrangeiros", elaborada por *Maurice Kamto, Relator Especial*, distribuído em 02/06/2005 aos Estados envolvidos no grupo de trabalho, tratando basicamente de cinco tópicos: a) *o conceito de expulsão de estrangeiros*, b) *o direito de expulsar*, c) *razões para expulsar*, d) *direitos relacionados à expulsão*, e finalmente, e) *questões metodológicas*[287]. A questão do *retorno do estrangeiro expulso* somente apa-

---

[287] Embora tendo sido escolhido como tema da 57ª reunião da CDI, alguns Estados estrangeiros resistiram quanto à codificação do tópico expulsão de estrangeiros: "*However, some delegations expressed doubts as to the appropriateness of this topic being considered by the Commission or drawing up a comprehensive legal regime on this topic. A view was expressed that there was no evidence that the topic deserved autonomous treatment and was suitable for codification and progressive development*". Report of the International Law Commission on the work ofits fifty-seventh session (2005). Disponível em: http://www.un.org/law/ilc/.

rece nesta 57ª Sessão como um projeto de plano de trabalho futuro, descrito no relatório preliminar citado[288].

A Comissão de Direito Internacional, em sua 58ª Sessão em 2006 decidiu que deveria adotar uma abordagem maior à expulsão de estrangeiros, considerando todos os aspectos legais da questão, incluindo assuntos relacionados a direitos humanos, repatriação, e tráfico de pessoas ou contrabando de migrantes. Nesta Sessão foi declarado incontroverso o direito de expulsar estrangeiro cuja presença fosse considerada indesejável, por motivos de segurança nacional, mas por outro lado, asseverou-se que tal direito deve estar sujeito aos limites estabelecidos pelo Direito Internacional, respeitando os direitos humanos, em particular a dignidade do estrangeiro expulso.

Com relação ao *efeito do afastamento* de estrangeiro pela expulsão, o tema foi primeiramente citado, apenas *"en passant"*, na 59ª Sessão da Comissão de Direito Internacional em 2007, citando o direito de retorno de estrangeiro cuja expulsão do país fosse considerada contrária à lei, por uma autoridade competente[289]. Nesta Sessão, algumas delegações foram a favor da exclusão à expulsão, de certas categorias de pessoas titulares de imunidades e privilégios, como diplomatas e membros das forças armadas.

Outro ponto controverso nesta sessão foi a inclusão de refugiados e apátridas na questão da expulsão, ao que se fixou o dever de observância à Convenção dos Refugiados de 1951. Embora uma preferência tenha sido manifestada nesta sessão com relação à inclusão à expulsão, de estrangeiros ilegais presentes nas zonas de imigração dos Estados, foi declarado que os estrangeiros ilegais nesta situação deveriam ser excluídos deste tópico. A expulsão de nacionais foi *incondicionalmente*

---

[288] Em *Fifty-seventh Session – Preliminary report on the expulsion of aliens By Mr. Maurice Kamto, Special Rapporteur – Annex I – Draft workplan – Part 3: Legal consequences of expulsion – ...(b) Right to return to the territory of the expelling State*. Disponível: http://untreaty.un.org/ilc/sessions/57/57sess.htm.

[289] Relatório da 59ª Sessão da Comissão de Direito Internacional realizada em 2007, de 24/01/2008, p.22. Disponível em: http://untreaty.un.org/ilc/sessions/59/59sess.htm.

declarada proibida, assim como a *expulsão coletiva*, nos termos da legislação internacional que assim proíbe.

A 60ª Sessão da Comissão em 2008 tampouco tratou da questão do *período de afastamento* de estrangeiro expulso, mas se limitou às questões já em discussão acerca da expulsão, discutindo a questão dos nacionais e de pessoas com duas ou múltiplas nacionalidades, ou com perda de nacionalidade, além da expulsão coletiva, de refugiados ou de apátridas.

A questão do afastamento foi novamente tratada como direito de retorno do estrangeiro na 63ª Sessão da Comissão em 2011, também com relação ao estrangeiro expulso por decisão contrária à lei, mas algumas delegações entenderam que tal direito de retorno somente poderia ser reconhecido nos casos em que o estrangeiro estivesse legalmente no território do Estado expulsor antes de ser expulso. Houve também o entendimento de que o direito de retorno do estrangeiro somente seria possível naqueles casos em que a decisão de expulsão tivesse sido anulada por fundadas questões de mérito.

Mais completo do que os anteriores, o projeto de 24/05/2012 adotado para a discussão na 64ª Sessão da Comissão de Direito Internacional elencou 32 artigos, tomando inclusive a cautela de definir o uso dos termos *expulsão* e *estrangeiro* no artigo 2º do relatório[290].

Os demais artigos abrangeram questões de direitos, proibições (refugiados, apátridas, nacionais, coletivas, discriminação etc.), obrigações, motivação, vulnerabilidade, condições de detenção, respeito à vida

---

[290] *Expulsion of aliens* – Texts of draft articles 1-32 provisionally adopted on first reading by the Drafting Committee at the sixty-fourth session of the International Law Commission. *"Draft article 2 – Use of terms – For the purposes of the present draft articles: (a) "expulsion" means a formal act, or conduct consisting of an action or omission, attributable to a State, by which an alien is compelled to leave the territory of that State; it does not include extradition to another State, surrender to an international criminal court or tribunal, or the non-admission of an alien, other than a refugee, to a State; (b) "alien" means an individual who does not have the nationality of the State in whose territory that individual is present"*. Disponível em: http://www.un.org/law/ilc/.

familiar, país de destino do expulso, proteção no país de trânsito, questões processuais, efeito suspensivo da decisão, recurso, efeitos da expulsão, readmissão no país expulsor, disposição da propriedade e patrimônio do estrangeiro expulso, expulsão contrária à lei, responsabilidade internacional, e finalmente proteção diplomática.

O projeto do artigo 29, com o título *"Readmission to the expelling State"* foi inicialmente proposto pelo Relator Especial como *"Right of return to the expelling State"*, tendo causado algumas preocupações nas Delegações durante debates em 2011. Vários membros de delegações alegaram que a proposta era muito ampla, e que ela reconhecia o direito de retorno do estrangeiro ao Estado expulsor, em razão de expulsão contrária à lei, independentemente de analisar sua presença legal ou ilegal no território do país expulsor, ou ainda a razão pela qual a decisão de sua expulsão houvesse sido considerada contrária à lei.

O Comitê que debateu o projeto dos artigos citados questionou a conveniência de prever o direito de readmissão em caso de expulsão ilegal. De acordo com alguns membros, o reconhecimento de tal direito seria ir além do esperado, e seria questionável até mesmo a partir da perspectiva da *lex ferenda*. De acordo com outros membros, as regras de responsabilidade internacional dos Estados por erros cometidos incluem a *restitutio in integrum*, que já oferece uma adequada solução, não havendo, portanto, necessidade de tratar a questão do direito de readmissão na eventualidade de erro na decisão de expulsão, na perspectiva do direito individual do estrangeiro expulso.

Ficou ainda claramente indicado no citado projeto, que o Estado expulsor manteria o direito de recusar a readmissão do estrangeiro expulso, naqueles casos em que o seu retorno causasse uma ameaça à segurança nacional ou à ordem pública, ou ainda se o estrangeiro não mais preenchesse as condições necessárias para a sua admissão, segundo as leis do país expulsor. Foram reconhecidas assim, as exceções necessárias para a preservação do equilíbrio entre os direitos do estrangeiro expulso contrariamente à lei, e a discricionariedade do Estado expulsor em controlar a entrada de qualquer estrangeiro em seu território, de acordo com sua lei de imigração.

Ficou, por assim dizer, estabelecido pelo projeto do Comitê que o Estado expulsor deve utilizar sua boa fé na discricionariedade para decidir sobre a readmissão do estrangeiro expulso, e neste caso *não deve ser autorizado ao Estado expulsor invocar a previsão de legislação nacional que considera a mera existência da decisão de expulsão como um impedimento à readmissão*[291]. Firmou-se ainda que o termo *"direito de readmissão de estrangeiro expulso"* teria melhor interpretação do que *"direito de retorno de estrangeiro expulso"*, já que este poderia significar a necessidade de um direito de retorno ao próprio país dos migrantes deslocados.

Porquanto no projeto de discussão da 64ª Sessão da CDI, preocupações foram demonstradas pelas delegações quanto a se manter o poder das autoridades migratórias dos Estados para decidir sobre a readmissão de um estrangeiro que tenha sido expulso do país em decisão contrária à lei, não se percebe até o momento, em que pese as oito sessões já realizadas pela CDI sobre o tema expulsão, qualquer preocupação mínima quanto à questão da *razoabilidade no período de afastamento de estrangeiro expulso* do território de um Estado, de onde se percebe que os Estados preferem manter sua margem de apreciação neste assunto.

Preocupações surgem, de fato, na codificação e progresso pela CDI da questão da expulsão de estrangeiros, tendo em vista as muitas objeções verificadas no bojo do 8º relatório do Relator Especial Maurice Kamto, desde a resistência por alguns países de codificação nesta área: *"Alguns Estados tem sentido que o tema expulsão de estrangeiros não era adequado para a codificação ou que o resultado final do trabalho da Comissão sobre*

---

[291] Ver em *"Texts of draft articles 1-32 provisionally adopted on first reading by the Drafting Committee at the sixty-fourth session of the International Law Commission"* – *"Draft article 29: Readmission to the expelling State – 1. An alien lawfully present in the territory of a State, who is expelled by that State, shall have the right to be readmitted to the expelling State if it is established by a competent authority that the expulsion was unlawful, save where his or her return constitutes a threat to national security or public order, or where the alien otherwise no longer fulfils the conditions for admission under the law of the expelling State. 2. In no case may the earlier unlawful expulsion decision be used to prevent the alien from being readmitted"*. Disponível em http://untreaty.un.org/ilc/sessions/64/64sess.htm.

o tema deveria, se muito, tomar a forma de princípios fundamentais orientadores, normas e orientações ou *diretrizes ou princípios orientadores*, ao invés de *projeto de artigos*[292]" (tradução nossa).

Há ainda a questão de algumas delegações questionarem a não aplicação de sua legislação interna, a exemplo da União Europeia, na questão da "Return *Directive of 16 December 2008*", ou a crítica americana ao Relator Especial por codificar a jurisprudência das cortes regionais de direitos humanos, como a Corte Europeia de Direitos Humanos na questão da expulsão.

Apresentado o relatório final da CDI em 14/12/2012, sobre os trabalhos finais na 64ª Sessão, com as discussões acerca da possibilidade de readmissão do estrangeiro expulso ao Estado expulsor (art. 29 do projeto), manteve-se o entendimento no sentido de que tal previsão somente será possível nos casos em que a expulsão do estrangeiro ocorrer contrariamente à lei do Estado expulsor, atendidas certas condições[293],

---

[292] O 8º relatório sobre a expulsão de estrangeiros na 64ª Sessão, distribuído em 22/03/2012, § 55, p. 15. "*Some States have felt that the topic of the expulsion of aliens was not suitable for codification or that the final outcome of the Commission's work on the topic should, at most, take the form of 'fundamental guiding principles, standards and guidelines' or 1guidelines or guiding principles' rather than 'draft articles*". See, in particular, the position of the United Kingdom (A/C.6/66/SR.23, para. 46). See also the position of the Nordic countries as stated by Finland (A/C.6/66/SR.21, para. 59). See Greece (A/C.6/66/SR.24, para. 16). See Thailand (A/C.6/66/SR.24, para. 88). Disponível em: http://untreaty.un.org/ilc/sessions/64/64sess.htm.

[293] Dentre as condições necessárias, cita-se a necessidade do estrangeiro se encontrar legalmente no país, e que a autoridade competente do país ou de uma Corte Internacional tenha reconhecido que a expulsão ocorreu contrariamente à lei e ainda não possa sustentar validamente razões para impedir a readmissão do estrangeiro em questão. Há ainda a menção de que o termo "*contrário à lei*" se refere primariamente a uma brecha na regra do Direito Interno, à luz das disposições do Direito Internacional, a exemplo de ocorrer a expulsão sem a adoção de uma decisão formal. A Comissão considerou ainda que seria inapropriado reconhecer a anulação da expulsão em questão como um direito subjetivo, uma vez que somente as autoridades do Estado expulsor são competentes para anular tal decisão. Disponível em 22/08/2013, em http://www.un.org/law/ilc/ (p. 73/74 do relatório).

e ainda assim, não constituindo um direito individual de readmissão do estrangeiro.

Analisando-se a agenda provisória[294] dos temas a serem tratados na 65ª Sessão da Comissão de Direito Internacional ao longo do ano de 2013, verifica-se que o tema *expulsão de estrangeiros* não se encontra em nenhum tópico, ao que se conclui que a questão do período de afastamento como efeito da expulsão ainda não constitui preocupação da comunidade internacional, em que pese os muitos casos já decididos na Corte Europeia de Direitos Humanos, privilegiando-se a vida familiar e privada[295].

7.2. A Convenção Europeia e o Sistema Europeu de Direitos Humanos

A preocupação com a proteção dos direitos humanos é antiga, embora sua positivação internacional seja fenômeno recente, conforme já visto anteriormente no capítulo 6º deste texto. E os principais instrumentos internacionais de proteção dos direitos humanos surgem como uma tentativa de se evitar a repetição das barbáries cometidas

---

[294] *International Law Commission-Sixty-fifth session-Geneva, 6 May-7 June and 8 July-9 August 2013, Provisional agenda for the sixty-fifth session: 1. Organization of the work of the session, 2. Filling of a casual vacancy, 3. The obligation to extradite or prosecute (aut dedere aut judicare), 4. Protection of persons in the event of disasters, 5. Immunity of State officials from foreign criminal jurisdiction, 6. Subsequent agreements and subsequent practice in relation to the interpretation of treaties, 7. Provisional application of treaties, 8. Formation and evidence of customary international law, 9. The Most-Favoured-Nation clause, 10. Programme, procedures and working methods of the Commission and its documentation, 11. Date and place of the sixty-sixth session, 12. Cooperation with other bodies, 13. Other business.* Disponível em: http://untreaty.un.org/ilc/sessions/65/65sess.htm. Acesso em 20/08/2013.

[295] Citem-se os julgamentos proferidos pela Corte Europeia de Direitos Humanos nos casos: *Moustaquim v. Belgium* (1991), *Amrollahi v. Denmark* (1997), *Dalia v. France* (19/02/1998), *Ezzouhdi v. France* (2001), *Al-Nashif and others v. Bulgaria* (2002), *Yilmaz v. Germany* (2003), *Radovanovic v. Austria* (2004), *Keles v. Germany* (2005), *Maslov v. Austria* (2008), *Ali Raza v. Bulgaria* (2010), *Kaushal and others v. Bulgaria* (2010), *Emre v. Switzerland* (2008 e 2011), dentre outros.

pelos sistemas totalitários no início do século XIX, posicionando o tema dos direitos humanos como status obrigatório na agenda internacional.

Instituído na Europa, como consequência direta da memória das atrocidades ocorridas durante o holocausto e Segunda Guerra Mundial, o Sistema Europeu de Direitos Humanos surgiu com a esperança de implantar no Continenente Europeu, um padrão mínimo de proteção afeto a todos os países do bloco[296].

Como um dos sistemas regionais de proteção que alcançou o maior grau de evolução até o momento[297], o sistema europeu nasceu do consenso de alguns países do bloco europeu em 05/05/1949, reunidos em Londres, para a criação do Conselho da Europa, inicialmente com a participação de dez países, hoje contando com 47 países-membros, e desde o início, com sede na cidade de Estrasburgo, na França.

Inicialmente sem uma ideia consolidada de conteúdo acerca do tema *direitos humanos*, o movimento europeu iniciado em 1949 propugnou pela adoção de uma diretriz regional europeia em matéria de direitos humanos, inaugurando no ano seguinte a *Convenção Europeia de Direitos Humanos* (adotada em Roma em 04/11/1950), tendo entrado em vigor somente em 03/09/1953, com a ratificação de dez países europeus, conforme a exigência de seu atual artigo 59, § 3º.

Com a entrada em vigor da Convenção[298], o próximo passo seria a criação de um Tribunal Europeu dos Direitos do Homem, conforme

---

[296] Neste sentido: TRINDADE, Antônio Augusto Cançado. *Tratado de direito internacional dos direitos humanos*, vol. III. Porto Alegre: Sergio Antonio Fabris, 2003, p. 119-120; e PIOVESAN, Flávia. *Direitos humanos e justiça internacional: um estudo comparativo dos sistemas regionais europeu, interamericano e africano*, São Paulo: Saraiva, 2006, p. 63-64.

[297] Neste sentido: MIRANDA, Jorge. *Curso de direito internacional público*: uma visão sistemática do direito internacional dos nossos dias, 4ª ed. Rio de Janeiro: Forense, 2009, p. 286-287; e GOUVEIA, Jorge Bacelar. *Manual de direito internacional público*. Rio de Janeiro: Renovar, 2005, p. 462-463.

[298] *A Convenção Europeia de Direitos Humanos tem por finalidade estabelecer padrões mínimos de proteção naquele Continente, institucionalizando um compromisso dos Estados partes de não ado-*

previsto no próprio texto da Convenção Europeia (artigo 19 e seguintes), o que ocorreu no ano de 1959, também com sede em Estrasburgo, na França.

A Convenção Europeia de Direitos Humanos trouxe em seu texto original três órgãos distintos para o monitoramento dos direitos nela protegidos: um semijudicial, a *Comissão Europeia de Direitos Humanos*[299], outro judicial: a *Corte Europeia de Direitos Humanos*, e finalmente, um órgão diplomático (político): *O Comitê de Ministros do Conselho da Europa*.

Com a entrada em vigor do Protocolo nº 11 à Convenção Europeia, a Comissão Europeia de Direitos Humanos e a Corte Europeia de Direitos Humanos foram substituídas por uma nova Corte Europeia de Direitos Humanos, permanente, desta feita com competência para realizar juízos de admissibilidade e de mérito dos casos que lhe forem submetidos, sem depender agora de um órgão distinto como era a *Comissão Europeia*[300]. A partir então do Protocolo nº 11, é facultado aos indivíduos (também às ONGs e grupos de indivíduos) o direito de petição direta à nova Corte Europeia de Direitos Humanos[301] (e não mais

---

tarem disposições de direito interno contrárias às normas da Convenção, bem assim de estarem aptos a sofrer demandas na Corte Europeia de Direitos Humanos (e de não embaraçar, por qualquer meio, o exercício do direito de petição) caso desrespeitem as normas do tratado em relação a quaisquer pessoas sob sua jurisdição. As pessoas protegidas – repita-se – são quaisquer pessoas que estejam sujeitas à jurisdição do Estado-parte em causa, independentemente de sua nacionalidade. MAZZUOLI, Valério de Oliveira. Artigo: *O Sistema Regional Europeu de Direitos Humanos* – Caderno da Escola de Direito e Relações Internacionais – UNIBRASIL, Curitiba: 2010, p. 4.

[299] Segundo André de Carvalho Ramos, a antiga Comissão Europeia de Direitos Humanos foi extinta, e os comissários absorvidos como juízes na nova Corte Permanente em 1998, pelo protocolo nº 11 à Convenção Europeia. CARVALHO RAMOS, André de. *Teoria Geral dos Direitos Humanos na Ordem Internacional*, São Paulo: Ed. Saraiva, 2012, p. 123.

[300] PIOVESAN, Flávia. *Direitos humanos e justiça internacional: um estudo comparativo dos sistemas regionais europeu, interamericano e africano*, São Paulo: Saraiva, 2006, p. 72.

[301] Segundo Cançado Trindade: "(...) buscou-se fortalecer os elementos judiciais do sistema europeu de proteção e agilizar o procedimento (evitando os atrasos e duplicações que se mostraram inerentes ao regime jurídico anterior), além de mencionar que "o novo

à Comissão), por casos de violação dos direitos reconhecidos na Convenção ou nos seus protocolos, por parte dos Estados, ficando estes obrigados a não criar dificuldade ao exercício desse direito.

A Corte Europeia de Direitos Humanos possui duas competências, uma *consultiva* (art. 48 da Convenção), que pode ser solicitada pelo Comitê de Ministros acerca de questões jurídicas relativas à interpretação da Convenção Europeia e de seus Protocolos, excluindo questões relativas ao conteúdo ou extensão dos direitos e liberdades definidos no Título I e nos Protocolos, cabendo a emissão de Opiniões Consultivas ao Tribunal Pleno da Corte Europeia, composto de 17 juízes (*Grande Chambre* – art. 26, § 1º da Convenção)[302].

A outra competência, *contenciosa*, consiste na apreciação pelo juiz singular quanto à admissibilidade da petição[303], com o encaminhamento, caso admitida, ao Comitê formado por três juízes, que poderão admitir ou não a petição, proferir sentença, caso se trate de matéria com jurisprudência consolidada pela Corte, ou encaminhar à Seção (composta de sete juízes – *Chambre*), para a emissão de sentença, de caráter definitivo e obrigatório quanto ao mérito, com natureza declaratória, mas juridicamente vinculante. A sanção mais gravosa ao Estado infrator quanto ao não cumprimento das decisões da Corte Europeia é a sua expulsão do Conselho da Europa, conforme se vê nos artigos 3º e 8º do Estatuto do Conselho da Europa[304].

---

mecanismo do Protocolo nº 11, tendo a Corte como órgão jurisdicional único, fomentaria o desenvolvimento de uma jurisprudência protetora homogênea e claramente consistente". TRINDADE, Antônio Augusto Cançado. *Tratado de direito internacional dos direitos humanos*, vol. III. Porto Alegre: Sergio Antonio Fabris, 2003, p. 139.

[302] MAZZUOLI, Valério de Oliveira. Artigo: *O Sistema Regional Europeu de Direitos Humanos* – Caderno da Escola de Direito e Relações Internacionais – UNIBRASIL, Curitiba: 2010, p. 43.

[303] Nos termos do artigo 27 da Convenção Europeia, a decisão pelo arquivamento é definitiva, não cabendo recurso (Introduzido pelo artigo 7º do Protocolo nº 14 à Convenção, em vigor desde 01/06/2010).

[304] PIOVESAN, Flávia. *Direitos humanos e justiça internacional: um estudo comparativo dos sistemas regionais europeu, interamericano e africano*, São Paulo: Saraiva, 2006, pp. 83-84.

O artigo 35 da Convenção Europeia traz os requisitos de admissibilidade de um caso perante a Corte Europeia, a saber: a) haver sido esgotadas todas as vias internas de recurso, em conformidade com os princípios de Direito Internacional geralmente reconhecidos; b) obedecer ao prazo de 6 meses a contar da data da decisão interna definitiva; c) não ser anônima a petição; d) não ser a petição idêntica a outra anteriormente examinada pela Corte ou já submetida a outra instância internacional de inquérito ou de decisão e não contiver fatos novos (requisito da inexistência de litispendência internacional); e) não ser a petição incompatível com o disposto na Convenção ou nos seus Protocolos (incompatibilidade *ratione temporis*, *personae* e *materiae*); f) não ser manifestamente infundada ou de caráter abusivo, e finalmente g) ter o autor sofrido um prejuízo significativo.

Nos primeiros 30 anos de sua existência, o sistema europeu de direitos humanos permaneceu em grande parte em silêncio sobre questões de *Imigração*. Isso não foi coincidência, uma vez que a *Convenção Europeia* não aborda, até os dias atuais, qualquer referência com a *Imigração*, em particular, ao direito de asilo, à proibição explícita de *non-refoulement* (com exceção ao artigo 4º do Protocolo 4º à Convenção Europeia, que proíbe a expulsão coletiva), em que pese presentes em outros instrumentos internacionais já citados.

Este silêncio sobre a imigração reflete a escolha original dos Estados-partes de regular os fluxos migratórios sem a observação de uma estrutura supranacional de direitos humanos. Comunicações relativas às leis de imigração podem, portanto, chegar à Corte Europeia apenas indiretamente, através dos efeitos das medidas tomadas pelos Estados-partes acerca de outros direitos humanos afetos aos estrangeiros em causa, previstos na Convenção Europeia.

Nesse sentido o relatório divulgado pelo setor de imprensa da Corte Europeia de Direitos Humanos em dezembro de 2012, sobre expulsões e extradições: "A Convenção Europeia de Direitos Humanos não aborda "extradição, expulsão e direito de asilo. No entanto, no exercício de seu direito de controlar a entrada, permanência e expulsão de estrangeiros (*Vilvarajah and Others v. the United Kingdom*), os Estados-partes tem a obrigação de não prejudicar os direitos garantidos pela Convenção[305]".

A obrigação de permitir em seu território a permanência de um estrangeiro expulso, ou a desconsideração do período de afastamento indefinido como efeito da expulsão, previsto na legislação migratória de um Estado-parte, em respeito à vida familiar e privada, é um excelente exemplo dessa aplicação indireta. Se por um lado o Estado-parte não tem qualquer obrigação em admitir um estrangeiro em seu território[306], de outro lado, deve fazer respeitar os direitos dos estrangeiros presentes em seu território, por exemplo, assegurando a eles o respeito à vida familiar e privada (artigo 8º da Convenção Europeia).

A relação indireta entre a Convenção Europeia e as leis de imigração dos Estados-partes é a principal justificativa para a margem de apreciação[307] que as Partes Contratantes desfrutam neste campo político[308]

---

[305] *The European Convention on Human Rights does not govern "extradition, expulsion and asylum law". However, in the exercise of their right to "control the entry, residence and expulsion of aliens" (Vilvarajah and Others v. the United Kingdom), the Contracting States have an obligation not to undermine the rights guaranteed by the Convention.* Em Corte Europeia de Direitos Humanos – *Court's case-law and pending cases: Expulsion and extraditions.* Em: http://www.echr.coe.int/echr/en/header/press/information+sheets/factsheets.

[306] CARVALHO RAMOS, André de. *Direitos dos Estrangeiros no Brasil: a Imigração, Direito de Ingresso e os Direitos dos Estrangeiros em Situação Irregular.* In: SARMENTO, Daniel, IKAWA, Daniela e PIOVESAN, Flávia. (Org.). *Igualdade, Diferença e Direitos Humanos.* Rio de Janeiro: Lumen Juris, 2008, p. 724.

[307] Segundo André de Carvalho Ramos, a teoria da margem de apreciação: "(...) *é baseada na subsidiariedade da jurisdição internacional e prega que determinadas questões polêmicas relacionadas com as restrições estatais a direitos protegidos devem ser discutidas e dirimidas pelas comunidades nacionais, não podendo o juiz internacional apreciá-las*". E continua: "*É bom lembrar que o texto da Convenção Europeia de Direitos Humanos não contém nenhuma menção à 'margem de apreciação' nacional: pelo contrário, há expressa obrigação dos Estados em garantir e respeitar os direitos humanos, sem ressalvas ou titubeios*". CARVALHO RAMOS, André de. *Teoria Geral dos Direitos Humanos na Ordem Internacional.* Op. cit., p. 110/117.

[308] Ver aqui os julgamentos na Corte Europeia de Direitos Humanos dos casos de expulsão e reunião familiar em que os Estados fizeram uso da margem de apreciação: *Antwi and*

e que tem sido consistentemente controlada e restringida pela Corte Europeia[309]. Isso implica dizer que a cada aplicação da Convenção Europeia pela Corte para casos de imigração, tem alargado o seu âmbito de atuação para além da área em que as Partes Contratantes tinham a intenção de ser coberta pela Convenção, mormente com relação à expulsão, diminuindo assim a margem de apreciação dos Estados-partes. Dar menos peso à intenção das partes contratantes frente à aplicação da Convenção ilustra sua *constitucionalização* gradual com a Corte Europeia, concentrando-se no conceito de proteção efetiva dos direitos humanos, que tem sublinhado muitas de suas decisões.

Frise-se que sempre que as partes contratantes adotarem medidas positivas para proteger ativamente a vida familiar e privada dos estrangeiros, a margem de apreciação é baseada em consideração dogmática, deixando às partes contratantes a escolha entre os diferentes modos de cumprimento das medidas positivas.

Conforme já citado anteriormente, o sistema europeu de proteção dos direitos humanos estabelecido pela Convenção Europeia de Direitos Humanos baseia-se no princípio da subsidiariedade. A tarefa de assegurar a sua aplicação cabe primariamente aos Estados-partes, que são obrigados a respeitar a Convenção Europeia, e assim, a Corte Europeia de Direitos Humanos deve intervir apenas quando os Estados-partes falharem ao cumprirem suas obrigações. A supervisão da Corte de Estrasburgo é desencadeada principalmente por petições individuais, que podem ser apresentadas na Corte por qualquer pessoa física ou representante legal, estabelecido na jurisdição de um Estado-parte da Convenção.

---

others v. Norway (2012), Nunez v. Norway 2011, Konstatinov v. the Netherlands (2007), Tuquabo--Tekle and Others v. the Netherlands (2005), e Ahmut v. the Netherlands (1996).
[309] Neste sentido o julgamento na Corte Europeia de Direitos Humanos do caso do brasileiro: *de Souza Ribeiro v. France*, de 13/12/2012, e ainda: *Kaushal and others v. Bulgaria* de 02/09/2010, *Chahal v. The United Kingdom* de 25/10/1996. MOLE, Nuala, MEREDITH, Catherine. *Op. cit.*, p. 21. Ver também o julgamento do caso *Christine Goodwin v. the United Kingdom* na Corte Europeia de Direitos Humanos em CARVALHO RAMOS, André de. *Teoria Geral dos Direitos Humanos na Ordem Internacional*, op. cit., p. 114-116.

Assim, qualquer Estado parte ou indivíduo[310] que se considere vítima de uma violação da Convenção Europeia de Direitos Humanos pode dirigir diretamente ao Tribunal de Estrasburgo uma petição ou comunicação alegando a violação por um Estado parte, de um dos direitos garantidos pela Convenção.

No Sistema Europeu de Direitos Humanos, todos os atos de *devolução* de estrangeiros, seja denegação de asilo, extradição, *expulsão* ou deportação podem ser questionados perante a Corte Europeia de Direitos Humanos[311].

O Setor de Imprensa da Corte Europeia de Direitos Humanos revelou um relatório em dezembro de 2012 acerca da atuação da Corte[312], com casos decididos e outros pendentes de julgamento sobre expulsões e extradições, analisando possíveis violações de direitos previstos na Convenção Europeia. No que concerne aos casos de expulsão ali mostrados, temos referência a maus-tratos no Estado receptor[313], envolvendo: adversários políticos, membros de organizações ilegais, e pessoas acusadas de terrorismo[314], participação em grupo étnico

---

[310] Artigos 33 e 34 da Convenção Europeia de Direitos Humanos.

[311] CARVALHO RAMOS, André de. *Asilo e Refúgio: semelhanças, diferenças e perspectivas*. In: CARVALHO RAMOS, André de, RODRIGUES, Gilberto, ALMEIDA, Guilherme de Assis. *60 Anos de ACNUR – Perspectivas de Futuro*. São Paulo: Ed. CL-A Cultural, 2011, p. 21.

[312] Em Corte Europeia de Direitos Humanos – *Court´s case-law and pending cases: Expulsion and extraditions* – Disponível em: http://www.echr.coe.int/echr/en/header/press/information+sheets/factsheets.

[313] Referência ao artigo 3º da Convenção: *Vilvarajah and Others v. United Kingdom* (30/10/1991), e *Hirsi Jamaa and Others v. Italy* (23/02/2012). Neste ultimo caso a Corte entendeu que também houve referência ao artigo 13 da Convenção e do artigo 4º do Protocolo 4.

[314] Referência ao artigo 3º da Convenção: *Müslim v. Turkey* (26/04/2005), *Sultani v. France* (20/09/2007), *Saadi v. Italy* (28/02/2008), *Abdolkhani and Karimnia v. Turkey* (22/09/2009), *Charahili v. Turkey* (13/04/2010), *Y.P and L.P. v. France* (01/09/2010), *Omar Othman v United Kingdom* (17/01/2012 – fez também referência aos artigos 3º, 5º, 6º, 13), *I.M. v. France* (02/02/2012), *Mannai v. Italy* (27/03/2012), *Mannai v. Italy* (27/03/2012), *Babar Labsi v. Slovakia* (15/05/2012 – também fez referência aos artigos 13 e 34 da Convenção), *S.F. and Others v. Sweden* (15/05/2012), e *H.N. v. Sweden* (15/05/2012).

minoritário estigmatizado[315], razões de saúde[316], riscos de maus tratos por parte de terceiros[317], circunstâncias relativas a uma sentença de morte[318], e riscos de maus-tratos no caso de devolução (*refoulement*), nos termos do Tratado de Dublin[319].

O citado relatório apresentou ainda casos de expulsão envolvendo a análise de outros artigos da Convenção Europeia de Direitos Humanos, a saber: artigo 2º do Protocolo nº 4 à Convenção Europeia (liberdade de movimento)[320], artigo 4º do Protocolo nº 4 à Convenção (proibição de expulsão coletiva)[321], artigo 1º do Protocolo nº 7 à Convenção (garantias processuais em caso de expulsão de estrangeiros)[322], artigo

---

[315] Violação ao artigo 3º da Convenção: *Makhmudzhan Ergashev v. Russia* (16/10/2012).

[316] Referência ao artigo 3º da Convenção: *D. v. United Kingdom* (02/05/1997), *Aoulmi v. France* (17/01/2006), *S.H.H. v. United Kingdom* (29.01.2013), e ao artigo 8º da Convenção: *Balogun v. United Kingdom* (10/04/2012).

[317] Referência ao artigo 3º da Convenção: *N. v. Finland* (26/07/2005), *Sufi and Elmi v. the United Kingdom* (28/06/2011), *Izevbekhai and Others v. Ireland* (17/05/2011 – referência também ao artigo 8º da Convenção), *N. v. Sweden* (20/07/2010), *A.A. and Others v. Sweden* (28/06/2012 – também fez referência ao artigo 2º). Em Corte Europeia de Direitos Humanos.

[318] Violação ao artigo 3º da Convenção: *Jabari v. Turkey* (11/07/2000). Em Corte Europeia de Direitos Humanos.

[319] O objetivo do sistema de Dublin é determinar qual o Estado-membro responsável pela análise de um pedido de asilo apresentado no território de um dos Estados da União Europeia por um nacional de um país de fora do bloco europeu. (Convenção de Dublin e Regulamento de Dublin II). Referência aqui aos artigos 3º e 13 da Convenção: *T.I. v. United Kingdom* (07/03/2000), *K.R.S v. United Kingdom* (02/12/2008), e *M.S.S v. Belgium and Greece* (21/01/2011). Muitos outros casos ainda se encontram pendentes na Corte Europeia, (*refoulement*), principalmente contra: Bélgica, Holanda, Finlândia, Reino Unido e França.

[320] Particularmente no caso *Stamose v. Bulgaria* (27/11/2012), o búlgaro Teodor Vasilious Stamose, ao retornar à Bulgária em 29/10/2003, expulso dos Estados Unidos da América, teve seu passaporte recolhido pelas autoridades búlgaras, sendo a ele imposto a proibição de viagem para fora do país por dois anos.

[321] Ver o julgamento do caso *Conka v. Belgium* (05/02/2002), em Corte Europeia de Direitos Humanos.

[322] Ver em Corte Europeia de Direitos Humanos: *Kaushal and Others v. Bulgaria* 02/09/2010, *Gelerie v. Romania* (15/02/2011), e *Takush v. Greece* (17/01/2012).

5º (liberdade e segurança) e artigo 13 (direito a uma intervenção efetiva) da Convenção Europeia[323], e finalmente, o artigo 8º da Convenção (período de afastamento)[324].

Cabe, por assim dizer, que a Convenção Europeia de Direitos Humanos não contém qualquer disposição específica que proíbe certos tipos de expulsão. No entanto, a Corte Europeia de Direitos Humanos desenvolveu uma jurisprudência interessante sobre expulsões. Em sua decisão emblemática no caso *Soering v. The United Kingdom*[325], o Tribunal considerou que a extradição do autor para os Estados Unidos violou o artigo 3º da Convenção, porque sua manutenção no corredor da morte constituía tratamento cruel, desumano e degradante[326].

E a Corte Europeia entendeu neste sentido em outro julgamento semelhante, afirmando que a decisão de um Estado-parte em extraditar um fugitivo pode dar origem a um problema nos termos do artigo 3º, e consequentemente comprometer a responsabilidade do Estado no âmbito da Convenção Europeia, quando fortes razões tiverem sido apresentadas para acreditar que a pessoa em questão, se extraditada, enfrentaria um risco real de ser submetida à tortura ou tratamento desumano ou degradante no Estado requerente[327].

---

[323] Ver em Corte Europeia de Direitos Humanos: *Gebremedhin v. France* (26/04/2007), *Mathloom v. Greece* (24/04/2012) e *Zokhidov v. Russia* (05/02/2013).

[324] Ver em Corte Europeia de Direitos Humanos: *Boultif v. Switzerland* (02/08/2001), *Benhebba v. France* (10/07/2003), *Maslov v. Austria* (23/06/2008), *Kaushal and Others v. Bulgaria* (02/09/2010), *Gelerie v. Romania* (15/02/2011), *K.A.B. v. Spain* (10/04/2012) e *De Souza Ribeiro v. France* (13/12/2012).

[325] MOLE, Nuala, MEREDITH, Catherine. *Op. cit.*, p. 20. Ver o julgamento *Soering X United Kingdom*, de 07 de julho de 1989, na Corte Europeia de Direitos Humanos.

[326] CARVALHO RAMOS, André de. *Teoria Geral dos Direitos Humanos na Ordem Internacional*, op. cit., p. 100.

[327] "*The decision by a Contracting State to extradite a fugitive may give rise to an issue under Article 3, and hence engage the responsibility of that State under the Convention, where substantial grounds have been shown for believing that the person concerned, if extradited, faces a real risk of being subjected to torture or to inhuman or degrading treatment or punishment in the requesting country*". Em Corte Europeia de Direitos Humanos, julgamento do caso *Soering*, citado no julgamento do caso *Cruz-Varas v. Sweden* em 20/03/1991 (§ 70). (Tradução nossa).

A partir dessa decisão, a Corte estendeu sua jurisprudência para os casos de expulsão e deportação. Uma vez que o artigo 3º da Convenção não contém qualquer exceção, nenhum indivíduo, seja indesejável ou perigoso, pode ser devolvido ou expulso a um país onde ele tivesse que enfrentar tortura[328]. Em contraste com o artigo 3º da Convenção contra a tortura, o artigo 3º da Convenção Europeia também se aplica aos casos de expulsão ou deportação em que o risco de maus tratos emana de agentes não estatais, e ainda se as autoridades estatais não quiserem ou não puderem fornecer proteção[329].

Considerando que a Convenção das Nações Unidas contra a Tortura contém uma clara definição de tortura, ainda há a incerteza sobre o que constitui um tratamento desumano e degradante para os fins do artigo 3º da Convenção Europeia de Direitos Humanos. A Corte tem dado alguma orientação quanto aos tipos de tratamento que podem ser abrangidos pela definição de maus-tratos proibidos pela Convenção. Ela afirmou que maus-tratos devem atingir um nível mínimo de gravidade e envolver lesão corporal real, ou intenso sofrimento físico e mental, e que o sofrimento que ocorre naturalmente de doença física ou mental pode ser abrangido pelo artigo 3º, onde há, ou os riscos de serem agravadas pelos maus-tratos, quer seja de condições de detenção, expulsão, ou outras medidas, com as quais as autoridades podem ser responsabilizadas[330].

Em um caso específico (*H.L.R. v. France*), a Corte decidiu que uma pessoa que estava em estado terminal não deveria retornar a um país, onde não teria acesso a tratamento médico e morreria em condições cruéis, desumanas ou degradantes[331].

---

[328] Ver em Corte Europeia de Direitos Humanos o julgamento *Chahal v. United Kingdom*, de 11 de novembro de 1996.
[329] Ver em Corte Europeia de Direitos Humanos o julgamento *D v. United Kingdom*, de 1998.
[330] Ver em Corte Europeia de Direitos Humanos o julgamento *Pretty v. United Kingdom* (§ 50), de 29 de abril de 2002, e também o julgamento do caso *M.S.S. v. Belgium and Greece*, de 21/01/2011.
[331] MOLE, Nuala, MEREDITH, Catherine. *Op. cit.*, p. 25. Ver o julgamento *H.L.R. v. France*, item nº 29, em 21 de Abril de 1997, na Corte Europeia de Direitos Humanos.

Outros artigos da Convenção devem ser considerados quando se examina a legalidade das expulsões. A Corte Europeia de Direitos Humanos encontrou algumas ordens de expulsão com violação ao artigo 8º, que protege o direito à vida privada e familiar. Em casos anteriores, o artigo 8º foi invocado com sucesso apenas quando a decisão de afastamento tivesse impacto sobre o gozo da vida familiar daqueles já estabelecidos no território de um Estado-parte da Convenção.

Na verdade, o Tribunal procura saber se a recusa em permitir a entrada, ou a expulsão de cônjuge/filho/pais de uma pessoa residente reflete em uma "interferência" com o direito do indivíduo à proteção à vida familiar[332]. Para configurar a interferência, o requerente tem que demonstrar que ele não pode acompanhar o cônjuge ao país de destino, e estabelecer sua vida familiar.

Mais recentemente, a Corte mudou a sua interpretação para o direito à vida privada da pessoa a ser expulsa. Em *Bensaid v. United Kingdom*, ela declarou que a decisão de remover um indivíduo a uma situação em que ele iria enfrentar um tratamento que não atinge a gravidade do artigo 3º: "pode, contudo, violar o artigo 8 º da Convenção, em seu aspecto da vida privada onde há efeitos adversos suficientes sobre a integridade física e moral"[333]. Vale a pena notar que o artigo 8º foi amplamente interpretado para incluir elementos como a identificação de gênero, nome, orientação sexual, vida sexual, saúde mental etc. (*Bensaid v. United Kingdom*, § 47).

Há também casos em que a remoção de membro da família, em cumprimento à expulsão, por tempo indefinido de afastamento, pode causar uma interferência na vida familiar e privada, conforme declarou a Corte Europeia de Direitos Humanos, nos julgamentos: *Emre v. Switzerland (nº 1 em 2008) e Emre v. Switzerland (nº 2 em 2011), Moustaquim v. Belgium (1991), Amrollahi v. Denmark (1997), Dalia v. France*

---

[332] MOLE, Nuala, MEREDITH, Catherine. *Op. cit.*, p. 107. Ver: *Abdulaziz, Cabales and Balkandi v. United Kingdom*, de 23 de Abril de 1985, na Corte Europeia de Direitos Humanos.
[333] MOLE, Nuala, MEREDITH, Catherine. Op. cit., p. 41. Ver em Corte Europeia de Direitos Humanos o julgamento *Bensaid v. United Kingdom* (§ 46), de 06 de fevereiro de 2001.

(1998), Ezzouhdi v. France (2001), Al-Nashif and others v. Bulgaria (2002), Yilmaz v. Germany (2003), Radovanovic v. Austria (2004), Keles v. Germany (2005), Maslov v. Austria (2008), e Ali Raza v. Bulgaria (2010), Kaushal and others v. Bulgaria (2010), dentre outros, tendo declarado também a existência de proporcionalidade entre o interesse público na garantia de controle de imigração eficaz e a necessidade dos recorrentes na ordem de afastamento no período de afastamento de cinco anos pela expulsão, no caso *Antwi v. Norway* (2012).

No caso *Radovanovic v. Austria*, a Corte Europeia de Direitos Humanos não estava convencida de que *Jovo Radovanovic*, natural da Sérvia & Montenegro, constituía um sério perigo à ordem pública, o qual necessitasse da imposição de uma medida de afastamento da Áustria, de duração ilimitada, e entendeu que houve violação do artigo 8º da Convenção Europeia, referente ao direito ao respeito à vida familiar e privada.

Nesse caso, a Corte Europeia considerou também que a imposição da proibição de residência e permanência no país onde ele vivia com seus familiares, por tempo indefinido, era uma medida excessivamente rigorosa[334]. Ela entendeu que uma medida menos intrusiva como uma proibição temporária de entrar e residir no país teria sido suficiente, e concluiu que as autoridades austríacas não atingiram um justo equilíbrio entre os interesses em jogo, e que os meios empregados eram desproporcionais ao objetivo perseguido. Ao final a Corte entendeu por unanimidade que houve a violação do artigo 8º da Convenção, mas preferiu não decidir quanto ao pagamento de 10.000 Euros, conforme solicitado pelo requerente, aguardando um eventual acordo entre o Estado violador e o aplicante.

No caso *Antwi v. Norway*[335], a Corte Europeia dos Direitos Humanos entendeu que a Noruega não violou a Convenção Europeia de Direitos

---

[334] Ver em Corte Europeia de Direitos Humanos o julgamento do caso *Radovanovic v. Austria*, em 22 de abril de 2004.
[335] Ver em Corte Europeia de Direitos Humanos o julgamento *Antwi v. Norway* de 14/02/2012.

Humanos em um processo relativo à expulsão do senhor *Antwi*, que gerou uma ordem de seu afastamento do país por um período de cinco anos. O recorrente do processo, senhor *Antwi*, cidadão ganense, chegou à Alemanha em 1998, onde obteve um passaporte falso, indicando que ele era um cidadão Português, tendo lá conhecido sua esposa, também ganense, e a seguir, ambos se mudaram para a Noruega. Com o nascimento de sua filha em 2001, eles se casaram em Gana em 2005. Ao retornar para a Noruega, a imigração percebeu que seu passaporte era falso, o que ocasionou a decisão de sua expulsão do país, com um período de afastamento de cinco anos.

A Corte concluiu que neste caso, as autoridades norueguesas não agiram de forma arbitrária e não transgrediram a margem de apreciação[336] que deve ser dada a eles nesta área. O Tribunal entendeu que eles haviam atingido um justo equilíbrio entre o interesse público na garantia de um controle de imigração eficaz e a necessidade dos recorrentes de que o senhor *Antwi* seria capaz de permanecer na Noruega. Assim, a expulsão do senhor *Antwi* por um periodo de cinco anos não violou o artigo 8º da Convenção, segundo a Corte.

Finalmente, a Corte fez várias declarações de princípios sobre a aplicabilidade do artigo 2º (direito à vida)[337], artigo 38 (contraditório), e artigo 6º (direito a um julgamento justo) para casos de expulsão ou extradição[338], sem fazer, contudo, uma constatação real de uma violação destas disposições.

---

[336] Segundo ANDRÉ DE CARVALHO RAMOS, esta tese é baseada na subsidiariedade da jurisdição internacional e prega que determinadas questões polêmicas relacionadas com as restrições estatais a direitos protegidos devem ser discutidas e dirimidas pelas comunidades nacionais, não podendo o juiz internacional apreciá-las. Assim, caberia ao próprio Estado estabelecer os limites e restrições ao gozo de direitos em face do interesse público. CARVALHO RAMOS, André de. *Teoria Geral dos Direitos Humanos na Ordem Internacional*, São Paulo: Ed. Saraiva, 2012, p. 110/111.

[337] Ver em Corte Europeia de Direitos Humanos o julgamento *D v. United Kingdom* (§ 59), em 1998.

[338] Ver em Corte Europeia de Direitos Humanos o julgamento *Mamatkulov and Abdurasulovic v. Turkey*, de 06 de fevereiro de 2003.

Com efeito, em que pese o sistema europeu de direitos humanos seja considerado um dos sistemas regionais de proteção que alcançou o maior grau de evolução até o momento, com uma atuação notória da Corte Europeia de Direitos Humanos nos casos relativos à expulsão, conforme apresentado anteriormente, não se pode desprezar o acúmulo dos mais de 150.000 casos[339] em trâmite atualmente perante a Corte, considerado uma sobrecarga, o que compromete a sua efetiva atuação em prazo razoável.

Segundo o comunicado revelado pelo Setor de Imprensa da Corte Europeia de Direitos Humanos[340], muitos dos mais de 150.000 casos pendentes na Corte Europeia dos Direitos Humanos são casos repetitivos, que derivam de disfunção comum a nível nacional. Assim, um plano de "Julgamento Piloto" foi desenvolvido na Corte, com uma técnica de identificação dos problemas estruturais subjacentes em casos repetitivos contra vários países, impondo obrigações aos Estados para resolver estes problemas[341].

---

[339] Dados obtidos em: Corte Europeia de Direitos Humanos – *Court's case-law and pending cases: Expulsion and extraditions*.

[340] Os objetivos do procedimento de julgamento piloto: a) Ajudar os 47 Estados europeus que ratificaram a Convenção Europeia dos Direitos Humanos na resolução de problemas sistêmicos ou estruturais a nível nacional; b) Oferecer a possibilidade de rápida reparação aos indivíduos envolvidos; c) Ajudar a Corte Europeia a gerir sua carga de trabalho de forma mais eficiente e diligentemente, reduzindo o número de casos semelhantes, geralmente complexos, que devem ser examinados em detalhes. Ver em Corte Europeia de Direitos Humanos o *"Pilot Judgments"* de janeiro de 2013, disponível em: http://www.echr.coe.int/echr/en/header/press/information+sheets/factsheets. Acesso em 29/01/2013.

[341] Segundo André de Carvalho Ramos: "Esse procedimento consiste na identificação, em um caso individual, de causas estruturais de violações de direitos humanos, levando a Corte EDH a indicar ao Estado-réu medidas gerais para solucionar as causas de todos os casos, prevenindo o surgimento de novos". E continua: "o procedimento de julgamento piloto é similar ao da tutela coletiva de direitos no Brasil: há causas comuns, devendo o Estado-réu agir sob pena de ser seguidamente condenado em Estrasburgo". Carvalho Ramos, André de. Processo Internacional de Direitos Humanos. 2ª Ed. São Paulo: Ed. Saraiva, 2012, p. 110.

Assim, quando a Corte receber muitas petições de casos que proveem de uma mesma origem[342], ela poderá selecionar uma ou mais petições de tratamento prioritário, sob o procedimento piloto. Em linhas gerais, a tarefa da Corte no procedimento piloto não é apenas decidir se houve uma violação à Convenção em um específico caso, mas também identificar o problema sistêmico e dar ao Governo daquele país indicações claras sobre o tipo de medidas corretivas necessárias para resolvê-lo[343].

Uma característica fundamental do procedimento piloto é a possibilidade de adiamento ou congelamento (*freezing*) de casos relacionados para um período de tempo na condição de que o Estado atue pron-

---

[342] André de Carvalho Ramos expõe em sua obra que oito são as ações a serem tomadas pela Corte em um procedimento piloto padrão, a saber: 1) a Corte EDH identifica uma causa que revela um problema comum a um grupo de indivíduos; 2) a Corte reconhece que esse problema comum já ocasionou outras ações perante a Corte ou que ainda pode gerar; 3) a Corte escolhe medidas gerais que devem ser adotadas pelo Estado; 4) a Corte determina que tais medidas devem ser aplicadas inclusive para os casos já propostos; 5) a Corte EDH reúne todos os casos pendentes da mesma matéria; 6) a Corte EDH utiliza a parte dispositiva da sentença para obrigar o Estado a adotar também medidas gerais; 7) a Corte adia qualquer decisão sobre a satisfação equitativa (para evitar que o Estado considere o caso "encerrado" pelo pagamento de uma pequena soma em dinheiro) e 8) a Corte mantém um diálogo com o Estado e com o Comitê de Ministros e outros órgãos (Comissário de Direitos Humanos do Conselho da Europa etc.) sobre o andamento do caso. CARVALHO RAMOS, Andre de. *Processo Internacional de Direitos Humanos*. Op. cit., p. 110.

[343] Ver em Corte Europeia de Direitos Humanos o procedimento de julgamento piloto nos casos: *Broniowski v. Poland* (22/06/2004), *Hutten-Czapska v. Poland* (19/06/2006), *Burdov v. Russia* (15/01/2009), *Olaru and Others v. Moldova* (28/07/2009), *Yuriy Nikolayevich Ivanov v. Ukraine* (15/10/2009), *Suljagic v. Bosnia and Herzegovina* (03/11/2009), *Rumpf v. Germany* (02/10/2010), *Atanasiu and Poenaru v. Romania and Solon v. Romania* (12/10/2010), *Greens and M.T. v. the United Kingdom* (23/11/2010), *Athanasiou and Others v. Greece* (21/12/2010), *Dimitrov and Hamanov v. Bulgaria and Finger v. Bulgaria* (10/05/2011), *Ananyev and Others v. Russia* (10/01/2012), *Ümmühan Kaplan v. Turkey* (20/03/2012), *Michelioudakis v. Greece* (03/04/2012), *Manushaqe Puto and others v. Albania* (31/07/2012), *Kurić and Others v. Slovenia* (26/10/2012), *Glykantzi v. Greece* (30/10/2012), e finalmente, *Torreggiani and Others v. Italy* (08/01/2013).

tamente para adotar as medidas nacionais necessárias para satisfazer o julgamento. A Corte Europeia pode, no entanto, retomar a análise dos processos adiados, sempre que o interesse de justiça o exigir.

Esta ferramenta processual (1º caso: *Broniowski v. Poland* – 22/06/2004) tem sido um paliativo útil para aliviar a tensão sobre o número de casos na Corte Europeia, mas de forma nenhuma pode ser visto como uma solução milagrosa: o procedimento de julgamento piloto representa uma iniciativa de sucesso por parte da Corte em reduzir o trabalho envolvendo o aspecto de sobrecarga de casos repetitivos, mas não é nem suficiente para resolver o problema desta mesma categoria.

Ainda na tentativa de aliviar a sobrecarga de casos em andamento na Corte, em junho de 2009 a Corte Europeia alterou o seu regulamento sobre a ordem na qual lida com os casos, até que os casos pontuais fossem processados e julgados, principalmente em uma base cronológica.

O aumento excessivo da carga de trabalho da Corte implicava dizer que alegações muito sérias de violação de direitos humanos poderiam estar levando muito tempo para serem examinadas pela Corte, em alguns casos, vários anos. Isso de fato ocorreu com petições ou comunicações provenientes de países com o maior número de reclamações. Isso não foi apenas muito inconveniente para os interessados, mas também significava que violações e suas causas passavam despercebido, o que por sua vez poderia levar a mais vítimas e potencialmente mais requerimentos à Corte.

A Corte Europeia decidiu então adotar uma nova política, que se encontra descrita na regra nº 41 de seu regulamento, no qual a Corte deve levar em conta a importância e urgência das questões levantadas, para decidir a ordem em que os casos devem ser tratados.

Assim, não é mais para lidar cronologicamente com os casos, conforme eles se tornam prontos para o exame, mas de forma consistente, dar prioridade a certas categorias específicas de casos que levantam questões importantes ou urgentes, adiando ou suspendendo a análise da maioria dos casos classificados como não prioritários. Embora esta política tenha sido bem acolhida, uma vez que concentra os recursos escassos para o número relativamente pequeno de casos que merecem, isso representa a assunção, pela Corte, de sua incapacidade para lidar com todos os aspectos que o texto da Convenção atribui a ela. Além disso, este procedimento dá um passo na prática, para um sistema de aceitar para exame, em nível internacional, apenas os casos que, por uma razão ou outra, são julgados para justificar a declaração de mérito no âmbito da Convenção.

Muitas são as propostas discutidas em conferências como sugestões de reformas, para aliviar a sobrecarga cada vez mais dramática da Corte Europeia de Direitos Humanos, em sua grande maioria para reduzir o volume de petições individuais ou estreitar o acesso à Corte[344], seja formalizando as condições para o exercício do direito de petição individual, exigindo representação legal obrigatória quando da apresentação do pedido e custas judiciais, e neste caso seria um desestímulo aos casos de requerimentos improcedentes, que inundam o tribunal, seja também por imposição de sanções financeiras (multas) sobre os indivíduos que apresentassem pedidos fúteis.

Há ainda outras propostas neste sentido, como novas condições de admissibilidade para casos na Corte, onde a Corte declararia inadmissível requerimentos individuais que versam substancialmente sobre a mesma matéria que tenha sido examinada em cortes nacionais ao aplicarem a Convenção Europeia, ou requerimentos individuais em que o requerente não tenha sofrido uma desvantagem significativa (Protocolo nº 14, artigo 12, "b")[345].

A Corte Europeia também tem sugerido que o prazo de seis meses do esgotamento dos recursos internos para a propositura da petição individual perante a Corte não é necessário, e que um prazo mais curto não enfraqueceria o direito de petição individual, porquanto apenas os casos em que os requerentes entendessem como urgente seriam apre-

---

[344] European Law Institute – *Case-overload at the European Court of Human Rights*. Viena: 2012. p. 42-47

[345] Proposta elaborada na Declaração de Brighton (Nota nº 1 da declaração, § 15-C), realizada no Reino Unido de 18 a 20 de abril de 2012, com alteração prevista para ser adaptada até o final de 2013.

sentados perante a Corte. Neste sentido, a Declaração de Brighton trouxe a proposta de redução de prazo para a interposição de petição individual perante a Corte Europeia de 4 meses após o esgotamento dos recursos internos[346].

Outras propostas tem sido discutidas para melhorar o desempenho da Corte Europeia de Direitos Humanos, como por exemplo aumentar o número de juízes na corte, por períodos relativamente mais curtos, para se formarem comitês ou câmaras, de forma a aumentar a capacidade de processamento dos casos, e ajudar na sobrecarga[347]. Contrariamente a tal proposta, há ainda a ideia de se reduzir o tamanho da Corte Europeia, com menos juízes do que o número de Estados-partes, talvez contando com a ajuda de advogados-gerais, e neste caso aos juízes seriam submetidos somente os casos mais importantes e opiniões consultivas (proposta não aceita na Declaração de Brighton).

Uma cláusula de caducidade também foi proposta (*sunset clause*), de forma a impedir requerimentos não comunicados aos respectivos governos dentro de um prazo específico razoável, permitindo desta forma à Corte dispor de casos menos sérios, dentro de sua política de prioridades (proposta não aceita na Declaração de Brighton).

Outra preocupação nos debates sobre supostas mudanças na Corte Europeia diz respeito à liberação da Corte do exercício de satisfação financeira. Alguns comentaristas tem opinado que a abordagem mercantil da Corte em relação à atribuição de ressarcimento financeiro, ou seja, a aplicação do princípio "*restitutio in integrum*", e a análise detalhada do prejuízo financeiro real em cada caso, só servem para inflar o volume de pedidos cujo principal, senão único objetivo é recuperar o dinheiro para o indivíduo em questão.

Com efeito, das propostas de mudanças até aqui relacionadas, voltadas à busca de melhor funcionamento e eficiência da Corte Europeia

---

[346] Esta proposta foi elaborada e aceita na declaração de Brighton (Nota nº 1 da Declaração, § 15-A), com alteração prevista para ser adotada até o final de 2013.

[347] Proposta elaborada na Declaração de Brighton (Nota nº 1 da declaração, § 20-E), com alteração prevista para ser adotada até o final de 2013.

de Direitos Humanos, de forma a vencer a sobrecarga de casos atualmente em andamento na Corte, verifica-se uma restrição no direito de petição individual, pedra angular do sistema europeu de direitos humanos. Na verdade, o direito de petição individual se tornou parte da própria identidade da Convenção Europeia de Direitos Humanos. Por outro lado, verifica-se que manter o princípio do livre acesso à Corte Europeia de Direitos Humanos é aceitar o volume irredutível de casos ingressando na Corte.

Do ponto de vista das restrições às petições individuais que constam das mudanças propostas na Declaração de Brighton, mantém-se o direito de petição individual no coração do sistema europeu de proteção dos direitos humanos, mas isso não significa que cada requerente terá as suas circunstâncias individuais totalmente analisadas pela Corte, ou que cada vítima de um caso de violação da Convenção Europeia terá direito a receber proteção individualizada a nível internacional pela Corte.

Assim, a crise de sobrecarga de casos na Corte Europeia poderá trazer prejuízo à análise individualizada dos casos de expulsão, que configuram violação aos direitos elencados na Convenção Europeia, pois o estrangeiro que se encontra em situação de exclusão em determinado Estado, na maioria das vezes não possui recursos próprios ou meios para se fazer representar legalmente, e uma análise superficial de seu caso pode, dependendo das circunstâncias, configurar uma ausência de prioridade, a dificultar uma ação célere da Corte Europeia.

7.3. A Convenção Americana ou Pacto de San Jose da Costa Rica de 1969, e o Sistema Interamericano de Direitos Humanos

O sistema interamericano de proteção aos direitos humanos é um conjunto de mecanismos e procedimentos previstos na Carta da Organização dos Estados Americanos[348], além de outros instrumentos

---

[348] A Organização dos Estados Americanos realiza seus objetivos através dos seguintes órgãos: Assembleia Geral, Reunião de Consulta dos Ministros das Relações Exteriores, Conselho Permanente, Conselho Interamericano de Desenvolvimento Integral, Comissão

jurídicos correlatos. Constitui-se basicamente por quatro principais instrumentos que são: a Carta da OEA (1948), já citada, a Declaração Americana dos Direitos e Deveres do Homem (1948), a *Convenção Americana sobre os Direitos Humanos (1969), ou Pacto de San José da Costa Rica*, e finalmente, o Protocolo Adicional à Convenção Americana em Matéria de Direitos Econômicos, Sociais e Culturais de 1988, conhecido como Protocolo de San Salvador.

Todo esse sistema se materializa a partir da definição precisa e do reconhecimento dos direitos humanos, com a finalidade de promovê-los e protegê-los, e ainda com a instituição de órgãos internacionais que sejam capazes de fazer valer a observância desses direitos. Neste sentido se posiciona Fernando Jayme quando afirma que "(...) *as finalidades do Estado não se cumprem apenas com o reconhecimento do direito do cidadão, mas também com a preocupação pelo destino dos homens e das mulheres, considerados como não cidadãos, mas como pessoas; consequentemente, deve-se garantir simultaneamente tanto o respeito às liberdades políticas e do espírito, como a realização dos postulados da justiça social*[349]".

Jurídica Interamericana, Comissão Interamericana de Direitos Humanos, Secretaria Geral, Conferências Especializadas Interamericanas, e finalmente, Organismos Especializados Interamericanos. Disponível em: http://www.cidh.oas.org/basicos/portugues/a.Introd. Port.htm Acesso em 05/02/2013.

[349] "O sistema interamericano de promoção e proteção dos direitos fundamentais do homem teve seu início formal em 1948, com a Declaração Americana dos Direitos e Deveres do Homem, aprovada pela IX Conferência Internacional Americana, em Bogotá. Nesta Conferência, também foi criada a Organização dos Estados Americanos, cuja Carta proclama os 'direitos fundamentais da pessoa humana' como um dos princípios fundamentais da Organização. A forma de concretização deste princípio encontra-se definida no documento constituinte, mediante o reconhecimento de que 'as finalidades do Estado não se cumprem apenas com o reconhecimento dos direitos do cidadão, mas também com a preocupação pelo destino dos homens e das mulheres, considerados como não cidadãos, mas como pessoas'; consequentemente, deve-se garantir simultaneamente tanto o respeito às liberdades políticas e do espírito, como a realização dos postulados da justiça social". JAYME, F. G. *Direitos humanos e sua efetivação pela corte interamericana de direitos humanos*. Belo Horizonte: Del Rey, 2005, p. 64.

Com a sua entrada em vigor em 18.07.1978, o artigo 22(8) da Convenção Americana de Direitos Humanos estabelece que nenhum estrangeiro poderá ser expulso ou entregue a um país, independentemente de ser ou não o seu país de origem, se naquele país seu direito à vida ou à liberdade pessoal estiver em perigo de ser violado em virtude de sua raça, nacionalidade, religião, condição social ou opiniões políticas[350].

Essa disposição é inspirada no artigo 33 da Convenção dos Refugiados, já que qualquer pessoa que invoque esta previsão deve demonstrar um nexo entre os possíveis maus-tratos e pelo menos uma das cinco razões enumeradas. O âmbito da proteção conferida pelo artigo 22(8) é, portanto, mais restrita que a oferecida pela Convenção das Nações Unidas contra a Tortura ou pela Convenção Europeia dos Direitos Humanos. Também deve ser notado que nos termos do artigo 27, os Estados-partes podem derrogar o artigo 22 "em tempos de guerra ou outras emergências públicas que ameaçam a independência e a segurança do Estado-parte".

Nos termos do artigo 63(2) da Convenção Americana, a Corte Interamericana de Direitos Humanos tem o poder de adotar medidas provisórias, "em casos de extrema gravidade e urgência, e quando se fizer necessário a evitar danos irreparáveis às pessoas". A Corte adotou tais medidas no caso de ameaças de expulsões coletivas de haitianos e dominicanos de origem haitiana (expulsões baseadas na origem racial ou nacional) pela República Dominicana[351].

---

[350] O artigo 13 da Convenção Interamericana para Prevenir e Punir a Tortura de 1985 proíbe a extradição de qualquer pessoa para um país onde a sua vida esteja em perigo, onde será submetido à tortura ou a tratamento cruel, desumano ou degradante, ou onde ela será julgada por tribunais de exceção ou *ad hoc*. No entanto, esta disposição não parece se aplicar às expulsões, mas apenas às extradições.

[351] Ver em Corte Interamericana de Direitos Humanos, a *Resolución de la Corte Interamericana de Derechos Humanos* de 12/11/2000. Neste mesmo sentido ver a *Resolución de la Corte Interamericana de Derechos Humanos* de 26/05/2001, disponível em http://www.corteidh.or.cr.

Das instituições que atuam ativamente na proteção dos direitos inerentes ao ser humano temos a Comissão Interamericana de Direitos Humanos, e a Corte Interamericana de Direitos Humanos, órgãos especializados definidos na Convenção Americana de Direitos Humanos, com a função precípua de analisar violações à Convenção, tendo suas competências, organização e funções elencadas na Parte II da própria Convenção. A Comissão e a Corte Interamericanas de direitos Humanos são as principais responsáveis pelo funcionamento do sistema interamericano.

Segundo André de Carvalho Ramos[352], a Corte Interamericana de Direitos Humanos, sediada em São José da Costa Rica, é uma instituição judicial autônoma do sistema da Organização dos Estados Americanos (art. 1º do Estatuto) cujo objetivo é a aplicação e a interpretação da Convenção Americana sobre direitos humanos, exercendo suas funções em conformidade com as disposições da Convenção e de seu Estatuto[353]. Sua competência é de caráter contencioso e consultivo (art. 2º do Estatuto). Com a natureza de órgão judiciário internacional, é o segundo órgão da Convenção Americana[354] (artigo 33 da Convenção), composto por sete juízes, assim como a Comissão Interamericana (7 membros).

No exercício de sua atividade consultiva, a Corte Interamericana tem desenvolvido importantes análises elucidativas acerca do alcance e do impacto dos dispositivos da Convenção Americana no âmbito da América Latina e América do Norte, a exemplo da *Opinião Consultiva*

---

[352] CARVALHO RAMOS, André de. Processo Internacional de Direitos Humanos. Op. cit., p. 136.

[353] Estatuto da Corte Interamericana de Direitos Humanos, aprovado pela Assembleia Geral da OEA – Organização dos Estados Americanos, mediante a Resolução nº 448, em La Paz – Bolívia, em outubro de 1979. Disponível em: http://www.corteidh.or.cr/estatuto.cfm. Acesso em 05/02/2013.

[354] O primeiro órgão criado foi a Comissão Interamericana, em 1959, por resolução da 5ª Reunião de Consulta dos Ministros das Relações Exteriores em Santiago do Chile, tendo sido formalmente instalada com a aprovação de seu Estatuto em 1960 pelo Conselho da OEA.

nº 18, onde por provocação do México, a Corte decidiu, à luz da Convenção e do Direito Internacional dos Direitos Humanos, que os trabalhadores imigrantes irregulares não podem ser privados de direitos fundamentais, dentre eles os direitos laborais, e o direito à igualdade e vedação de tratamento discriminatório.

De certo que no plano contencioso, a competência para o julgamento dos casos submetidos à Corte é limitada aos Estados-partes da Convenção que tenham expressamente reconhecido sua jurisdição[355], e consiste na apreciação de questões envolvendo denúncia de violação, por qualquer Estado-parte, de direito protegido pela Convenção. Por outro lado, a violação de normas imperativas de direito internacional geral (*jus cogens*), é aplicável a todo Estado, independentemente de ser parte em determinado Tratado, bem como aos seus nacionais que atuam sob sua tolerância, aquiescência ou negligência.

Neste sentido o voto unânime proferido na *Opinião Consultiva nº 18* de 17/09/2003, ao afirmar que "*o princípio da igualdade perante a lei e a não discriminação permeia cada ato do poder do Estado, sob qualquer forma, com relação ao respeito e garantia dos direitos humanos*". E que "*este princípio pode ser considerado efetivamente como um imperativo do Direito Internacional geral, aplicável a todo Estado, independentemente de ser ou não parte em determinado tratado internacional*", e assim gerando efeito a terceiros, inclusive particulares[356].

---

[355] O Brasil reconheceu a jurisdição da Corte Interamericana de Direitos Humanos em 1998, através do Decreto nº 89 de 03/12/1998.

[356] Opinión Consultiva OC-18/03 de 17 de Septiembre de 2003, solicitada por los Estados Unidos Mexicanos – *Condición Jurídica Y Derechos De Los Migrantes Indocumentados. Carácter fundamental del Principio de Igualdad y No Discriminación.* "*El principio de igualdad ante la ley y no discriminación impregna toda actuación del poder del Estado, en cualquiera de sus manifestaciones, relacionada con el respeto y garantía de los derechos humanos. Dicho principio puede considerarse efectivamente como imperativo del derecho internacional general, en cuanto es aplicable a todo Estado, independientemente de que sea parte o no en determinado tratado internacional, y genera efectos con respecto a terceros, inclusive a particulares. Esto implica que el Estado, ya sea a nivel internacional o en su ordenamiento interno, y por actos de cualquiera de sus poderes o de terceros que actúen bajo*

Diferentemente do que ocorre no sistema europeu de direitos humanos, somente a Comissão e os Estados-partes da Convenção Americana de Direitos Humanos que reconheceram a jurisdição obrigatória da Corte IDH podiam apresentar demandas perante a Corte Interamericana, já que as supostas vítimas, e seus familiares não possuíam direito postulatório. Destarte, foi a partir da inovação trazida com o III Regulamento da Corte Interamericana[357] que ampliou a possibilidade de participação do indivíduo no processo, com a autorização para os representantes e familiares das vítimas apresentarem, de forma autônoma, suas próprias alegações e provas durante a etapa de discussão sobre as reparações devidas.

Em 2001, o Regulamento da Corte Interamericana de Direitos Humanos permitiu a participação da vítima e de seus representantes em todas as fases do processo judicial, com direito a se manifestar em igualdade de condições com a Comissão Interamericana de Direitos Humanos e o Estado réu, tal qual um assistente litisconsorcial do autor[358].

Segundo André de Carvalho Ramos, com vistas a fortalecer a imagem de imparcialidade da Corte IDH, em 2009 a Corte deu mais um passo rumo a um processo mais equilibrado entre os direitos das vítimas e dos Estados, na Opinião Consultiva nº 20, quando reinterpretou o

---

su tolerancia, aquiescencia o negligencia, no puede actuar en contra del principio de igualdad y no discriminación, en perjuicio de un determinado grupo de personas" Disponível em: www.corteidh.or.cr/docs/opiniones/seriea_18_esp.doc. Acesso em 15/10/2011.

[357] Em 16/09/1996, a Corte adotou o seu III Regulamento, que entrou em vigor em 1º de janeiro de 1997. A principal modificação encontra-se no artigo 23, mediante o qual foi concedido aos representantes das vítimas ou de seus familiares o direito de apresentar, independentemente, seus próprios argumentos e provas na etapa de reparações. E em 24/11/2000, a Corte modificou pela 4ª vez o seu regulamento, introduzindo uma série de medidas destinadas a permitir às supostas vítimas, seus familiares ou representantes devidamente credenciados, a participação direta em todas as etapas do processo mediante a apresentação de demanda à Corte. Em: http://www.cidh.oas.org/basicos/portugues/a.Introd.Port.htm. Acesso em 05/02/2013.

[358] CARVALHO RAMOS, André de. *Processo Internacional de Direitos Humanos*. Op. cit., p. 139.

artigo 55 da Convenção Americana, decidindo não mais aceitar a indicação de juiz *ad hoc* por parte do Estado-réu, nos casos iniciados na Comissão por petição de vítimas de violação de direitos. Assim, o juiz ad hoc somente será chamado nas demandas interestatais, que até hoje são inexistentes[359].

Outra interessante mudança ocorrida no Regulamento da Corte Interamericana no ano de 2009 mostra a intenção futura de afastamento da Comissão Interamericana como parte Autora nos processos movidos perante a Corte IDH: a ação deve ser iniciada pelo envio pela Comissão de um Primeiro Informe ou Relatório 50, e não mais por uma petição inicial própria[360].

Antes desta reforma citada, para que a análise de um caso de violação chegasse à Corte Interamericana de Direitos Humanos, era necessário, primeiramente passar pelo crivo da Comissão, como etapa prévia ao processo. De início era realizado um exame de admissibilidade da petição, para verificar se ela possuía determinados pré-requisitos (artigo 46 da Convenção Americana): esgotamento dos recursos internos, salvo injustificada demora processual ou ausência do devido processo legal, prazo de seis meses da decisão interna definitiva, que a matéria objeto da reclamação não estivesse pendente de outro processo de solução internacional, a qualificação das vítimas e de seus representantes legais, a jurisdição, a data dos fatos, se compatíveis com a ratificação da Convenção, e finalmente, a inexistência de litispendência internacional.

Ao receber uma petição ou comunicação no qual se alegava a violação de quaisquer dos direitos consagrados na Convenção Americana, a Comissão Interamericana, após a admissibilidade, solicitava informações em prazo razoável ao Governo do Estado cuja autoridade apontada como responsável pela suposta violação pertencesse, com as quais verificava se existiam ou subsistiam os motivos elencados na reclamação

---

[359] Ibid..
[360] Ibid..

(artigo 48 da Convenção). Caso não existissem ou não persistissem as razões da reclamação, a Comissão poderia arquivar o expediente ou declarar sua inadmissibilidade ou improcedência com base nas informações e provas recebidas do Estado.

A partir da entrada do novo Regulamento citado, para as demandas apresentadas a partir de 01/01/2010, as vítimas ou seus representantes são intimados a apresentar a petição inicial do processo internacional, e todas as etapas processuais, incluindo a petição inicial são focadas nas vítimas, no Estado-réu, e secundariamente na Comissão, caso ela mesmo queira. Desta forma, a Corte IDH tenta caracterizar a Comissão não mais como uma autora, mas como um verdadeiro órgão do sistema interamericano, um *custos legis* (fiscal da lei)[361].

Segundo André de Carvalho Ramos, o novo Regulamento traz também a figura do Defensor Interamericano para representar legalmente às vítimas sem recursos, o que antes era feito pela Comissão, mostrando assim uma tendência à igualdade entre a vítima e o Estado, que não dispensa a necessidade de profunda reforma da Convenção Americana, para a eliminação do monopólio da Comissão na propositura das ações de responsabilidade internacional de direitos humanos perante a Corte IDH.

Nos julgamentos das ações de responsabilidade internacional de direitos humanos perante a Corte IDH, caso se reconheça que efetivamente ocorreu violação à Convenção Americana, será determinada a adoção de medidas que se façam necessárias à restauração do direito então violado, podendo condenar o Estado, inclusive, ao pagamento de justa compensação à vítima. Foi o que aconteceu no primeiro caso julgado pela Corte IDH contra o Brasil, conforme ilustra o professor André de Carvalho Ramos:

> "*No caso Damião Ximenes Lopes, o primeiro caso julgado pela Corte Interamericana contra o Brasil, foi determinado o pagamento de indenização pelos danos materiais e morais aos familiares do senhor Damião. A título de danos materiais,*

---

[361] CARVALHO RAMOS, André de. *Processo Internacional de Direitos Humanos*. Op. cit., p. 140.

foi fixado o pagamento de 11.500 dólares aos familiares da vítima. No tocante aos danos morais, determinou-se o pagamento de um total de 125 mil dólares a diversos parentes, com valores iguais mensurados pela Corte. Quanto às custas e gastos, a Corte determinou que o Brasil pague 10 mil dólares a um familiar do Sr. Damião, como valor justo pelos gastos no acesso ao sistema interamericano[362]".

Diferentemente do modelo europeu de proteção dos direitos humanos, o sistema interamericano não possui um Conselho de Ministros com poderes para a supervisão do cumprimento das sentenças da Corte Interamericana. Dessa forma, a supervisão e o acompanhamento das sentenças da Corte ficam limitados a ela própria.

Além das diferenças elencadas anteriormente entre o sistema interamericano e o europeu de direitos humanos, há ainda algumas que vale a pena mencionar. A primeira delas diz respeito à previsão na Convenção Interamericana (63.2) de adoção de medidas provisórias pela Corte[363], para a salvaguarda de um direito em vias de violação, em casos

---

[362] Neste caso, além das indenizações citadas, a Corte determinou que o Estado brasileiro deveria investigar e sancionar os responsáveis pelas lesões e morte do Sr. Damião, reconhecendo que os familiares das vítimas tem o direito, e os Estados o dever de investigar e punir. E explica o professor que no Brasil já há previsão orçamentária para pagamentos porventura ordenados pela Corte Interamericana, através da Lei 11.306/06, com dotação específica à Secretaria Especial de Direitos Humanos para o pagamento de indenização às vítimas de violação das obrigações contraídas pela União, por meio da adesão a tratados internacionais dos Direitos Humanos. CARVALHO RAMOS, André de. *A execução das sentenças da Corte Interamericana de Direitos Humanos no Brasil.* In: SOARES, Guid F. S., CASELLA, Paulo Borba (*et al.*),(organizadores.). *Direito internacional, humanismo e globalidade.* São Paulo: Ed. Atlas, 2008, pp. 460-464.

[363] A Corte Interamericana emitiu algumas Resoluções ao Brasil no caso da Penitenciária Urso Branco (dez Resoluções de 2002 a 2011), no caso da Unidade de Internação Sócio educativa (cinco Resoluções de 2011 a 2012), no caso da Penitenciária Dr. Sebastião Martins Silveira em Araraquara (quatro Resoluções de 2006 a 2008), no caso do "Complexo do Tatuapé" da Fundação Casa (seis casos de 2006 a 2008), e finalmente, uma Resolução no caso Gomes Lund Y Otros (Guerrilha do Araguaia), em 15 de julho de 2009. Disponível em: http://www.corteidh.or.cr/medidas.cfm. Acesso em 08/02/2013.

de extrema gravidade e urgência, o que não existe previsão no sistema europeu.

Outra diferença existente diz respeito à variedade de Protocolos concluídos no Sistema Regional Europeu, que hoje são em número de 14, todos eles complementares à Convenção Europeia de 1950 (alguns acrescentando novos direitos à Convenção, outros disciplinando questões de organização, processual etc.)[364], diferentemente do sistema interamericano, que conta com apenas dois protocolos substanciais concluídos até o momento (um sobre direitos econômicos, sociais e culturais – San Salvador, de 1988, e outro sobre abolição da pena de morte, Assunção/Paraguai, de 1990).

Há que se mencionar que ante ao fato de a Convenção americana ser posterior à europeia, e ainda pelas circunstâncias enfrentadas nas Américas, como prisões ilegais, torturas, violações ao direito à vida, ao devido processo legal, do juiz natural e tantas outras, relacionadas com o desaparecimento de presos políticos, que muitas vezes ficam no anonimato, os direitos ali protegidos podem não ser exatamente os mesmos previstos na Convenção europeia, mas o fato é de que ambos os sistemas regionais protegem quaisquer pessoas que, no território de algum dos Estados-partes, tenham sofrido uma violação de direitos humanos, independentemente de sua nacionalidade.

Em uma análise superficial aos casos julgados e em curso na Corte Interamericana de Direitos Humanos, é possível afirmar que ali se protegem prioritariamente os direitos civis e políticos, assim como no sistema europeu de direitos humanos, deixando aos protocolos adicionais (San Salvador de 1988, no sistema interamericano), ou tratados específicos (CSE de 1961, no sistema europeu), a proteção dos direitos econômicos, sociais e culturais.

Diferentemente do sistema interamericano, em que o direito fundamental à vida é o campeão de demandas (e, consequentemente, forma a maior parte da jurisprudência da Corte Interamericana), no

---

[364] MIRANDA, Jorge. Op. cit., p. 287.

sistema europeu de direitos humanos a maioria dos pleitos pede à Corte Europeia a garantia do direito a um processo equitativo (julgamento justo, *fair trial*) previsto no art. 6º da Convenção Europeia[365].

Dos 259 casos contenciosos julgados na Corte Interamericana de Direitos Humanos desde 26/06/1987[366] até o momento, não se tem verificado quaisquer decisões específicas referentes à questão do período indefinido de afastamento do estrangeiro expulso por um Estado da Organização dos Estados Americanos (OEA), tendo apenas sido citado em alguns julgamentos de forma incidental.

Com referência às decisões da Corte Interamericana de Direitos Humanos envolvendo expulsão de estrangeiros, percebe-se que todas versam sobre a violação da Convenção Americana de Direitos Humanos no que se refere à proibição de expulsão em massa (art. 22.9 da Convenção)[367], expulsão por ódio racial (*Dilcia Yean y Violeta Bosico v. República Dominicana*[368] de 12/10/2003) e também casos de expulsão por ocasião de solicitações de refúgio (art. 22.8 da Convenção).

---

[365] TRINDADE, Antônio Augusto Cançado. *Tratado de direito internacional dos direitos humanos*, vol. III. Porto Alegre: Sergio Antonio Fabris, 2003, p. 152.
[366] Informação obtida na página eletrônica da Corte Interamericana de Direitos Humanos em 10/04/2013. Disponível em: http://www.corteidh.or.cr/casos.cfm.
[367] Neste sentido ver o julgamento do caso *Nadege Dorzema y otros Vs. República Dominicana* de 24/10/2012 na Corte Interamericana de Direitos Humanos – Série C – nº 251.
[368] "*El sentimiento antihaitiano es común en todos los niveles de la sociedad. La afluência de algunos segmentos de la población inmigrante haitiana se entiende como una amenaza a la seguridad nacional. El sentimiento antihaitiano también se manifiesta en actitudes del gobierno dominicano en contra de trabajadores inmigrantes haitianos que históricamente han sido deportados de manera arbitraria y sumaria del país. Cuando la necesidad de mano de obra haitiana es baja, el Estado arresta y expulsa hacia Haití a los individuos que "parecen haitianos. Una gran cantidad de haitianos que habitan en la República Dominicana no cuenta con documentos legales, frecuentemente por impedimentos impuestos por el Estado dominicano.Durante las expulsiones las víctimas son golpeadas, las familias separadas y muchas vidas son destruídas*". Neste sentido, ver: Clínica de Derechos Humanos Internacionales, Unwelcome Guests: *A Study of Expulsions of Haitians and Dominicans of Hatian Descent from the Dominican Republic to Haiti* (Visitantes no deseados: Un estudio sobre las expulsiones de haitianos y dominicanos de ascendencia haitiana de la República Dominicana a Haití) en 40-42 (2002). Anexo 18.

Por oportuno, é importante citar aqui o que a Comissão Interamericana de Direitos Humanos mencionou na Resolução nº 11/85, relativa ao caso *Jaime Insunza Becker and Leopoldo Ortega Rodriguez*, o seu *Annual Report* de 1980-1981 (pagina 120), que nos últimos anos alguns Estados do hemisfério tem expulsado indivíduos como um meio de eliminar os dissidentes políticos que os governos consideram um perigo para a segurança interna, administrativamente, sem qualquer processo, e por período indefinido, o que aumenta ainda mais a crueldade e irracionalidade[369].

De fato, a Corte Interamericana não ostenta ainda uma jurisprudência formada acerca da questão temporal do efeito da medida expulsória prevista na legislação de alguns Estados membros da OEA, eis que não se percebe qualquer caso julgado pela Corte neste quesito, ao contrário do sistema europeu de direitos humanos. Mas isso não quer dizer, contudo, que ações não possam ser interpostas à Corte Interamericana, após provocação, por exemplo, de um estrangeiro que seja expulso pelo Brasil, nos moldes da legislação pátria.

Neste caso, após o estrangeiro esgotar as instâncias internas, conforme já visto anteriormente no capítulo 3.3, com pedido de revogação da Portaria Ministerial de Expulsão ao Departamento de Estrangeiros (DMC/DE) do Ministério da Justiça, e *habeas corpus* ao STJ e STF, ele poderá chegar à Comissão Interamericana, com pedido de redução do

---

[369] (...) que en los últimos años, algunos estados del hemisferio han procedido a expulsar a nacionales – lo que hasta hace poco sólo era concebible como una sanción por un grave delito y después de un debido proceso – como un medio de eliminar a aquellos disidentes políticos que el gobierno considera un peligro para su seguridad interna. Estas expulsiones decretadas administrativamente, sin ningún tipo de proceso, generalmente lo han sido por un tiempo indefinido, lo cual aumenta aún más su crueldad e irracionalidad, al hacer esta sanción aún más onerosa que la que acarrea la comisión de un delito, el cual lleva siempre aparejada una pena precisa en su aplicación temporal. Asimismo, en algunas ocasiones, estas expulsiones se han llevado a cabo sin el consentimiento del Estado al cual son trasladados los expulsados, lo cual configura una violación del derecho internacional general. Em Corte Interamericana de direitos Humanos.

prazo de exclusão do território brasileiro, com a alegação de violação da Convenção Americana (artigos 11.2 e 17), por exemplo, no seu direito à vida familiar e privada, nos moldes da jurisprudência consolidada na Corte Europeia (que conforme visto tem firmado o posicionamento de um prazo razoável de afastamento de 5 anos).

É plausível, pois, uma decisão favorável neste sentido, tendo em vista o posicionamento firme e louvável que tem tido a Corte Interamericana de Direitos Humanos, mormente por sua jurisprudência de vanguarda, conforme citado por Cançado Trindade no julgamento do caso *López Álvares contra Honduras*[370].

E o caminho já parece trilhado neste sentido, tendo em vista o voto de Cançado Trindade proferido na *OC nº 18*, ao tratar do desenraizamento, da retirada compulsória como uma questão que afeta toda a comunidade internacional, por ser aplicada de acordo com as normas e políticas próprias dos ordenamentos internos dos Estados, sem a observância das normas de direitos humanos[371].

---

[370] "Si otros órganos internacionales de supervisión de los derechos humanos han incurrido en las incertidumbres de una interpretación fragmentadora, por que tendría la Corte Interamericana que seguir este camino, abdicando de su jurisprudencia de vanguardia, que le ha valido el respeto de los beneficiarios de nuestro sistema de protección así como de la comunidad académica internacional, y asumir una postura distinta, que, incluso, ya ha sido abandonada por otros órganos que antes la seguían, equivocadamente? Esto no me parece tener el menor sentido"Em Corte Interamericana de Direitos Humanos. Caso *López Álvares v. Honduras*, § 43, voto razonado del juez A. A. Cançado Trindade, p. 14.

[371] "Apesar de ser el desarraigo 'un problema que afecta a toda la *comunidad internacional*', – continué advirtiendo, – "sigue siendo tratado de forma atomizada por los Estados, con la visión de un ordenamiento jurídico de carácter puramente interestatal, sin parecer darse cuenta de que el modelo westphaliano de dicho ordenamiento internacional se encuentra, ya hace mucho tiempo, definitivamente agotado. Es precisamente por esto que los Estados no pueden eximirse de responsabilidad en razón del carácter global del desarraigo, por cuanto siguen aplicando al mismo sus propios criterios de ordenamiento interno. (...) El Estado debe, pues, responder por las consecuencias de la aplicación práctica de las normas y políticas públicas que adopta en materia de migración, y en particular de los procedimientos de deportaciones y expulsiones" (párrs. 11-12 Opinión Consultiva OC-18/03 de 17 de Septiembre de 2003, solicitada por los Estados Unidos Mexicanos

Com efeito, muito embora a jurisprudência da Corte Interamericana seja tímida com referência ao tempo de afastamento como efeito da expulsão, conforme citado anteriormente, isso não significa que não haja nos territórios dos países membros da OEA violações tão ou mais graves quanto às existentes nos Estados do sistema europeu de direitos humanos, apenas talvez não houve ainda a devida atenção por parte dos Estados envolvidos ou pela Comissão Interamericana quanto ao ordenamento doméstico dos Estados que impõe um afastamento perpétuo como efeito da expulsão.

7.4. A Carta Africana dos Direitos Humanos e dos Povos de 1981

A Carta Africana de Direitos Humanos e dos Povos não contém qualquer proibição expressa de expulsão em caso de risco de tortura. No entanto, o artigo 5º da Carta proíbe a tortura, tratamento cruel, desumano ou degradante e a Comissão Africana de Direitos Humanos e dos Povos interpretou esta disposição, incluindo uma proibição de retorno de qualquer pessoa para um país onde ela teria de enfrentar tortura, tratamento cruel, desumano ou degradante[372].

O artigo 12(4) da CADHP prevê que *"um estrangeiro legalmente admitido no território de um Estado-parte para a presente Carta, só pode ser expulso em virtude de uma decisão tomada em conformidade com a lei"*. A Comissão Africana dos Direitos Humanos e dos Povos encontrou violações desta disposição nos casos em que pessoas foram expulsas de um Estado-parte, sem serem capazes de contestar a decisão de expulsão perante uma corte competente[373].

– *Condición Jurídica Y Derechos De Los Migrantes Indocumentados* (§ 20). *Voto Concurrante Del Juez A.A. Cançado Trindade – Las Disparidades del Mundo Dicho "Globalizado", lós Desplazamientos Forzados y la Vulnerabilidad de los Migrantes*. Disponível em: www.corteidh.or.cr/docs/opiniones/seriea_18_esp.doc.

[372] Ver as medidas do caso *John K. Modise v. Botswana* na Comissão Africana de Direitos Humanos e dos Povos, em 11/05/2000.

[373] Ver as medidas tomadas nos casos: *Organisation Mondiale Contre la Torture v. Rwanda*, comunicações nº 27/89, 46/91, 49/91, e 99/93, na 20ª Seção Ordinária de outubro de 1996,

É interessante notar que a Comissão considera que o artigo 12(4) pode ser aplicado também a alguns migrantes irregulares, já que alguns deles podem inicialmente terem sido admitidos legalmente no Estado-parte. Para justificar esta decisão, a Comissão afirma que não pretende colocar em questão o direito de um Estado de tomar ações legais contra imigrantes irregulares, ao deportá-los ou expulsá-los aos seus países de origem, se a corte competente assim decidir. É, no entanto, da opinião da Comissão Africana, de que é inaceitável deportar ou expulsar indivíduos sem lhes dar a possibilidade de defender seu caso perante os tribunais nacionais competentes; segundo ela, isto é contrário ao espírito e à letra da Carta Africana e da Lei Internacional[374].

7.5. A Carta Árabe de Direitos Humanos de 2004

Um tanto quanto polêmica[375] com referência à aplicação de pena de morte às crianças, e aos direitos das mulheres e não cidadãos, e ainda por considerar o Sionismo como uma forma de racismo, contrariando a Resolução nº 46/86 da Assembleia Geral das Nações Unidas, a Carta Árabe de Direitos Humanos de 2004 entrou em vigor em 30/01/2008.

O artigo 26(2) da ACHR traz a previsão de que um estrangeiro que se encontre legalmente no território de um Estado-parte somente poderá ser expulso por força de uma decisão tomada em conformidade com a Lei. Além disso, prevê que o estrangeiro deve ser autorizado a apresentar uma petição à autoridade competente, a menos que haja razões imperiosas de segurança nacional. Ainda neste

---

e *Union Inter-Africaine des Droits de l'Homme and others v. Angola*, comunicação nº 159/96 na 22ª Seção Ordinária, de 11 de novembro de 1997.

[374] Ver: *Union Inter-Africaine des Droits de l'Homme and others v. Angola* (§ 20), comunicação nº 159/96.

[375] Por ocasião da entrada em vigor da Carta Árabe de Direitos Humanos, a Alta Comissária para os Direitos Humanos, *Louise Arbour*, sublinhou que a Carta é imcompatível com as normas internacionais de direitos humanos. Disponível em: http://www.iheu.org/node/2998.

dispositivo há a previsão de proibição de expulsão coletiva, sob quaisquer circunstâncias.

7.6. Outros Instrumentos Legais Regionais

O artigo 19 da Carta Social Europeia de 1996 prevê que os trabalhadores migrantes que residam legalmente no território dos Estados-partes não podem ser expulsos, a menos que coloquem em perigo a segurança nacional ou cometam atos contra o interesse público ou a moralidade[376].

A União Europeia aprovou normas gerais que definem quem deve se beneficiar do Estatuto de Refugiado e de outras formas de proteção[377]. O texto prevê que qualquer pessoa que pudesse enfrentar *"um risco real de sofrer ofensa grave"* por ocasião de seu retorno não deveria ser expulsa e deveria se beneficiar de proteção subsidiária. A noção de *"ofensa grave"*, conforme definido no artigo 15 º das normas gerais, abrange: a) A pena de morte ou a execução; ou b) A tortura ou a pena ou tratamento desumano ou degradante do requerente em seu país de origem; ou c) A ameaça grave e individual contra a vida ou a integridade física de um civil, resultante de violência indiscriminada em situações de conflito armado internacional ou interno[378].

A União Europeia adotou também vários instrumentos que limitam o critério dos Estados-Membros para expulsar cidadãos de outros Estados-membros e dos membros das suas famílias. Esses instrumentos já

---

[376] GUILD, Elspeth, MINDERHOUD, Paul. *Security of Residence and Expulsion Protection of Aliens in Europe (Immigration and Asylum Law and Policy in Europe*, V.1. Kluwer Law International, 2001, p. 11.

[377] Ver a *Directive 2004/83/CE* de 29 de Abril de 2004, sobre normas mínimas para a qualificação e status dos nacionais de países de fora do bloco ou apátridas, como refugiados ou como pessoas que necessitam de proteção internacional e para o conteúdo da proteção a conceder. (JO 2004 L 304/12). Disponível em: http://eur-lex.europa.eu/LexUriServ/LexUriServ.do?uri=CELEX:32004L0083:EN:HTML.

[378] Aqui deve ser feita a referência com o artigo 21(1) da Diretiva 2004/83/CE, que reitera o princípio do *non-refoulement*.

foram consolidados em uma Diretiva sobre os direitos dos cidadãos do bloco Europeu e dos membros das suas famílias de circular e residir livremente na União Europeia[379].

7.7. Métodos de Expulsão nos Instrumentos Internacionais

Não existem disposições nos instrumentos internacionais e regionais de direitos humanos, que explicitamente tratam de métodos de expulsão do país. No entanto, as disposições gerais são aplicáveis. Ao executar uma ordem de expulsão, os Estados ainda estão vinculados às obrigações de respeitar o direito à vida e à integridade física, e não devem submeter qualquer pessoa, incluindo qualquer estrangeiro a ser expulso do país, a tratamento cruel, desumano ou degradante.

Por exemplo, ao examinar o relatório da Bélgica, o Comitê de Direitos Humanos observou que *"Procedimentos utilizados na repatriação de alguns requerentes de asilo, em particular a colocação de uma almofada no rosto de um indivíduo, a fim de superar sua resistência, implicam em um risco à vida. O recente caso de um cidadão nigeriano que morreu, de tal maneira ilustra a necessidade de reexaminar todo o processo de deportações e expulsões forçadas*[380]*"*.

Mais recentemente, com referências a artigos 6º e 7º do Pacto Internacional de Direitos Civis e Políticos, o Comitê expressou novamente sua preocupação com as alegações de força excessiva sendo utilizada quando os estrangeiros são expulsos ou deportados[381].

---

[379] Ver a Directive 2004/38/EC, de 29 de abril de 2004, relativa ao direito de livre circulação e residência dos cidadãos da União Europeia e dos membros das suas famílias no território dos Estados-Membros (OJ 2004 L 158/77). Em: http://eur-lex.europa.eu/Lex UriServ/LexUriServ.do?uri=OJ:L:2004:229:0035:0048:pt:pdf. Acesso em 22/01/2013.
[380] Ver o *Concluding Observations on Belgium* (§ 15), de 19 de novembro de 1998. Disponível em http://www1.umn.edu/humanrts/hrcommittee/belgium1998.html. Acesso em 22/01/2013.
[381] Ver o *Concluding Observations on Belgium* (§ 14), de 12 de agosto de 2004. Disponível em http://www1.umn.edu/humanrts/hrcommittee/belgium2004.html. Acesso em 22/01/2013.

Houve muito pouca jurisprudência a respeito dos métodos de expulsão que pode violar a proibição da tortura, tratamento cruel, desumano ou degradante[382]. Na maioria dos casos, os indivíduos que são objetos de uma decisão de expulsão tem procurado contestar essa decisão, alegando que o seu estado de saúde pode ser agravado pela expulsão ou deportação em si: o Comitê contra a Tortura afirmou em várias ocasiões que tal agravamento não corresponde ao tipo de tratamento cruel, desumano ou degradante previsto pelo artigo 16 da Convenção contra a Tortura[383].

Os processos de expulsão podem implicar em prisão ou detenção administrativa antes da expulsão. Vale ressaltar aqui que a Corte Europeia de Direitos Humanos constatou uma violação do artigo 5º(1) da Convenção Europeia (direito à liberdade e à segurança do indivíduo), em um caso em que as autoridades atraíram os requerentes de asilo a uma delegacia de polícia com o objetivo de prendê-los e subsequentemente deportá-los. A Corte observou que *"uma decisão consciente por parte das autoridades para facilitar ou melhorar a eficácia de uma operação planejada para a expulsão de estrangeiros, enganando-os a respeito do propósito de um aviso, de modo a tornar mais fácil privá-los de sua liberdade não é compatível com artigo 5º da Convenção[384]"*.

Quanto aos métodos de expulsões, a antiga Relatora Especial para os direitos humanos dos migrantes afirmou que *"a expulsão, deportação*

---

[382] Sobre a aplicabilidade do artigo 3º da Convenção Europeia dos Direitos Humanos para os métodos de expulsão, ver *Medical Foundation for the Care of Victims of Torture, Harm on removal: excessive force against failed asylum seekers* da Anistia Internacional, de 20/06/2005, p. 19-31, disponível em: http://www.amnesty.org.uk/uploads/documents/doc_16178.pdf.
[383] Ver o caso *G.R.B. v. Sweden* (§ 6.7), no 20º Comitê contra a Tortura – CAT/C/20/D/83/ /1997, de 15.05.1998. Disponível em: http:// http://www.unhchr.ch/tbs/doc.nsf, o caso B.S.S. v Canada (§ 10.2), de 12 de maio de 2004, disponível em: http://www1.umn.edu/ humanrts/cat/decisions/183-2001.html, e finalmente, o caso S.S.S. v Canada (§ 7.3), de 16 de novembro de 2005, disponível em http://www1.umn.edu/humanrts/cat/decisions/ 245-2004.html.
[384] Ver em Corte Europeia de Direitos Humanos o julgamento do caso *Conka v. Belgium*, de 05 de fevereiro de 2002.

ou repatriação de migrantes indocumentados deve ser realizado com respeito e dignidade"[385]. Ela recebeu vários casos envolvendo o uso de força excessiva durante as expulsões e deportações forçadas. Em agosto de 2003, ela e o Relator Especial contra a Tortura analisaram um caso envolvendo deportação forçada e maus-tratos no aeroporto de Zurique[386].

Em junho de 2003, ambos os relatores especiais foram alertados para um caso de maus-tratos durante uma tentativa de deportação forçada na França[387]. O Relator Especial para os direitos humanos dos migrantes também recebeu relatos de duas mortes durante as deportações forçadas da França[388].

Com relação às condições e tempo de *"detenção para efeitos de expulsão"*, a *"Return Directive"* europeia de 2008 contém disposições pormenorizadas estabelecendo os padrões mínimos de duração da detenção (artigo 15), condições gerais de detenção (artigo 16) e disposições específicas para a detenção de menores (artigo 17). Com relação à detenção, o artigo 15 prevê que um estrangeiro que está sujeito a procedimentos de retorno só pode ser mantido em detenção quando *"há um risco de fuga"*, ou *"o estrangeiro em questão, evita ou dificulta a preparação do seu retorno ou o processo de expulsão"*.

Em qualquer caso, *"a detenção será por um período tão curto quanto possível e só será mantida enquanto o procedimento de afastamento estiver em curso e executado com a devida diligência (art. 15)"*. No que diz respeito às *"condições de detenção"*, o artigo 16 prevê que a detenção *"deve existir como regra em centros de detenção especializados"*. Quando a detenção ocorre em uma

---

[385] Ver o *Report of the Special Rapporteur on the Human Rights of Migrants* (§ 75), Ms. Gabriela Rodríguez Pizarro, de 27 de dezembro de 2004. Em: http://ap.ohchr.org/documents/alldocs.aspx?doc_id=10680. Acesso em 18.01.2013.

[386] Ver o *Special Rapporteur's Report to the Commission on Human Rights on Communications*, E/CN.4/2004/76/Add.1 (§§ 221-228), de 16 de fevereiro de 2004. Disponível em: http://ap.ohchr.org/documents/alldocs.aspx?doc_id=9160. Acesso em 18.01.2013.

[387] E/CN.4/2004/76/Add. §§ 70/71.

[388] E/CN.4/2004/76/Add. §§ 64/64 e 72-77.

prisão, o estrangeiro afetado com a medida deve ser mantido separado dos presos comuns.

Ao estrangeiro deve ser permitido – mediante sua solicitação – estabelecer *"em prazo adequado"* contato com os seus representantes legais, familiares e autoridades consulares competentes. O § 3º do artigo 15 estabelece a obrigação de *"prestar particular atenção para a situação das pessoas mais vulneráveis e fornecer cuidados médicos de emergência e tratamento básico de doenças"*. O § 4º estabelece que *"relevantes e competentes Organizações Não-Governamentais, nacionais e internacionais e outros órgãos tem a possibilidade de visitar as instalações de detenção e que tais visitas devem ser objeto de autorização"*. O § 5º prevê que aos estrangeiros mantidos em detenção devem ser *"sistematicamente fornecidas informações que expliquem as regras aplicadas no local, definindo os seus direitos e obrigações"*.

O artigo 17 estabelece que os menores de idade e as famílias só podem ser detidos *"como uma medida de último recurso e pelo menor período de tempo possível"*. O mesmo artigo em seguida, estabelece vários direitos de que gozam esses grupos e outras medidas de proteção a que tem direito: *"o direito a um alojamento separado garantindo adequada privacidade, a possibilidade de os menores se engajarem em atividades de lazer, e da disposição, na medida do possível, de acomodação em instituições com pessoal e facilidades adaptadas"*. Por último, *"os melhores interesses da criança deve ser uma consideração prioritária no contexto da detenção de menores pendentes de remoção por expulsão ou deportação"*.

Ante o exposto, verifica-se que um quadro jurídico internacional que regula os poderes dos Estados para expulsar estrangeiros em seus territórios, gradualmente tem surgido. Na verdade, várias disposições gerais tem sido interpretadas de tal forma a proporcionar alguma proteção às pessoas que estão sujeitas às ordens de expulsão. Este desenvolvimento jurisprudencial é relativamente recente, uma vez que data da década de noventa. Com efeito, já se encontra cristalizado no julgamento das Cortes Internacionais que ninguém deve ser devolvido a um país onde há um risco real de tortura ou tratamento cruel, desumano ou degradante, e esta proibição tem sido considerada absoluta.

Além disso, algumas expulsões não deveriam ser aplicadas quando fossem resultar em uma violação do direito à vida privada e familiar da pessoa afetada. O âmbito das garantias processuais sugere que as expulsões coletivas são ilegais sob a lei internacional de direitos humanos. Em contraste, os métodos de expulsão não são especificamente mencionados em quaisquer desses instrumentos, mas não há dúvida de que as disposições gerais sobre o tratamento cruel, desumano ou degradante se aplica neste sentido e que ninguém deveria ser expulso de uma maneira que colocasse sua vida ou integridade física em risco.

8. O Modelo Constitucional e Internacionalmente Adequado da Medida de Afastamento do Expulsando do País

Parte-se do ponto de que um modelo constitucional e internacionalmente adequado de qualquer medida com relação ao estrangeiro no Brasil tem a ver primeiro com a igualdade efetiva entre o nacional e o estrangeiro, com a possibilidade de se fazer reivindicações legítimas de determinadas liberdades e benefícios, em uma visão humanista e universal, permitindo a todos um acesso fácil aos direitos sociais e políticos formais, como um país de imigração que é, desde o início do século XX, conforme já discorrido.

O que se vê, no entanto, é que a intolerância e a maciça violação dos direitos e liberdades básicas, principalmente no Brasil, não são atributos apenas de povos bárbaros, mas daqueles que tem em mente o seu próprio interesse e bem estar através do poder econômico, relegando a um segundo plano os ideais de justiça, igualdade e democracia. Citem-se a exemplo, os casos do Brasil na Corte Interamericana de Direitos Humanos, e a atual situação dos presos nos presídios nacionais.

E não é demais lembrar que toda a forma de particularismo, distinção ou discriminação (xenofobia) contra o estrangeiro revela uma visão anti-humanista que consagra a violência, a intolerância e a irracionalidade, nos moldes dos eventos ocorridos no início do século XX.

A expulsão de um estrangeiro de um Estado por *prazo indeterminado* certamente viola seus direitos civis, ainda que estes tenham sido suspensos no território deste Estado em virtude de sentença condenatória com o trânsito em julgado, o que parece ser a motivação da esmagadora maioria dos casos de expulsão, seja em âmbito dos Estados do sistema europeu ou do sistema interamericano de direitos humanos, conforme visto em capítulos anteriores.

Da mesma forma, a violação dos direitos sociais e culturais parece ser um efeito nefasto da expulsão definitiva, uma vez que tolhe do estrangeiro a possibilidade de viver entre seus familiares e entes queridos, violando a proteção à vida familiar e privada, à criança e ao adolescente, e à preservação de seus valores culturais e do trabalho.

Destarte, a reabilitação do indivíduo, seja no direito nacional ou estrangeiro, na esfera criminal ou cível, é um instituto louvável, fulcrado na crença de recuperação moral e social do indivíduo, inspirado na dignidade da pessoa humana, princípio orientador da Declaração Universal dos Direitos Humanos, que se irradiou para os ordenamentos positivos de diversos Estados da atualidade, como fundamento da liberdade, justiça e paz no mundo, para se promover o progresso social e melhores condições de vida em uma liberdade mais ampla.

Nas palavras de Cançado Trindade: *"(...) penso que a experiência humana ao longo do século XX, marcado por tantos avanços no domínio científico--tecnológico, acompanhados por atrocidades sem precedentes, demonstra que não é possível conceber a ordem legal fazendo abstração da ordem moral*[389]*."*

E é com vistas à crença no poder de recuperação moral e social do indivíduo, que a legislação brasileira prevê, seja na lei criminal, administrativa, ou na lei civil, a *reabilitação* do indivíduo afetado por alguma medida restritiva, após o decurso de um certo prazo determinado[390], entendendo assim que ele pode voltar ao *status quo ante*,

---

[389] TRINDADE, Antônio Augusto Cançado. *A humanização do direito internacional.* Op. cit., p. 83.
[390] O artigo 94 do CPB aduz que: A reabilitação poderá ser requerida, decorridos 2 (dois) anos do dia em que for extinta, de qualquer modo, a pena ou terminar sua execução, computando-se o período de prova da suspensão e o do livramento condicional, se não sobrevier revogação. O artigo 202 da Lei de Execuções Penais (7.210/84), trata da reabilitação: Cumprida ou extinta a pena, não constarão da folha corrida, atestados ou certidões

determinando inclusive aos órgãos públicos, na seara criminal, o sigilo quanto aos dados referentes a sua condenação e processo.

E neste sentido, o artigo 93, *caput*, e seu parágrafo único, do Código Penal brasileiro aduz que a reabilitação alcança quaisquer penas aplicadas em sentença definitiva, assegurando o sigilo dos registros sobre o processo e condenação, e que poderá também atingir os efeitos da condenação do artigo 92 do CPB, que diz respeito à perda de cargo ou mandato eletivo, do poder familiar, tutela, curatela, e finalmente inabilitação de veículo automotor.

Neste diapasão, a expulsão como efeito de condenação definitiva, na maioria absoluta dos casos, como já visto, embora não previsto no artigo 93 do CPB, poderia aceitar uma interpretação extensiva em prol da crença no poder de recuperação do estrangeiro e dos princípios humanitários, independentemente de sua nacionalidade, raça, cor, religião ou orientação política.

Ainda em alusão à lei penal brasileira, há que se observar que o artigo 97, parágrafo 1º, do Código Penal trata da Medida de Segurança, e estipula o *limite mínimo* do tratamento ambulatorial ou internação do agente inimputável entre 1 e 3 anos, deixando *in albis* a indicação do período máximo da internação do inimputável, gerando assim a possibilidade de uma internação *ad eternum*.

Com efeito, entre as funções da aplicação da pena devem estar presentes as finalidades de prevenção e de retribuição, e esta última deve ser proporcional à lesão causada ao bem jurídico protegido. Em se tratando de inimputáveis, a medida de segurança é aplicada com vistas à *periculosidade* do agente, para promover a recuperação do doente ou perturbado mental, e portanto, sem o caráter retributivo. Assim, se por um lado a Medida de Segurança objetiva a prevenção de futuras afrontas às normas penais com a cura do enfermo mental delinquente, por outro, ela deve ter um limite estipulado para não criar uma desigual-

---

fornecidas por autoridade policial ou por auxiliares da Justiça, qualquer notícia ou referência à condenação, salvo para instruir processo pela prática de nova infração penal ou outros casos expressos em lei.

dade com o delinquente sadio, eis que aquele pode permanecer mais tempo em Hospital de Custódia e Tratamento do que este na prisão.

Nesta esteira, sem a previsão de um limite máximo em lei, a Medida de Segurança, assim como a expulsão, poderia também ser uma *medida perpétua* aplicada a um indivíduo, neste caso inimputável, após o cometimento de um crime. E foi neste sentido que os tribunais superiores, sensíveis à questão, decidiram limitar o prazo máximo de duração da Medida de Segurança. Enquanto para o STF o prazo máximo da medida de segurança é o previsto no artigo 75 do CPB, ou seja, trinta anos[391], o STJ[392] se baseia nos princípios da isonomia e proporcionalidade, determinando que o tempo máximo de duração da Medida de Segurança não deve ultrapassar o limite máximo da pena abstratamente cominada ao delito praticado[393].

E há ainda que se ater à questão da prescritibilidade, que é a regra geral do Direito. O Estado é o titular do Direito de Punir (pretensão punitiva), e o de executar a pena (pretensão executória). Por uma questão de segurança jurídica da sociedade, este direito não pode eternizar-se. Na seara penal, a persecução penal atrai uma possível sanção, e tem um prazo definido. E os prazos prescricionais das penas restritivas de direito seguem a sorte dos prazos prescricionais das penas privativas de liberdade (*art. 109, parágrafo único do CPB*). A exceção é a da imprescritibilidade, ou seja, o Estado não poderá punir ou executar a pena para sempre[394].

Na lei civil, para a reabilitação do falido, por exemplo, após o encerramento do processo de falência, para que ele possa voltar a exercer a

---

[391] STF – 1ª Turma, HC 107432, j. 24/05/2011; 2ª Turma, HC 97621, j. 02/06/2009.
[392] STJ – 6ª Turma, HC 174342, j. 11/10/2011; 5ª Turma, R. Esp. 964247, j. 13/03/2012.
[393] Entende-se que o posicionamento do STF levaria ao absurdo de se sujeitar alguém que tenha, por exemplo, praticado o delito de furto qualificado, com pena máxima de oito anos, a um período de 30 anos de medida de segurança. Por esta razão, a posição do STJ parece mais afinada com o teto constitucional.
[394] RIBEIRO, Mariana Cardoso dos Santos. Artigo: *Direito e Autoritarismo, a expulsão de comunistas no Estado Novo*. Op. cit., p. 163-183.

atividade empresarial, é necessário que ele atenda a alguns requisitos elencados no artigo 158 da Lei 11.101/2005, dentre eles: a) Decurso do prazo de 5 anos após o encerramento da falência, se o falido ou representante legal da sociedade falida não incorreu em crime falimentar; b) Decurso do prazo de 10 anos após o encerramento da falência, se houve condenação do falido ou do representante legal da sociedade falida por crime falimentar[395].

Na seara administrativa, para que a autoridade cumpra seu *mister*, o ordenamento jurídico estabelece prazos para o exercício de punir do Estado, com duplo propósito, seja para forçar a autoridade a adotar as providências necessárias à apuração das responsabilidades funcionais, seja para evitar que se *eternize* a ameaça de punição ao servidor, possibilitando que haja estabilidade nas relações entre a Administração e o administrado. Estes prazos são denominados de prescrição administrativa, e se encontram definidos no artigo 142 da lei 8.112/90, que dispõe sobre o regime jurídico dos servidores públicos da União.

Dessa forma, a expulsão definitiva ainda prevista no ordenamento brasileiro parece ir à contramão de outras regras do direito pátrio, dos princípios basilares de proteção aos direitos humanos, e da universalização do gênero humano, ao não permitir uma reabilitação ao estrangeiro daqui expulso. Afinal se o ordenamento brasileiro privilegia a proteção e a reabilitação do nacional, por qual razão não o faria com o estrangeiro?

Segundo o ensinamento de Cançado Trindade, *"(...) os Estados tem necessidade de um sistema jurídico que regule suas relações, como membros de*

---

[395] Artigo 158 da lei 11.101/05: Extingue as obrigações do falido: I – O pagamento de todos os créditos; II – O pagamento, depois de realizado todo o ativo, de mais de 50% (cinquenta por cento) dos direitos quirografários, sendo facultado ao falido o depósito da quantia necessária para atingir essa porcentagem se para tanto não bastou a integral liquidação do ativo; III – O decurso do prazo de 5 (cinco) anos, contado do encerramento da falência, se o falido não tiver sido condenado por prática de crime previsto nesta Lei; IV – O decurso do prazo de 10 (dez) anos, contado do encerramento da falência, se o falido tiver sido condenado por prática de crime previsto nesta Lei.

uma sociedade universal. Para Suárez, o direito das gentes abarcava, além das nações e dos povos, o gênero humano como um todo, e o direito atendia às necessidades de regulamentação de todos os povos e seres humanos". E continua afirmando que *"(...) tanto Suárez como Vitoria formularam as bases dos deveres internacionais dos Estados vis à vis inclusive dos estrangeiros, no marco do princípio geral da liberdade de circulação e das comunicações, à luz da universalidade do gênero humano[396]".*

Foi visto nos capítulos anteriores que por ser uma medida de caráter extremo tomada pelo Estado brasileiro, onde um de seus efeitos é o impedimento *ad eternum* do regresso do estrangeiro expulso do país, a expulsão de estrangeiros pode muitas vezes ser entendida como uma sanção penal. Ainda como visto, não há uma diferença substancial entre uma sanção administrativa e uma sanção criminal, já que ambas expressam consequências desagradáveis de uma conduta que desrespeitou o preceito legal, e trazem a retribuição e a prevenção em suas finalidades[397].

E neste sentido há que se afirmar que qualquer pena ou medida levada a termo no Brasil contra um nacional ou estrangeiro, que cause a ele um sofrimento ou dor, amputando ou restringindo perpetuamente sua esfera de direitos, como é a expulsão, pode ser considerada uma ofensa à Constituição, por contrariar o prescrito no artigo 5º, Inciso XLVII da nossa Carta Maior. Assim, é possível afirmar que o modelo atual de expulsão não é constitucionalmente adequado, tendo em vista sua restrição perpétua.

---

[396] Opinión Consultiva OC-18/03 de 17 de Septiembre de 2003, solicitada por los Estados Unidos Mexicanos – *Condición Jurídica Y Derechos De Los Migrantes Indocumentados. Voto concurrente del Juez A. A. Cançado Trindade. La Civitas Maxima Gentium y la Universalidad del Género Humano.* Disponível em: www.corteidh.or.cr/docs/opiniones/seriea_18_esp.doc. Acesso em 15/10/2011.

[397] Segundo Mariana Cardoso dos Santos Ribeiro: *"O ato de expulsão implica sérias consequências que vão desde o trauma psicológico pela retirada forçada de um país – muitas vezes convertida em pena de morte (suicídio) – até a desintegração da identidade em decorrência da perda de laços familiares e da anulação do sentimento de pertencimento".* RIBEIRO, Mariana Cardoso dos Santos. Artigo: *Direito e Autoritarismo, a expulsão de comunistas no Estado Novo.* Op. cit., p. 163-183.

Do ponto de vista internacional, a jurisprudência farta da Corte Europeia de Direitos Humanos tem se posicionado no sentido de que em uma sociedade democrática, não é razoável a exclusão de estrangeiros do território de Estados-partes da Convenção por período indefinido (*life-long ban*), tendo em alguns casos entendido que até mesmo o período de afastamento de 10 anos não demonstra um justo equilíbrio entre o interesse público de Imigração do Estado, e os interesses particulares do estrangeiro afetado[398].

Há que se dizer que a Corte Europeia foi mais longe, ao consolidar sua jurisprudência neste caso, entendendo como razoável o afastamento de estrangeiro do território do Estado-parte, por período de 5 (cinco) anos, conforme se percebe, dentre outros tantos, dos casos: *Antwi & Others v. Norway* (14/02/2012)[399], *Darren Omoregie & Others v. Norway* (31/07/2008)[400] etc.

---

[398] Ver em Corte Europeia de Direitos Humanos o julgamento do caso: *Maslov v. Austria* de 23/06/2008 e *Emre v. Switzerland* (2008 e 2011): *"(...)The Court held that the ban on re-entering Switzerland for ten years, which was a considerable period in an individual's life, could not be said to have been necessary in a democratic society. The Court concluded that the State did not appear to have struck a fair balance between the private interests at stake (those of Mr Emre and his family) and the public interests (public order and safety and the risk of further offences)"*. Disponível em: http://echr.ketse.com/doc/5056.10-en-20111011/.

[399] Ver em Corte Europeia de Direitos Humanos o julgamento do caso: *Antwi & Others v. Norway* de 14/02/2012. *"(...) The Court concluded that the Norwegian authorities had not acted arbitrarily or otherwise transgressed the margin of appreciation which should be accorded to them in this area. They had struck a fair balance between the public interest in ensuring effective immigration control and the applicants' need that Mr Antwi be able to remain in Norway. Accordingly, Mr Antwi's expulsion from Norway with a five-year re-entry ban would not violate Article 8"*.

[400] Ver em Corte Europeia de Direitos Humanos o julgamento do caso: *Darren Omoregie & Others v. Norway* (31/07/2008). *"(...) Against this background, the Court does not find that the national authorities of the respondent State acted arbitrarily or otherwise transgressed their margin of appreciation when deciding to expel the first applicant and to prohibit his re-entry for five years. The Court is not only satisfied that the impugned interference was supported by relevant and sufficient reasons but also that in reaching the disputed decision the domestic authorities struck a fair balance between the personal interests of the applicants on the one hand and the public interest in ensuring an effective implementation of immigration control on the other hand (...)"*.

Neste sentido, entende-se que o modelo constitucional e internacionalmente adequado de afastamento do expulsando do país, é o limite de cinco anos, com vistas à crença no poder de recuperação do indivíduo, e no pleno desenvolvimento de suas faculdades, em uma sociedade justa, livre e solidária, sem discriminação, que privilegia a dignidade da pessoa humana como seu princípio orientador.

CONCLUSÃO

> "A pessoa que não se livrou dos vínculos do sangue e do solo ainda não nasceu completamente como ser humano; sua capacidade para o amor e a razão está tolhida; não sente a si mesma nem os seus próximos em sua realidade humana. (...) Assim como o amor por um indivíduo com a exclusão do amor por todos os demais não é amor, o amor à pátria que não faz parte do amor à humanidade não é amor, mas um culto idolátrico.[401]".

A questão do estrangeiro é com frequência tratada com dois pesos e duas medidas no Brasil, segundo Cristiane Maria Sbalqueiro Lopes, e tal visão se dá pela ausência da experiência de colocar-se no lugar do outro para ver a situação sob outro prisma. Esta experiência poderá nos permitir perceber que nossos próprios comportamentos nada têm de natural, nos possibilitando um controle de nós mesmos em nossos atos e decisões nas questões envolvendo os estrangeiros.

> "Antes de estipular regras restritivas de direito aos estrangeiros que pretendem viver no Brasil, será preciso lembrar que o brasileiro também pode ser um estrangeiro em outros países. Esta consciência viva de que centenas de milhares de brasileiros estão buscando prosperar no exterior servirá como garantia de decisões mais ponderadas e humanistas a respeito do tema de estranjería".

---

[401] FROMM, Erich. *Psicanálise da sociedade contemporânea*. Círculo do livro: São Paulo, 1955, p. 61/62.

E ela continua:

> "*Toda vez que a legislação disciplinar algo sobre os interesses do Brasil em face dos estrangeiros, estará legitimando que os brasileiros sejam tratados da mesma forma no exterior[402]*".

Com efeito, nossa visão do estrangeiro, pela própria dinâmica da vida em sociedade, está baseada em relações e interações de uma maneira geral conflituosas. No plano individual é que se constroi a imagem do outro, não a partir de uma imagem neutra e objetiva do próximo, mas em função de uma projeção de nosso julgamento, de sentimentos de simpatia, empatia, apatia, antipatia, de nossos medos e nossos fantasmas. E segundo Sami Nair e Javier de Lucas, o outro é sempre uma parte do "*eu*" projetada, rejeitada ou renegada[403].

Cristiane M.S. Lopes afirma que "*esse mecanismo psicanalítico influi a todas as relações pessoais e sociais, o que explica porque ao final todos os vínculos se baseiam em maior ou menor grau, em uma opressão[404]*".

Assim, o estrangeiro precisa ser tratado pela legislação e pelas autoridades do país por aquilo que representa em termos de gênero humano, de universalidade, e não pelos fantasmas e medos (*xenofobia*) daqueles que o julgam. Neste sentido Sami Nair e Javier de Lucas:

> "*Mediante la relativización, no del Otro, sino de uno mismo, y por la aceptación, em el ámbito de la realidad, de la apertura hacia el Otro, lo cual significa hoy em dia mestizaje, interculturalidad y universalidad em actos. Sólo cabe una definición aceptable de la universalidad: es buscar em los demás lo que tienen de universal[405]*".

Ao cruzar as fronteiras de um país com intenção de lá estabelecer-se, ou cumprir alguns de seus objetivos, o estrangeiro desafia o sistema jurí-

---

[402] LOPES, Cristiane Maria Sbalqueiro. *Direito de Imigração – O Estatuto do Estrangeiro em uma Perspectiva de Direitos Humanos*. Porto Alegre: Núria Fabris Editora, 2009, p. 27-28.

[403] NAIR, Sami e DE LUCAS, Javier. Inmigrantes. El desplaziamento em el mundo. Foro para la integración social de los inmigrantes. Ministério de trabajo y asuntos sociales. Instituto de Migraciones y Servicios Sociales (IMSERSO). Madrid, 1998, p. 130.

[404] LOPES, Cristiane Maria Sbalqueiro. Op. cit., p. 91.

[405] NAIR, Sami e DE LUCAS, Javier. Inmigrantes. Op. cit., p. 130.

CONCLUSÃO

dico local, concebido e pensado por um nacional daquele país, e ele não pode ignorar os interesses políticos, econômicos, sociológicos e culturais que podem condicionar os processos migratórios daquele país.

A imigração, o fluxo de estrangeiros no país, conforme visto em capítulos anteriores, sempre foi tratada pelo ponto de vista utilitarista, vinculado aos interesses de povoamento, substituição de mão de obra, branqueamento de raça, constituição de identidade nacional, dentre outros. E a partir da década de 1930, o estrangeiro passou a ser objeto de suspeita, inserido nas correntes ideológicas que conduziam o mundo, e principalmente a Europa.

A legislação que atualmente rege a matéria de estrangeiros no país, é da época da doutrina da segurança nacional, atribuída a um regime militar, que concentrou sua atividade em um nacionalismo exacerbado, na exclusão dos ideais comunistas, tendo como palco um processo de industrialização do país. Já não havia ali o interesse em atrair imigrantes não qualificados, mas apenas os qualificados à industrialização crescente, com a exclusão daqueles contrários ao regime, fossem eles nacionais ou estrangeiros.

Com a redemocratização do país a partir de 1985, e a adequação do Estado brasileiro aos padrões internacionais de respeito à pessoa humana, a Constituição Federal de 1988 incorporou ao seu texto todos os direitos e garantias necessários à plena realização do ser humano, em busca de sua felicidade, seja ele nacional ou estrangeiro.

Assim, hodiernamente, o simples cruzar de fronteiras faz surgir a questão de saber se as regras que valem para todos os "*de dentro*" valerão também para os "*de fora*". E no caso brasileiro, a Carta Maior, programática e principiológica, orienta a relação dos estrangeiros em território nacional pelo princípio do respeito aos direitos humanos, pela dignidade da pessoa humana, e principalmente, pela igualdade de direitos com os nacionais, excetuando-se as questões políticas, definidas no bojo da própria Constituição Federal vigente[406].

---

[406] Uma lógica de exclusão torna a cidadania inacessível para as pessoas que não se enquadram no modelo nacional. A tradição jurídica ocidental não soube e não sabe lidar bem

CONCLUSÃO

A interpretação sistemática da Constituição Federal impõe concluir que é a regra da igualdade que deve nortear o tratamento a ser dispensado aos estrangeiros. As exceções ao princípio da igualdade devem ser interpretadas *numerus clausus* e só se justificam em casos especiais. Assim, a aplicação dos diplomas que regem as relações do estrangeiro em território nacional demandará sempre a interpretação conforme a constituição, mormente daqueles dispositivos que limitarem direitos além do que autoriza a constituição.

Nas palavras de Celso Ribeiro Bastos:

> *"A nós sempre nos pareceu que o verdadeiro sentido da expressão "brasileiros e estrangeiros residentes no país" é deixar claro que esta proteção dada aos direitos individuais é inerente à ordem jurídica brasileira. Em outras palavras, é um rol de direitos que consagra a limitação da atuação estatal em face de todos aqueles que entrem em contato com esta mesma ordem jurídica. Já se foi o tempo em que o direito para os nacionais era um e para os estrangeiros outro, mesmo em matéria civil. Portanto, a proteção que é dada à vida, à liberdade, à segurança e à propriedade é extensiva a todos aqueles que estejam sujeitos à ordem jurídica brasileira*[407]*".*

Neste sentido, expulsar um estrangeiro em definitivo do território nacional, muitas vezes ao arrepio do devido processo legal, é ir contra os paradigmas estabelecidos pela nossa Carta Magna, mormente pela incorporação dos tratados e princípios internacionais de direitos humanos pelo Estado brasileiro, conforme visto em capítulos anteriores.

---

com a diferença, com a diversidade. A diferença é oprimida em favor de uma pretensa igualdade, gerando uma situação paradoxal, porque são justamente as diferenças que servem para: *"identificar a los seres humanos en sus diferentes contextos culturales de co-pertenencia, frente a la abstracción y la homologación universal, que ha sido provocada por la puesta en marcha de uma igualación meramente formal"*. FARIÑAS DULCE, Maria José. Ciudadanía universal versus ciudadanía fragmentada. In Cuadernos Electrónicos del Filosofía del Derecho, nº 2, 1999. Disponível em: www.uv.es/CEFD/2/Farinas.html. Acesso em 26/02/2013.

[407] BASTOS, Celso Ribeiro. *Comentários à Constituição do Brasil: promulgada em 05/10/1988*. São Paulo: Saraiva, 1988. 2º vol., p. 4.

CONCLUSÃO

Assim, se a crença no poder de recuperação do indivíduo, e no pleno desenvolvimento de suas faculdades são atributos essenciais à vida humana, presentes no ordenamento da maioria dos países democráticos, proibir um ser humano de retornar às fronteiras de um Estado por um período "*ad eternum*" como efeito da expulsão de estrangeiros, pode configurar, principalmente no caso brasileiro, a violação ao disposto no artigo 5º, Inciso XLVII, "*b*", que proíbe a aplicação de *penas de caráter perpétuo*, bem como aos demais dispositivos constitucionais que garantem a igualdade, o direito à liberdade de locomoção e residência dentro das fronteiras de cada Estado, o direito de deixar qualquer país, inclusive o próprio, e a este regressar, à vida familiar e privada, a proteção à criança e ao adolescente etc., conforme amplamente já demonstrado em capítulos anteriores[408].

Com efeito, no caso brasileiro, o projeto do novo estatuto jurídico do estrangeiro, Projeto nº 5655/2009, já demonstra a preocupação do governo brasileiro com os atuais efeitos permanentes da expulsão de estrangeiro no país, com seu afastamento em definitivo do território nacional. Tanto é assim, que o *novel* projeto citado, de autoria do Minis-

---

[408] O afastamento por período indefinido do estrangeiro pelo Estado atenta contra os direitos humanos de existência do indivíduo, e neste sentido o Estado deve ser compelido a se omitir desta conduta. Neste sentido Wolfgang Kersting, que defende a validade universal dos direitos humanos de existência (vida ou morte, domicílio ou expulsão, incolumidade física ou tortura, estupro, mutilação, regra ou arbitrariedade), de subsistência (evitar a fome, a sede e a miséria), e de desenvolvimento (as pessoas tem capacidades e talentos que podem ser melhorados). "*Justamente essa tríade de interesses constitui o contraforte material de um universalismo sóbrio que confere proteção a interesses em termos de direitos humanos, e obriga as pessoas, as instituições, e a instituição das instituições, o Estado, a ir ao encontro desses interesses humanos básicos, quer seja, mediante omissões apropriadas, medidas distributivas apropriadas, e o estabelecimento de sistemas de formação adequados*". WOLFGANG, Kersting. *Universalismo e Direitos Humanos*. Porto Alegre: EDIPUCRS, 2003, p. 101/102. Segundo o filósofo alemão, o Universalismo dos Direitos Humanos é sóbrio por três motivos: a) porque ele se restringe à esfera do direito, b) porque ele abre mão de concepções problemáticas, em termos de fundamentação, que se agrupam em torno do valor e da dignidade do ser humano, c) porque a compatibilidade do universalismo, por ele projetado, qualifica-se com o particularismo moral.".

tério da Justiça, prevê no artigo 122 que a expulsão do estrangeiro poderá ser revogada, a pedido, quando comprovados: a ausência de outras condenações penais, a reintegração social e o exercício de atividade laboral, e desde que *decorridos dez anos de sua efetivação*.

Embora se reconheça o esforço do governo brasileiro em se adequar aos princípios internacionais de direitos humanos, estabelecendo um prazo para a revogação do efeito expulsório, entende-se que dez anos de afastamento é um período considerável na vida de um indivíduo, que não se faz necessário em uma sociedade democrática.

Segundo André de Carvalho Ramos, "*nenhuma atividade humana escapa da avaliação de respeito aos direitos humanos, uma vez que estes são redigidos de forma ampla e genérica e representam o essencial da vida em sociedade*", fazendo nascer desta forma "*uma força expansiva e atrativa dos direitos humanos internacionais, o que permite que os órgãos internacionais de supervisão e controle das obrigações de respeito aos direitos humanos possam apreciar todas as facetas da vida social interna*[409]".

Conclui-se, portanto, no sentido de que, a exemplo das decisões da Corte Europeia de Direitos Humanos, o prazo de cinco anos de afastamento do estrangeiro como efeito da expulsão se insere dentro do princípio da razoabilidade e proporcionalidade entre o interesse do sistema migratório do Estado em afastar do país o indivíduo contrário aos seus interesses, e os interesses particulares do indivíduo, como a proteção à vida familiar e privada etc, e deveria portanto ser adotado pelo Estado brasileiro, antes que os órgãos internacionais de supervisão e controle das obrigações de respeito aos direitos humanos venham apontar que a crença no poder de recuperação do indivíduo, e no pleno

---

[409] E ele continua: "*Essa força expansiva dos direitos humanos internacionais com apoio dos tribunais internacionais gera um interessante efeito no Direito interno: cria uma "vigilância internacional" de direitos humanos, que pode fazer com que os órgãos internos, em especial os órgãos judiciais, venham a sair da sua zona de conforto de dar a última palavra sobre o conteúdo dos direitos humanos no Brasil.* Carvalho Ramos, André de. Artigo: *A pluralidade das ordens jurídicas e a nova centralidade do Direito Internacional.* In: Menezes, Wagner (Org.). Boletim da Sociedade Brasileira de Direito Internacional. São Paulo: Arraes Editores, 2013, pp. 19-45.

desenvolvimento de suas faculdades são atributos essenciais à vida humana, e que o Brasil não pode impedir *ad eternum* o retorno do estrangeiro expulso de seu território.

Se por um lado a natureza humana é universal, porque todos nascem crescem e morrem da mesma forma, por outro, os valores humanos estão sim, sujeitos ao condicionamento do meio social. Isto faz com que a conduta humana muitas vezes, seja um reflexo deste condicionamento. Assim, o ser humano poderá se tornar melhor se o seu ambiente social lhe proporcionar meios para a sua recuperação e o desenvolvimento completo de suas faculdades, em busca de sua felicidade, sem discriminação de qualquer natureza.

BIBLIOGRAFIA

ABADE, Denise Neves. *Direitos Fundamentais na Cooperação Jurídica Internacional*. São Paulo: Ed. Saraiva, 2013;

ACCIOLY, Hildebrando, CASELLA, Paulo Borba, SILVA, G. E. do Nascimento. *Manual de Direito Internacional Público*. 19ª Edição. São Paulo: Ed. Saraiva, 2011;

ALMEIDA, Guilherme Assis de. *Direitos humanos e não-violência*. São Paulo: Atlas, 2001;

AMORIM, Edgar Carlos de. *Direito Internacional Privado*. 7ª Edição. Rio de Janeiro: Forense, 2003;

BALTAZAR JUNIOR, João Paulo. *Crimes Federais*. 3ª Edição. Porto Alegre: Ed. Livraria do Advogado, 2008;

BARBOSA, Rui. *"Deportação de um brasileiro"*. In: *Obras completas de Rui Barbosa*. Rio de Janeiro: Ministério da Educação e Cultura, 1964;

BASTOS, Celso Ribeiro. *Comentários à Constituição do Brasil: promulgada em 05/10/1988*. São Paulo: Saraiva, 1988;

BECCARIA, Cesare. *Dos Delitos e das Penas*. São Paulo: EDIPRO, 1999;

BONFÁ, Rogério Luis Giampietro. *Expulsão e Residência: a luta pelo direito dos imigrantes na Primeira República*. In: ENCONTRO REGIONAL DE HISTÓRIA: *Poder, Violência e Exclusão*, 2008, São Paulo. *Anais do XIX*. São Paulo: ANPUH/SP; USP. São Paulo, 2008;

– *"Com lei ou sem lei". As expulsões de estrangeiros na primeira República*. Cadernos AEL – UNICAMP. São Paulo, 2010;

BUENO, José Antônio Pimenta (Marquês de São Vicente). *Direito internacional privado e applicação de seus princípios com referências às leis particulares do Brazil*. Rio de Janeiro: Typ. de J. Villeneuve E. C., 1863;

CANOTILHO, J. J. Gomes. *Direito Constitucional e Teoria da Constituição*. Coimbra: Livraria Almedina, 7ª Ed., 2003;

CAPEZ, Fernando. *Curso de Direito Penal – Parte Especial*. Volume III. 2ª Edição. São Paulo: Ed. Saraiva, 2005;

CARVALHO RAMOS, André de. *Direitos dos Estrangeiros no Brasil: a Imigração, Direito de Ingresso e os Direitos dos Estrangeiros em Situação Irregular*. In: SARMENTO, Daniel, IKAWA, Daniela e PIOVESAN, Flávia. (Org.) *Igualdade, Diferença e Direitos Humanos*. Rio de Janeiro: Lumen Juris, 2008;

– *A execução das sentenças da Corte Interamericana de Direitos Humanos no Brasil*. In: SOARES, Guid F. S., CASELLA, Paulo Borba... (et al.), (organizadores). *Direito internacional, humanismo e globalidade*. São Paulo: Ed. Atlas, 2008;

– *Repercussões Penais da Condição Jurídica de Estrangeiro*. In: Coord. JUNQUEIRA, Gustavo Octaviano Diniz e FULLER, Paulo Henrique Aranda. (Org.). *Legislação Penal Especial*, volume II. 3ª ed. São Paulo: Editora Saraiva, 2009;

CARVALHO RAMOS, André de, RODRIGUES, Gilberto, ALMEIDA, Guilherme de Assis. *60 Anos de ACNUR – Perspectivas de Futuro*. São Paulo: Ed. CL-A Cultural, 2011;

CARVALHO RAMOS, André de. *Crimes da ditadura militar: A ADPF e a Corte Interamericana de Direitos Humanos*. In: GOMES, Luiz Flávio & MAZZUOLI, Valério de Oliveira (Organ.). Crimes da Ditadura Militar – *Uma análise à luz da jurisprudência atual da Corte Interamericana de Direitos Humanos*. São Paulo: Ed. Revista dos Tribunais, 2011;

– *Teoria Geral dos Direitos Humanos na Ordem Internacional*, São Paulo: Ed. Saraiva, 2012;

– Artigo: *A pluralidade das ordens jurídicas e a nova centralidade do Direito Internacional*. In: MENEZES, Wagner (Org.). Boletim da Sociedade Brasileira de Direito Internacional. São Paulo: Arraes Editores, 2013;

CERQUEIRA FILHO, Gisálio. *A Questão Social no Brasil. Crítica do discurso político*. Rio de Janeiro: Civilização Brasileira, 1982;

COMPARATO, Fábio Konder. *A Afirmação Histórica dos Direitos Humanos*. 7ª Edição. São Paulo: Ed. Saraiva, 2010;

CONLLEDO, Miguel Díaz Y Garcia. *Protección y expulsión de extranjeros en Derecho Penal*. Madrid: La Ley, 2007

DALLARI, Pedro Bohomoletz de Abreu. *Constituição e tratados internacionais*. 1ª ed. São Paulo: Saraiva, 2003;

DEL'OMO, Florisbal de Souza. *Curso de Direito Internacional Público*. 1ª Edição. Rio de Janeiro: Forense, 2002;

– *Curso de Direito Internacional Privado*. Editora Forense, 2009;

DIAS, Eduardo. *"Um imigrante e a revolução. Memórias de um militante operário". 1934-1951*. São Paulo: Brasiliense, 1983;

DOLINGER, Jacob. *Das Limitações do Poder de Expulsar Estrangeiros: Análise Histórica e Comparativa*. 1ª Edição. Rio de Janeiro: Freitas Bastos, 1983;

– *Direito Internacional Privado (Parte Geral)*. 7ª Edição, Ampliada e Atualizada. Rio de Janeiro: Editora Renovar, 2003;

FERREIRA JÚNIOR, Lier Pires; ARAÚJO, Luis Ivani de Amorim. *Direito Internacional e As Novas Disciplinas*. Curitiba: Editora Juruá, 2005;

FERREIRA JÚNIOR, Lier Pires; CHAPARRO, Verônica Zarete. *Curso de Direito Internacional Privado*. 1ª Edição. Rio de Janeiro, Freitas Bastos, 2006;

FRAGOSO, Heleno Cláudio. *Lei de Segurança Nacional. Uma experiência antidemocrática*. Porto Alegre: Ed. Safe-Fabris, 1980;

FROMM, Erich. *Psicanálise da sociedade contemporânea*. Círculo do livro: São Paulo, 1955;

FURTADO, Celso. "*Formação Econômica do Brasil*". 32ª Edição. São Paulo: Companhia Editora Nacional, 2005;

GORDO, Adolpho. "*A Expulsão de Estrangeiros*". São Paulo: eBooksBrasil disponível em http://www.ebooksbrasil.org/eLibris/gordo.html, em 22/04/2011;

GUILD, Elspeth, MINDERHOUD, Paul. *Security of Residence and Expulsion Protection of Aliens in Europe (Immigration and Asylum Law and Policy in Europe*, V.1. Kluwer Law International, 2001.

GUIMARÃES, Francisco Xavier da Silva. *Medidas compulsórias, a Deportação, a Expulsão e a Extradição*. 2ª Edição. Rio de Janeiro: Forense, 2002;

JAYME, F. G. *Direitos humanos e sua efetivação pela corte interamericana de direitos humanos*. Belo Horizonte: Del Rey, 2005;

LAFER, Celso. "*Prefácio*" in LINDGREN ALVES, J. A. *Os Direitos Humanos como tema global*. São Paulo: Ed. Perspectiva, 1994;

LEAL, Cláudia F. B. *Pensiero e dinamite: Anarquismo e Repressão em São Paulo nos anos 1890*. UNICAMP. Campinas: 2006;

LENZA, Pedro. *Direito Constitucional Esquematizado*. 8ª Edição. São Paulo: Ed. Método, 2005;

LOPES, Cristiane Maria Sbalqueiro. *Direito de Imigração – O Estatuto do Estrangeiro em uma Perspectiva de Direitos Humanos*. Porto Alegre: Núria Fabris Editora, 2009;

MAZZUOLI, Valério de Oliveira. *Curso de Direito Internacional Público*. 4ª Edição. São Paulo: Editora Revista dos Tribunais, 2010;

MELLO, Celso Antônio Bandeira de. *Curso de direito administrativo*. 25ª ed. São Paulo: Editora Malheiros: 2008;

MEIRELLES, Hely Lopes. *Direito Administrativo*. 16ª Edição. São Paulo: Editora Revista dos Tribunais, 1991;

MIRABETE, Julio Fabbrini. *Execução Penal.* 10ª Ed. São Paulo: Atlas, 2002;

MOLE, Nuala, MEREDITH, Catherine. *Asylum and the European Convention on Human Rights.* Council of Europe Publishing, 2010.

MOREIRA, Alexandre M. F. Artigo: *Limites constitucionais são tênues na aplicação de* sanções. Publicado na página eletrônica do Conjur em 05/09/2007. Acesso em 18/04//2010;

NAIR, Sami e DE LUCAS, Javier. *Inmigrantes. El desplaziamento em el mundo. Foro para la integración social de los inmigrantes.* Ministério de trabajo e asuntos sociales. Instituto de Migraciones y Servicios Sociales (IMSERSO). Madrid, 1998;

NORONHA, Edgard Magalhães de. *Direito Penal,* vol. 4, 22ª ed. atual. São Paulo: Saraiva, 2000;

OSÓRIO, Fábio Medina. *Direito Administrativo Sancionador.* 4ª Edição. Editora Revista dos Tribunais. São Paulo: 2011;

PANNIKAR, Raimundo. *Seria a noção de direitos humanos um conceito ocidental?* In. BALDI, César Augusto (Org.) *Direitos Humanos na Sociedade Cosmopolita* – RJ, SP, Recife: Ed. Renovar, 2004;

PARRA FILHO, Domingos; SANTOS, João Almeida. *Apresentação de Trabalhos Científicos.* 8ª Edição. São Paulo: Ed. Futura 2002;

PIOVESAN, Flávia. *Direitos Humanos.* Vol. I. Curitiba: Ed. Juruá, 2006;

– *Direitos humanos e justiça internacional:* um estudo comparativo dos sistemas regionais europeu, interamericano e africano, São Paulo: Saraiva, 2006;

QUEIROZ, Cristina M. M. *Direitos Fundamentais: Teoria Geral.* Coimbra: Ed. Coimbra, 2002;

Revista Eletrônica do Arquivo Público do Estado de São Paulo, nº 45, dez. 2010 em *http://www.historica.arquivoestado.sp.gov.br/materias/materia07/.* Acesso em 08/01/2011;

REZEK, Francisco. *Direito Internacional Público.* 10ª Edição. São Paulo: Ed. Saraiva, 2005;

RIBEIRO, Mariana Cardoso dos Santos. Artigo: *Direito e Autoritarismo, a expulsão de comunistas no Estado Novo.* Prisma Jurídico, São Paulo, v. 7, n. 1, p. 163-183, jan./jun. 2008;

RODRIGUES, Leda Boechat. *"História do Supremo Tribunal Federal".* Rio de Janeiro: Civ. Brasileira, 1991, p. 146-147;

SALOMAO FILHO, Calixto; FERRÃO, Brisa L. M.; RIBEIRO, Ivan C. *"Concentração, Estruturas e Desigualdade – As Origens Coloniais da Pobreza e da Má Distribuição de Renda".* São Paulo: Instituto de Direito do Comércio Internacional e Desenvolvimento, 2006;

SCHIER, Paulo Ricardo. *Filtragem constitucional: construindo uma nova dogmática jurídica.* Porto Alegre: Sérgio Antonio Fabris editor, 1999;

SILVA, José Afonso da. *Curso de Direito Constitucional Positivo.* 27ª Edição revisada e atualizada. São Paulo: Ed. Malheiros, 2006;

STF – "*Memorial Jurisprudencial Ministro Pedro Lessa*" – Coordenadoria de Divulgação de Jurisprudência. Brasília: 2007.

TRINDADE, Antônio Augusto Cançado. *A proteção internacional dos direitos humanos* – fundamentos jurídicos e instrumentos básicos. São Paulo: Saraiva, 1991;

– *Tratado de direito internacional dos direitos humanos*, vol. III. Porto Alegre: Sergio Antonio Fabris, 2003;

– *A humanização do Direito Internacional*. Belo Horizonte: Ed. Del Rey, 2006;

VILLA, Marco Antonio. *A História das Constituições Brasileiras. 200 anos de luta contra o arbítrio*. 1ª Edição. São Paulo: Texto Editores Ltda., 2011;

WOLFGANG, Kersting. *Universalismo e Direitos Humanos*. Porto Alegre: EDIPUCRS, 2003.

ANEXO

I. Depoimentos de Estrangeiros Reingressos no País

* **L.A.G.B.**
No núcleo de retiradas compulsórias do Departamento Regional de Polícia Federal em São Paulo, em 14/04/2011, por volta das 17:00h., foi entrevistado o cidadão chileno L.A.G.B., à época com cinquenta anos incompletos, que concordou em prestar alguns esclarecimentos sobre sua situação no país, e suas frustrações, segundo ele, por se sentir um indivíduo indocumentado, sem direitos, e sem possibilidade de permanecer no país, onde vive sua família, decorridos mais de 20 anos do crime aqui cometido, e da decretação de sua expulsão do país.

Segundo o estrangeiro, ele saiu do Chile quando tinha por volta de 20 ou 22 anos de idade, fugindo do governo autoritário e violento do ditador General Pinochet, e chegou ao sul do Brasil, na região metropolitana de Porto Alegre, com a esperança de ali se fixar, pois segundo ele, muito embora o Brasil também vivesse à época uma ditadura militar, sob o comando do General João Figueiredo, não havia por aqui práticas de governo tão violentas como no Chile.

Durante o período em que permaneceu no sul do país, de 17/05/1984 a agosto de 1988, trabalhou como autônomo com artesanato, e comércio de cintos e jaquetas de couro, decidindo então se mudar para a cidade de São Paulo, onde continuou com seu comércio e conheceu sua atual companheira R.N.S., com quem vive desde o início do ano de 1990.

Em meados de 1989, foi acusado de tentativa de furto na região central de São Paulo (art. 155, c/c 14, inciso II, ambos do Código Penal Brasileiro), tendo sido condenado no final do ano de 1990 a uma pena de um ano e três meses de prisão, pela 13ª Vara Criminal de São Paulo (processo nº 050.89.051896-3).

Por ocasião da condenação pela prática criminosa, o Ministério da Justiça determinou a instauração de inquérito para a sua expulsão do país (IPE nº 155/91), tendo o seu início em 22/08/1991, ocasião em que sua esposa se encontrava grávida de sua filha, que à época da entrevista, contava, segundo ele, com vinte anos incompletos (nascida em 08/10/1991).

L.A.G.B. teve a sua expulsão do país decretada em 26/11/1991, e publicada no D.O.U. na data subsequente, com base no artigo 65 da lei 6.815/80, tendo sua expulsão sido autorizada pelo Ministério da Justiça em 08/06/1992. Imediatamente o estrangeiro recorreu à Justiça, obtendo o efeito suspensivo do Decreto expulsório, com a alegação de existência de companheira e filho brasileiros, tendo tal situação perdurado até 25/06/1997, quando foi publicada a decisão judicial de indeferimento de seu pleito, restabelecendo os efeitos do Decreto expulsório.

Os atos que se seguiram mostram a inconformidade do estrangeiro com sua situação, tendo ele permanecido foragido em território nacional, em virtude do qual foi decretada a sua prisão administrativa para fins de expulsão pela 5ª Vara Federal Criminal em São Paulo (processo nº 2006.61.81.011429-2).

Em 20/12/2006, L.A.G.B. foi expulso do país, no voo nº 751, da empresa aérea Lan Chile, com destino a Santiago do Chile. Segundo ele, inconformado em deixar para trás sua mulher e filha, retornou ao Brasil dois dias depois, por via aérea, não encontrando qualquer dificuldade (talvez em razão da demora no trâmite da comunicação da expulsão aos órgãos competentes).

Em 16/07/2007, o estrangeiro se encontrava vivendo com sua família em São Paulo, quando foi abordado em uma *"blitz"* da polícia militar e encaminhado ao plantão da Superintendência Regional de Polícia Federal em SP, tendo ele naquele ato sido preso em flagrante por uso de documento falso e reingresso de estrangeiro expulso, conforme o disposto nos artigos 304 e 338 do CPB. Por tal fato, L.A.G.B. foi condenado nos autos do processo nº 0008377-75.2007.4.03.6181, pela 9ª Vara Federal Criminal em SP, à pena de quatro anos e seis meses de prisão.

Colocado em liberdade na data desta entrevista, em sua apresentação à Superintendência Regional de Polícia Federal em SP, para a sua nova expulsão do país, L.A.G.B. se manifesta dizendo que veio ao Brasil no ano de 1984 para ter mais liberdade, e para poder constituir família e ser feliz. Alega ele que muito embora tenha cometido um erro no passado, não entende porque tal situação tenha que perdurar eternamente, por toda a sua vida, impedindo-o de viver com sua família e amigos que fez no Brasil. Segundo ele, um prazo razoável de afastamento do país, com a possibilidade de retorno, teria impedido os eventos que se sucederam em sua vida.

O estrangeiro justifica a sua prisão no ano de 2007, utilizando documento falso, ao fato de que, pretendendo viver no Brasil com sua família, temia ser descoberto e novamente expulso do país, razão pela qual aceitou a oferta de um falsário, obtendo um documento brasileiro falso. Segundo ele, a sua própria situação irregular, o motivou a cometer um ilícito.

L.A.G.B. não admite a possibilidade de viver com sua família brasileira no Chile, já que segundo ele, se trata de um país desconhecido, tendo em vista a sua ausência do país por quase trinta anos. Alega ele que, novamente expulso do país, retornará em breve para viver junto a sua família, ainda que isso lhe custe outras prisões e processos criminais pelo delito de reingresso de estrangeiro expulso.

Perguntado sobre qual o prazo entende ser razoável para o afastamento do país, em virtude da expulsão, respondeu que acredita que nenhum prazo seria de fato justo, pois ao estrangeiro fixo no país, deveriam ser assegurados os mesmos direitos do nacional, mas as cortes brasileiras ainda não se sentem seguras para decidir neste sentido.

Ao final, alegou que se ao receber a notícia de seu decreto expulsório em 1991, tivessem lhe informado que deveria se afastar do país por um período de três ou cinco anos, teria ele cumprido tal determinação, de forma a retornar ao final sem qualquer óbice, para viver com sua família, pois afinal, cinco anos não é muito tempo na vida de um indivíduo, e passa depressa.

* C.W.V.D.M.

O sul-africano C.W.V.D.M. foi entrevistado pelo autor, durante sua reexpulsão do país, no Setor de Retiradas Compulsórias da Delegacia de Imigração da Superintendência Regional de Polícia Federal em São Paulo, durante os procedimentos preparatórios para o cumprimento da medida odiosa, em 05/11/2008, ocasião em que o autor era chefe do citado setor, e responsável pelo cumprimento das ordens de retiradas compulsórias determinadas pelo Ministro da Justiça, na circunscrição de São Paulo.

Segundo o estrangeiro, tendo aqui ingressado no início do ano de 2002, seus propósitos em solo brasileiro não eram de fato bons, eis que o mesmo havia sido contratado por traficantes nigerianos em Johanesburgo, na África do Sul, para vir ao Brasil buscar drogas. Explica ele que inclusive se valeu, à época, de passaporte falso em nome de Deon Le Hanie, providenciado pelos indivíduos que o contrataram, mas que nunca soube a quem realmente pertencia tal documento.

Ao tentar sair do país em 13/02/2000, foi preso pela Polícia Federal no aeroporto Internacional de Guarulhos/SP, transportando cápsulas com drogas em seu estômago para a África do Sul, restando condenado pela 1ª Vara Federal Criminal em Guarulhos/SP em 17/08/2000, à pena de 4 anos de reclusão, como incurso nas sanções do artigo 12, c.c. artigo 18, I, da lei 6.368/76.

Como efeito desta condenação, o Ministério da Justiça iniciou em 30/10//2001 o procedimento de expulsão do estrangeiro (IPE nº 106/01), com base nos artigos 68, parágrafo único e 71 da lei 6.815/80, tendo o mesmo sido finalizado em 25/04/2002, e sua expulsão do país decretada em 30/05/2002, conforme Portaria Ministerial nº 570, publicada na data subsequente no D.O.U.

De acordo com C.W.V.D.M., durante o cumprimento de sua pena na Penitenciária Adriano Marrey em Guarulhos, ele conheceu a brasileira R.M.A.S., que visitava um parente preso, e com ela iniciou um relacionamento afetivo. Deste relacionamento afetivo nasceu seu filho, em 08/08/2003, que em virtude de sua ausência do país somente foi reconhecido e registrado em 22/06/2005.

Explica o estrangeiro que em 18/09/2003, após o cumprimento integral de sua pena corporal imposta foi expulso do país no voo nº 206 da empresa aérea South African Airways, sem ter tido a possibilidade de conhecer seu filho, que havia nascido um mês antes, e sequer se despedir de sua companheira. Segundo ele tal situação causou a ele um constrangimento tão forte, que embora tenha sido colocado em um avião e escoltado por policiais federais brasileiros até a África do Sul, só pensava em trabalhar para retornar ao Brasil para poder viver junto a sua família. Segundo ele, em que pese tenha inicialmente ingressado no país com maus propósitos, tudo havia mudado e ele só pensava em aqui trabalhar e se estabelecer junto a sua família, para poder acompanhar o crescimento de seu único filho.

E foi por essas razões que C.W.V.D.M. retornou ao Brasil, segundo ele no início do ano de 2005, tendo novamente se unido a sua esposa e filho que viviam na região de Guarulhos/SP, tendo ele desempenhado inúmeras atividades lícitas de comércio para poder sustentar sua família. Segundo ele, em razão das intensas discussões com sua esposa, que era influenciada por amigas mais novas e solteiras, após um ano de sua volta, sua esposa resolveu denunciar sua estada ilegal no país a policiais militares.

Em 18/01/2006, C.W.V.D.M. foi conduzido por policiais militares ao plantão da Superintendência Regional de Polícia Federal em SP, ocasião em que foi lavrado o flagrante por seu reingresso no país, conforme o descrito no artigo 338 do Código Penal pátrio. A ação penal por reingresso de estrangeiro expulso teve o seu trâmite perante a 2ª Vara Federal de Guarulhos/SP, e em

18/12/2006, C.W.V.D.M. foi condenado a três anos e quatro meses de reclusão, por ofensa ao preceito do artigo 338 do Código Penal brasileiro.

No ano de 2008 sua companheira R.M.A.S. impetrou um *habeas corpus* perante o Superior Tribunal de Justiça (HC nº 121.414), com vistas a impedir nova expulsão do país de C.W.V.D.M. tendo o mesmo sido indeferido, ante a ausência de provas suficientes de que a situação do estrangeiro encontrava abrigo nas excludentes de expulsabilidade do artigo 75, II, da lei 6.815/80.

Dessa forma, entrevistado em 05/11/2008, momentos antes de sua reexpulsão do país, C.W.V.D.M. afirmava que ainda que novamente expulso do país, ele retornaria ao Brasil para junto viver de sua esposa e filho, nem que isso levasse ainda algum tempo, pois segundo ele, sua companheira e filho são a única razão de sua existência. Alegou o estrangeiro que da primeira vez que fora expulso, permanecera fora do Brasil por pouco mais de um ano a fim de conseguir economias para retornar ao país, e com certeza teria permanecido três ou cinco anos, se tivesse a certeza de que sua situação estaria resolvida, com a possibilidade de revogação em definitivo da sua expulsão do país.

Ao final, C.W.V.D.M. afirmou que *"para sempre é muito tempo"*, e que as autoridades brasileiras deveriam considerar que todos estão propensos a cometer erros durante suas vidas, sejam nacionais ou estrangeiros, mas a imposição aos estrangeiros de retirada à força do país, para sempre, é muito mais dura se comparada à imposição dos efeitos da condenação aos nacionais, mormente com relação àqueles que compõem uma unidade familiar.

C.W.V.D.M. foi reexpulso do país em 05/11/2008, no voo da empresa aérea South African Airways nº 223, com destino à Johanesburgo na África do Sul, e proibido de reingressar no país a qualquer tempo. Ainda não há notícia se de fato C.W.V.D.M. reingressou no país, conforme afirmara antes de sua reexpulsão em 05/11/2008.

* H.A.G.G.

Em entrevista realizada em 12/05/2011, no cartório da delegacia de imigração da Superintendência Regional de Polícia Federal em São Paulo, H.A.G.G. explica que ali comparecia naquele dia, escoltado por policiais militares, em virtude de ter sido solto da Penitenciária Estadual de Itaí/SP, após a ordem de soltura expedida pelo Juiz Federal da 3ª Vara Federal Criminal em São Paulo. Segundo ele, tendo sido preso na cidade São Paulo durante *blitz* realizada por policiais militares, foi levado à sede da Polícia Federal e preso em flagrante por reingresso. Nas palavras do estrangeiro, para sua sorte, o termo de sua expulsão do país lavrado em 13/08/2002 apresentava algum vício formal e então seu caso foi arquivado, e ele foi posto em liberdade.

A história de H.A.G.G. é bastante interessante, e segundo conta, filho adotivo de um casal de lavradores no Chile, e irresignado com sua situação, resolveu, ao atingir a maioridade, viver no Paraguai. Segundo informa, naquele país conseguiu se estabelecer no comércio, tendo ali vivido por vários anos, sem constituir família, tendo ele vindo algumas vezes ao Brasil, onde conheceu sua atual companheira, na cidade de São Paulo.

Ao longo de alguns anos, sem grande promessa de progresso em seu comércio, que consistia de pequenas vendas a particulares, H.A.G.G. conheceu alguns indivíduos no Paraguai que lhe ofereceram um bom dinheiro para ir à Europa, transportando drogas em seu corpo e suas malas. Alega H.A.G.G. que num primeiro momento ficou receoso, mas ante a pomposa oferta de viagem gratuita à Espanha e pagamento de vultosa soma em moeda americana, não hesitou e topou a empreitada.

H.A.G.G. foi preso no aeroporto internacional de Guarulhos/SP, no final do ano de 1998, em trânsito, enquanto aguardava o voo da companhia aérea Ibéria com destino a Madri, na Espanha. Segundo o estrangeiro, à partir de então sua vida se transformou completamente, tendo ele sido condenado à pena corporal de 4 anos de reclusão pelo Juiz da 5ª Vara Criminal da Comarca de Guarulhos/SP em 23/03/2000. Como efeito da condenação, por ordem do Ministro da Justiça foi instaurado o inquérito de expulsão nº 073/99, com base nos artigos 68, parágrafo único e 71 da Lei 6.815/80.

Segundo H.A.G.G., por todo o tempo em que esteve preso na penitenciária em São Paulo, manteve contato e estabeleceu o vínculo com sua companheira brasileira, que regularmente lhe visitava. Ocorre que sua expulsão do país foi decretada em 20/03/2000, com base nos artigos anteriormente citados, tendo o estrangeiro sido expulso do país ao final do cumprimento de sua reprimenda, em 13/08/2002, no voo da empresa aérea Varig, voo nº 7380 com destino à cidade de Santiago do Chile.

Explica H.A.G.G. que após sua expulsão do país, inconformado com sua situação, retornou ao Paraguai, e no ano de 2003 logrou retornar ao Brasil, onde viveu com sua companheira até o ano de 2011, em Carapicuíba/SP, quando ao acaso foi abordado por policiais militares e preso, conforme já explicado anteriormente. Segundo ele, durante todo este período em que permaneceu no país, foi cidadão honesto, e aprendeu o ofício de soldador, trabalhando em uma empresa em São Paulo. No ano de 2009, a família de H.A.G.G. aumentou, com o nascimento de seu filho.

A grande frustração de H.A.G.G., durante todo o tempo em que permaneceu em São Paulo, segundo explica, foi ser enganado por vários advogados que lhe prometiam conseguir sua permanência no país, e regularização de sua situação, o que nunca aconteceu, tendo em vista a existência de decreto expulsório em seu desfavor. Nas palavras de H.A.G.G., no Brasil, "vive como um fantasma, pois não pode ser gente".

Perguntado sobre sua atual situação de expulso do país, H.A.G.G. afirma que vai tentar junto ao Ministério da Justiça revogar seu decreto expulsório, já que adotou o Brasil como sua pátria, tendo em vista que aqui se encontram as pessoas mais importantes de sua vida, ou seja, sua companheira e filho. Segundo soube, a chance de êxito junto ao Ministério da Justiça é muito improvável, tendo em vista que seu filho brasileiro nasceu posteriormente a sua expulsão do país, mas se de fato houver o indeferimento de seu pleito, irá interpor medida junto ao Superior Tribunal de Justiça, que conforme soube de um advogado, tem maior possibilidade de êxito.

Ao ser questionado se não deveria pleitear ao MJ e à Justiça a redução, ou determinação de um período adequado de seu afastamento do país, como efeito da expulsão, H.A.G.G. alegou que até poderia ser uma proposta interessante, se ele não tivesse constituído família no país, pois acredita que o argumento familiar é ainda o único que pode trazer a certeza de sua permanência no país, conforme soube de amigos.

A seguir, questionado se entende que o período *ad etenum* de afastamento do país, como efeito da expulsão, é ruim para o estrangeiro, H.A.G.G. alegou que sim, e que as autoridades brasileiras deveriam também acreditar na recuperação e ressocialização do estrangeiro egresso do sistema prisional, que, ao aqui constituir família e se estabelecer, muito pode contribuir ao desenvolvimento do país com sua experiência, trabalhando em importantes atividades, que por vezes nem os brasileiros aceitam.

Ao final, H.A.G.G. alegou se o estrangeiro deve ficar afastado do país como efeito da expulsão, acredita que isso deveria ocorrer a partir do momento em que ele fosse colocado em liberdade, seja por progressão de regime ou livramento condicional, e por período não superior ao restante de sua pena.

II. Estatísticas

a) Números de Expulsões Decretadas de 2007 a 2012

Ano	Expulsões
2007	287
2008	366
2009	498
2010	761
2011	384
2012	492
Total	**2788**

Fonte: Departamento de Estrangeiros do M. J. – 2013

b) Números de Expulsões Efetivadas de 2007 a 2012

Ano	Expulsões
2007	256
2008	193
2009	160
2010	272
2011	142
2012	150
Total	**1173**

Fonte: Departamento de Estrangeiros do M. J. – 2013

c) Decretos ou Portarias Ministeriais Revogadas de 2007 a 2012

Ano	Revogações
2007	09
2008	06
2009	04
2010	12
2011	09
2012	03
Total	43

Fonte: Departamento de Estrangeiros do M. J. – 2013

d) Expulsões obstadas pelos Tribunais Superiores de 2007 a 2012

Ano	Expulsões obstadas
2007	00
2008	06
2009	01
2010	02
2011	08
2012	03
Total	20

Fonte: STF e STJ – 2013[410]

---

[410] **STJ** – **HC88.882**/DF (Proc. 2007/0191230-7, julg. 27/02/2008); **HC 102.459**/DF (Proc. 2008/0060358-3, julg. 25/06/2008); **HC 106.632/MS** (Proc. 2008/0107634-7, julg. 24/09/2008); **HC 104.849/DF** (Proc. 2008/0086894-7, julg. 13/08/2008); **HC 115.603/DF** (Proc. 2008/0203294-6, julg. 14/10/2009); **HC 141.925/DF** (Proc. 2009/0136854-0, julg. 14/04/2010); **HC 157.829//SP** (Proc. 2009/0247966-2, julg. 08/09/2010); **HC 199.016/DF** (Proc. 2011/0045261-4, julg. 24/03/2011); **HC 182.834/DF** (Proc. 2010/0154483-7, julg. 27/04/2011); **HC 208.225/DF** (Proc. 2011/0124282-3, julg. 10/08/2011); **HC 197.570/DF** (Proc. 2011/0032797-0, julg. 14/09/2011); **HC 198.169/SP** (Proc. 2011/0036779-1, julg. 14/09/2011); **HC 212.454/DF** (Proc. 2011/0157266-0, julg. 28/09/2011); **HC 217/409/RR** (Proc. 2011/0207331-0, julg. 14/12/2011); **HC 228.030/BA** (Proc. 2011/0299878-9, julg. 27/06/2012); **HC 212.453/DF** (Proc. 2011/0157265-8, julg. 14/11/2012). **STF** – **HC 97.078/MC/DF** (julg. 04/12/2008); **STF** – **HC 97.102/DF** (julg. 10/12/2008); **HC 101.538/PA** (julg. 21/03/2011); **HC 114.901 MC/CE** (julg. 26/11/2012).

e) Estrangeiros Autuados por Reingresso no Brasil de 2007 a 2012

Ano	Reingressos
2007	17
2008	11
2009	15
2010	13
2011	11
2012	06
Total	**73**

Fonte: Departamento de Estrangeiros do M. J. – 2013

SUMÁRIO

AGRADECIMENTOS	7
PREFÁCIO	9
LISTA DE SIGLAS	13
INTRODUÇÃO	15

PARTE I – O REGIME JURÍDICO DA EXPULSÃO DE ESTRANGEIRO NO BRASIL E SUAS INADEQUAÇÕES — 25

1. O HISTÓRICO DA EXPULSÃO NO BRASIL — 27
   - 1.1. O Fluxo Migratório — 27
   - 1.2. A Expulsão de Estrangeiros — 32

2. O CONCEITO DA EXPULSÃO NO BRASIL — 53
   - 2.1. O Conceito e seus Elementos — 53
   - 2.1.2. A Motivação — 60
   - 2.1.3. A Condenação Criminal como Motivação Majoritária dos Casos de Expulsão no Brasil — 73
   - 2.2. A Natureza Jurídica — 76
   - 2.2.1. A Expulsão como Pena ou Medida Administrativa — 78
   - 2.3. O Condenado Estrangeiro e a Expulsão — 85

3. A DECRETAÇÃO E A REVOGAÇÃO DA MEDIDA EXPULSÓRIA — 101
   - 3.1. A Autoridade Competente — 101
   - 3.2. A Decretação da Medida Expulsória — 104
   - 3.3. A Revogação da Medida Expulsória — 108

3.4. A Medida Judicial Cabível Contra a Expulsão ... 113
3.5. Casos de Expulsão em Curso no Supremo Tribunal Federal ... 114

4. OS EFEITOS DA DECISÃO DE EXPULSÃO DE ESTRANGEIRO ... 121
   4.1. A Origem da Proibição de Reingresso ... 121
   4.2. A Penalização Criminal do Reingresso ... 123
   4.3. O Caráter Perpétuo da Expulsão ... 125

5. A VISÃO DO GOVERNO BRASILEIRO SOBRE A EXPULSÃO ... 129
   5.1. A Discricionariedade do Governo Brasileiro como Justificativa ... 129
   5.2. A Criminalidade Internacional e o Terrorismo ... 133

PARTE II – A MEDIDA DE AFASTAMENTO DE ESTRANGEIRO EXPULSO À LUZ DOS DIREITOS HUMANOS ... 145

6. A INTERNACIONALIZAÇÃO DOS DIREITOS HUMANOS E SEU IMPACTO EM TODOS OS ATOS DO ESTADO ... 147

7. A EXPULSÃO DE ESTRANGEIRO NOS TRATADOS E SISTEMAS INTERNACIONAIS DE PROTEÇÃO AOS DIREITOS HUMANOS ... 161
   7.1. Tratados de Direitos Humanos do Sistema Global de Proteção ... 161
   7.1.1. A Convenção dos Refugiados ... 164
   7.1.2. A Convenção Contra a Tortura de 1984 ... 165
   7.1.3. Pacto Internacional de Direitos Civis e Políticos de 1966 ... 167
   7.1.4. A Convenção Internacional sobre a Eliminação de todas as Formas de Discriminação Racial de 1966 ... 174
   7.1.5. A Convenção sobre os Direitos da Criança de 1989 ... 174
   7.1.6. A Convenção Internacional para a Proteção de todas as Pessoas do Desaparecimento Forçado de 2010 ... 175
   7.1.7. A Convenção Internacional sobre a Proteção dos Direitos de todos os Trabalhadores Migrantes e Membros das suas Famílias de 2003 ... 176

SUMÁRIO

    7.1.8 O Protocolo Adicional à Convenção das Nações Unidas contra o Crime Organizado Transnacional relativo à Prevenção, Repressão e Punição ao Tráfico de Pessoas de 2000   178

    7.1.9. A Comissão de Direito Internacional da Assembleia Geral da ONU – Relatoria Especial   178

    7.2. A Convenção Europeia e o Sistema Europeu de Direitos Humanos   186

    7.3. A Convenção Americana ou Pacto de San Jose da Costa Rica de 1969 e o Sistema Interamericano de Direitos Humanos   205

    7.4. A Carta Africana dos Direitos Humanos e dos Povos de 1981   218

    7.5. A Carta Árabe de Direitos Humanos de 2004   219

    7.6. Outros Instrumentos Legais Regionais   220

    7.7. Métodos de Expulsão nos Instrumentos Internacionais   221

8. O MODELO CONSTITUCIONAL E INTERNACIONALMENTE ADEQUADO DA MEDIDA DE AFASTAMENTO DO EXPULSANDO DO PAÍS   227

CONCLUSÃO   235

BIBLIOGRAFIA   243

ANEXO   249
I – Depoimentos de Estrangeiros Reingressos no País   251
II – Estatísticas   259
    a) Números de Expulsões Decretadas de 2007 a 2012   259
    b) Números de Expulsões Efetivadas de 2007 a 2012   259
    c) Decretos ou Portarias Ministeriais Revogadas de 2007 a 2012   260
    d) Expulsões obstadas pelos Tribunais Superiores de 2007 a 2012   260
    e) Estrangeiros Autuados por Reingresso no Brasil de 2007 a 2012   261